ちくま学芸文庫

デカルト入門講義

冨田恭彦

筑摩書房

デカルト入門講義【目次】

デカルト入門講義

はじめに

ルネ・デカルト（René Descartes, 1596-1650）。我が国では、「我思う、ゆえに我あり」や、「コギト・エルゴ・スム」で知られていますが、彼は、当時のヨーロッパを代表する科学者でした。そのデカルトが、科学者・数学者としての仕事と並行して試みたのが、諸学の基礎を与える新たな「第一哲学」（別名「形而上学」）の確立でした。

デカルトの第一哲学（形而上学）は、彼の自然科学の仕事とともに、長い間西洋世界を支配してきたアリストテレス風の考え方に異議を唱え、学問のあり方を刷新しようとするものでした。その意味で、それは、人類の歴史の中の、きわめて重要な結節点の一つをなしています。

実際、デカルトの第一哲学の影響力の強さは、あとに登場するスピノザやロック、ライプニッツ、バークリ、カント等々の思想に如実に表れます。すべてを疑いの中にもたらし、その結果唯一疑えない「私はある」を第一原理とし、その「私」を「心」と捉えた上で、すべてを私の心の中から再構築していこうとするその基本路線は、その後西洋近代の「主観主義」として、ドイツ観念論を支えたフィヒテやシェリングやヘーゲル、さらには現象学のフッサールに至るまで、さまざまな人々によって多様な仕方で継承されていきました。そのデカルトの第一哲学を最も詳しく述べた彼の著書が、一六四一年に出版された『第一哲学についての省察』です。本書は、これを基本テクストとし、彼の第一哲学のロジックをできるだけわかりやすくお話ししようとするものです。

本書は、六章からなっています。

第1章「デカルトの生涯——一五九六年〜一六五〇年」では、デカルトがどのような生涯を送ったかを概略的に見ておきます。

人の思想を知ることとその生涯を知ることには直接的な関係はないと考えられるかもしれません。けれども、人の思想はその生涯の中で紡ぎ出されていくもので、また、人の思想はその思想の中だけで閉じた仕方であるものではありません。例えば、カントを知るには彼が言及しているデカルトやロックやヒュームを知る必要があるように、デカルトを知るには、デカルトが生きた時代を見ておく必要があります。また、その時代では当然の考え方が、当然なため説明なしに出てくるということはよくあることで、過去の偉業をよくよく理解するためには、その偉業の中で当然視されているものを復元しなければなりません。そのためにも、個人史を概略なりとも復元する作業は、その人の思想を理解する上で、欠かすことができません。

第2章「『省察』を読む(Ⅰ)――第一省察～第三省察」と第3章「『省察』を読む(Ⅱ)――第四省察～第六省察」は、本書の核をなす二章です。標題のとおり、この二章では、デカルトの『第一哲学についての省察』における彼の思想を、順を追って、できるだけわかりやすく解説していきます。

第2章では、すべてを疑うことから始まって、「我あり」が確認され、神の存在が証明されるところまで進みます。第3章では、そのあと、(私たちが日常物体とはそのようなものだと思っているものとは異なるものとしてではありますけれども)物体の存在が回復され、これまでの「誇張された懐疑」を全面的に停止するところまで話が及びます。

ところで、デカルトの第一哲学(形而上学)を理解するためには、彼の自然科学(当時の言い方では「自然学」)の分野の考えを、できるだけ押さえておく必要があります。デカルトは、自然学の基礎が形而上学であるという仕方で、自然学と形而上学を明確に区別しようとするのですが、実は、彼の形而上学はいくつかの重要な点において、自然学をその支えとしています。

そこで、第4章「形而上学を支える自然学――物体の本性と観念の論理」では、デカルトの自然学のいくつかの話題を取り上げて、その分野における彼の見解に触れていただき、第一哲学の議論の中で使われている自然学的論理をよりよく理解していただけるよう努めます。

取り上げるテクストは、主として、一六四四年に出版された『哲学の原理』第二部と、遺稿として出版された『世界論』および『人間論』です。

第5章「デカルトの「循環」?——「自然の光」だけを頼りとして」では、古くからデカルトの「循環」として論じられてきた問題を取り上げます。これは、『第一哲学についての省察』に付された二つの反論の中で提起された問題で、今日でもデカルトを論じる上でよく話題になります。この章では、提起された問題とそれに関わるデカルトの発言をできるだけ丁寧にたどり直すとともに、デカルトの論の進め方にはその問題の是非よりもはるかに興味深いものがあることを論じます。

このようにして、デカルトの形而上学を理解するためにどうしても欠かすことのできないものをお話しした上で、第6章「主観主義の伝統と分析哲学の起点——デカルト哲学の射程」では、デカルト哲学が開いた主観主義の影響力についてお話ししたいと思います。

私は、すべてを「原理」から引き出すべきだとするデカルトの学問観(これはしばしば「基礎づけ主義」と言われます)そのものには賛成ではありません。したがって、例えば私はフッサールを好むにもかかわらず、フッサールがデカルトの「基礎づけ主義」的学問観に倣《なら》おうとしたことを、よしとすることはできません。そうした立場にいるにもかかわらず、私がデカルトの重要性を強調しなければならないと思っているのは、先ほども申しましたように、西洋の学問の革命的刷新を図ろうとしたデカルトがどれだけの影響力をのちの西洋思想に与えたかを理解しなければ、西洋精神史は語れないと思っているからです。この第6章では、まず、デカルトの「我思う、ゆえに我あり」がアウグスティヌスの発言と同じではないかという古くからの指摘を取り上げることから始めます。そして、デカルトがアウグスティヌスをなぞったわけではなく、そもそもアウグスティヌスとデカルトとでは目的が違うということを書簡等から明らかにしたあと、そのデカルトの目的についてお話しします。

そして、第6章後半では、西洋の「主観主義」の原点となったデカルトの思想の、その革命性と射程の大きさについてお話しします。第4章と第5章で私がいくつかの問題点を指摘するにもかかわらず、第6章後半の主観主義の話によって、デカルトの第一哲学がどれほど重要なものであったか、加えて、分析哲学の思想的ルーツがどのような意味でデカルトにあったか等々をご理解いただければ、本書はその役割を果たしたことになります。

本書の姉妹編である『カント入門講義』、『ロック入門講義』、それにバークリを扱った『観念論の教室』同様、本書は、ご覧のように、ですます調で書かれています。

私が一人一人のみなさまにデカルトはこのような考えを持っていたんですよとお話しするとしたら、大学での講義と同じように、このような語り方をすることになるはずです。

できるだけわかりやすくお話しするよう心がけますが、大学での講義同様、けっしてレベルを落とすものではありません。もしかしたら、いわゆる「専門書」以上に、レベルの高い話になっているかもしれません。

精一杯努めますので、おつきあいのほど、どうぞよろしくお願いいたします。

＊　地名や書名、特に重要な専門用語については、読者のみなさまが調べ直さなくてもいいように、原語を挙げておきました。また、英語以外の原語については、必要に応じてカタカナ書きで原音に近い読みを記しておきました。わずらわしい場合には、無視していただいて結構です。いつか気になられたおりに、ご確認いただければ幸いです。

＊＊　ラテン語の動詞の原語を記すとき、引用箇所の中では、実際に出てくる形のほか、不定詞にする場合もありますが、辞書を引くときの便宜を考え、ときおり、直説法能動相現在一人称単数もしくはそれに類する形にしています。

＊＊＊　特に重要な人物については、名前の綴りと生没年を繰り返し表記する場合があります。どこにあったかなと、改めて捜していただかなくていいようにしています。

＊＊＊＊　本書では、デカルトの著作や書簡の原典として、アダン・タヌリ版のデカルト全集（*Œuvres de Descartes*, ed. Charles Adam and Paul Tannery, 12 vols. [Paris: J. Vrin, 1897–1910]）を使用し、引用箇所を示すため、AT-VII, p.4 のような表記法を用います。AT はアダン・タヌリ版であることを、ハイフンのあとのローマ数字は巻数を示します（『哲学の原理』のラテン語版のように、VIII-1 のような表記になっている場合もあります）。したがって、先ほどの AT-VII, p. 4 は、「アダン・タヌリ版デカルト全集第七巻四ページ」を意味します。

なお、アダン・タヌリ版のデカルトのフランス語や、当時のフランス語の書名等には、アクサン（アクセント記号）の使い方や綴りが今日の標準とは異なっているものがあります。そうしたものを扱うにあたっては、その異同を指摘する場合もありますが、特に書名や人名については、異同を指摘せずに元の綴りを尊重する場合が少なくありません（ラテン語の書名の場合も同じです）。なお、デカルトのフランス語の書名については、今日のフランス語で書き記す場合を考慮して、断りなく現代の綴りに訂正している場合があります。

＊＊＊＊＊　本書では、各国語の文献を扱う関係から、文献の表記に際しましては、可能な限りオックスフォードスタイルを基本としました。なお、原典からの引用は、すべて私の翻訳です。

第1章　デカルトの生涯

——一五九六年〜一六五〇年

†誕生

ルネ・デカルト（René Descartes）が生まれたのは、一五九六年三月三一日のことでした。生地はフランスのトゥーレーヌ（Touraine）州ラ・エー（La Haye）です。トゥーレーヌ州は一七九〇年の再編でアンドル＝エ＝ロワール（Indre-et-Loire）県やロワール＝エ＝シェール（Loir-et-Cher）県などに分割され、また、ラ・エーは一八〇二年に「ラ・エー＝デカルト」（La Haye-Descartes）と改称されたあと、一九六七年には「デカルト」（Descartes）と改称され、現在アンドル＝エ＝ロワール県に属しています。

デカルトの父はジョアシャン・デカルト（Joachim Descartes, 1563-1640. Joachim は「ジョアキム」と発音される場合もあります）、母はジャンヌ・デカルト（Jeanne Descartes, 1566-1597 旧姓ブロシャール［Brochard］）です。

父ジョアシャンは医者の家系の生まれで、ジョアシャンの父（デカルトの父方の祖父）ピエール・デカルト（Pierre Descartes, 1515-1566）は、ポワトゥー（Poitou）州シャテルロー（Châtellerault）の医師であったと言われています。また、ピエールの妻（デカルトの父方の祖母）クロード・デカルト（Claude Descartes 旧姓フェラン［Ferrand］）の父（デカルトの曾祖父の一人）ジャン・フェラン（Jean Ferrand）は、ヴァロワ朝第九代フランス王フランソワ一世（François I, 1494-1547 在位 1515-1547）の妃レオノール（もしくはエレオノール

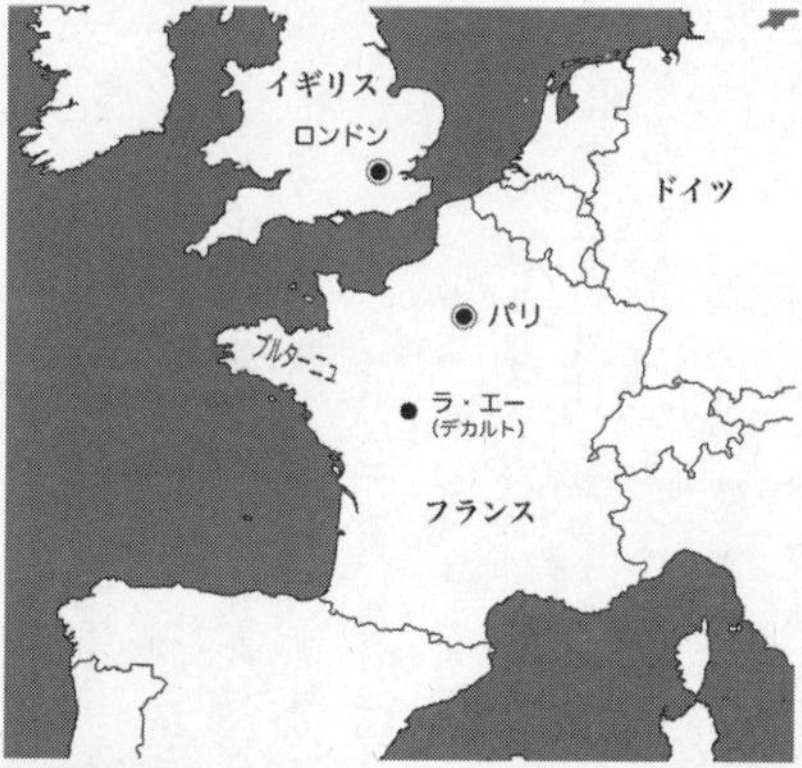

【図1】 デカルトの生地ラ・エー

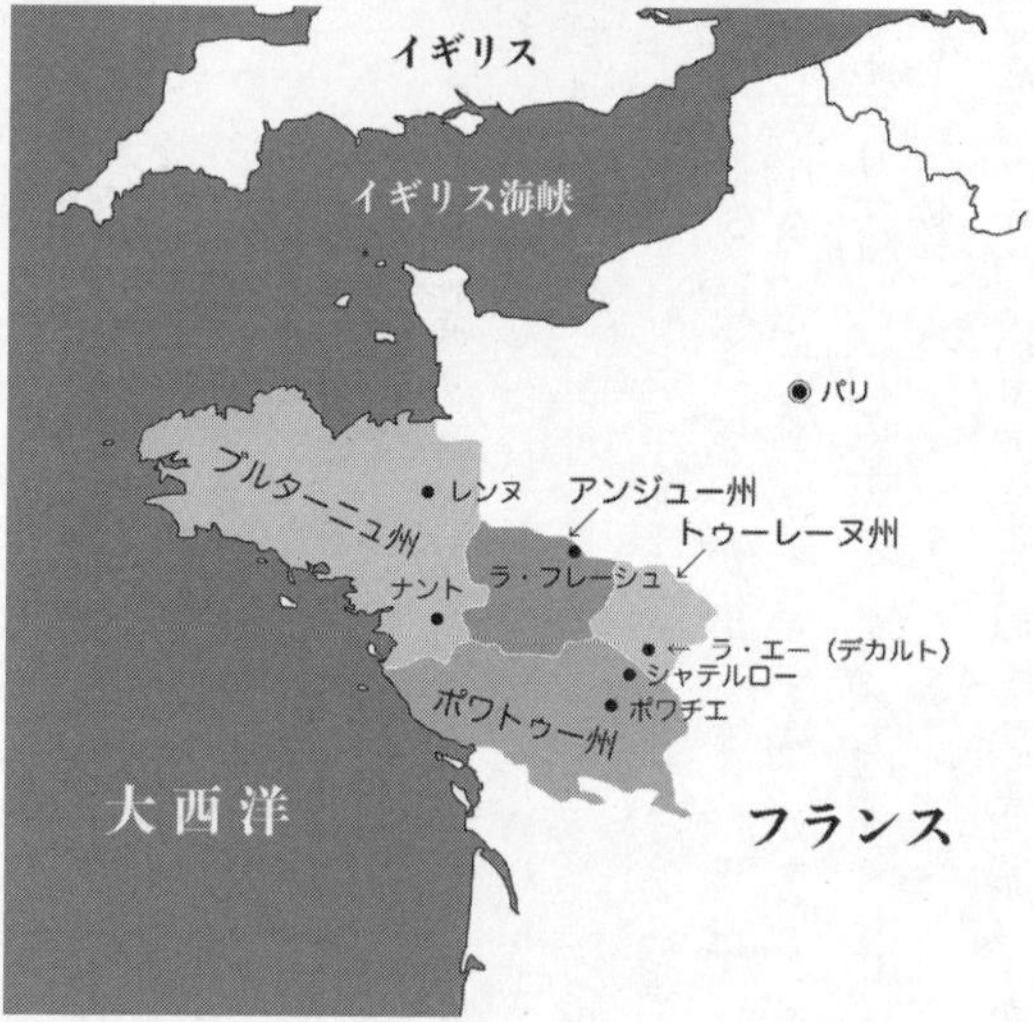

【図2】 旧州と町の位置関係

Leonor de Austria / Eléonore d'Autriche [1498-1558]）の侍医を務めていました。ジョアシャン自身は医者ではなく、法律を学んだあと、ブルターニュの州都レンヌ（Rennes）に置かれたブルターニュ高等法院（Parlement de Bretagne パルルマン・ド・ブルターニュ）の評定官を務めていました（高等法院は当時のフランスの最高司法機関で、パリ高等法院のほか、各地に地方高等法院が置かれていました）。

母ジャンヌは、ポワチエ裁判所法官を務めたルネ・ブロシャール（René Brochard）を父とし、ジャンヌ・ブロシャール（Jeanne Brochard 旧姓サン［Sain］）を母として、シャテルローに生まれました。ジョアシャンとジャンヌが結婚したのは一五八九年、彼らは、高等法院の開廷期以外は、シャテルローに住んでいました。

ジョアシャンとジャンヌの間には、一五九一年にピエール（Pierre Descartes, 1591-1660）が、一五九三年にジャンヌ（Jeanne Descartes, 1593-1640）が生まれます。そして、一五九六年にはデカルト（ルネ René）が生まれるのですが、母ジャンヌは、デカルトを産んでから一四箇月ほどあとの一五九七年五月一三日、次の子（弟）を産むとすぐに亡くなります（その子も三日後の一六日に亡くなっています）。

デカルトがラ・エーで生まれたのは、母がラ・エーの母方の祖母の家（シャテルローから北東に二〇キロメートルほどのところにありました）で出産したからです（母ジャンヌは、どの子も祖母の家で産んでいます）。祖母は一五八六年に夫ルネに先立たれ、ラ・エーに住んでいました。母の死後、デカルトはこの母方の祖母に養育されます。デカルトは母の体質を受け継ぎ、体が弱く、長生きはしないだろうと言われていました。

デカルトは、当時の習慣に従い、数年間乳母に育てられます。彼はこの乳母のことを生涯気遣い、彼女に年金を支給するとともに、彼が亡くなるときには乳母のことを（彼女はデカルトよりも長生きしました）自分の兄弟に託しています（このことは、本章の最後の節でまた触れることにします）。

デカルトが四歳のとき（一六〇〇年）、父はブルターニュ出身のアンヌ・モラン（Anne Morin）と再婚してレンヌに住み、二人の子ども（一男一女。名前や生没年はのちほど取り上げます）をもうけます。デカルトは、一六〇七年に寄宿学校（次に説明するラ・フレーシュ学院のことです）に入学するまで、祖母のもとにとどまります。彼の兄姉も祖母のもとで暮らしていましたが、一六〇三年にラ・フレーシュ学院が創設され翌一六〇四年に開校すると、兄ピエールが先に祖母のもとを離れて入学、また、姉ジャンヌは、一六一〇年に祖母が亡くなるまで祖母のもとにとどまり、祖母の死後はレンヌの父に引き取られ、一六一三年にはクレヴィス（Crévis）の領主ピエール・ロジエ（Pierre Rogier）と結婚しています。

†ラ・フレーシュ学院

一六〇七年、デカルトはアンジュー（Anjou）州ラ・フレーシュ（La Flèche. 現在はサルト［Sarthe］県に属しています）のラ・フレーシュ学院に入学します。ラ・フレーシュ学院は、正式には「ラ・フレーシュ＝アンリ四世学院」（Collège Henri IV de La Flèche コレージュ・アンリ・キャトル・ド・ラ・フレーシュ）と言い、アンリ四世（Henri IV, 1553-1610 在位 1589-1610）がイエズス会の寄宿学校として設立しました（寄宿生だけでなく、多数の通学生を受け入れていました）。

アンリ四世は、ブルボン朝初代のフランス王で、教育を重視し、スペインの修道士イグナシオ・デ・ロヨラ（Ignacio de Loyola, 1491-1556）が始めた「イエズス会」（Societas Iesu ソキエタース・イェースー、イエス会）に、自らの所有する宮殿を与え、教育を託しました。アンリ四世はもともとプロテスタントでしたが、フランスの宗教的混乱を収拾するためカトリックに改宗し、教育改革の一環として、カトリックのイエズス会が運営するラ・フレーシュ学院を支援したのです。

ラ・フレーシュ学院は、優秀な教師を集め、授業料は徴収せず（寄宿料のみ徴収）、生徒を身分の隔てなく平等に扱い、貧富の差を超えて有意の若者を数多く育てました。カトリックの教育理念に沿って設立されたその新たな学校の試みは高く評価され、フランス中から優秀な生徒を集めることになりました。

体が弱かったデカルトは、通常の一月入学ではなく、春（復活祭）を待っての入学となりました。またデカルトは、親類にあたる院長シャルレ（Charlet）神父の配慮で、朝遅く

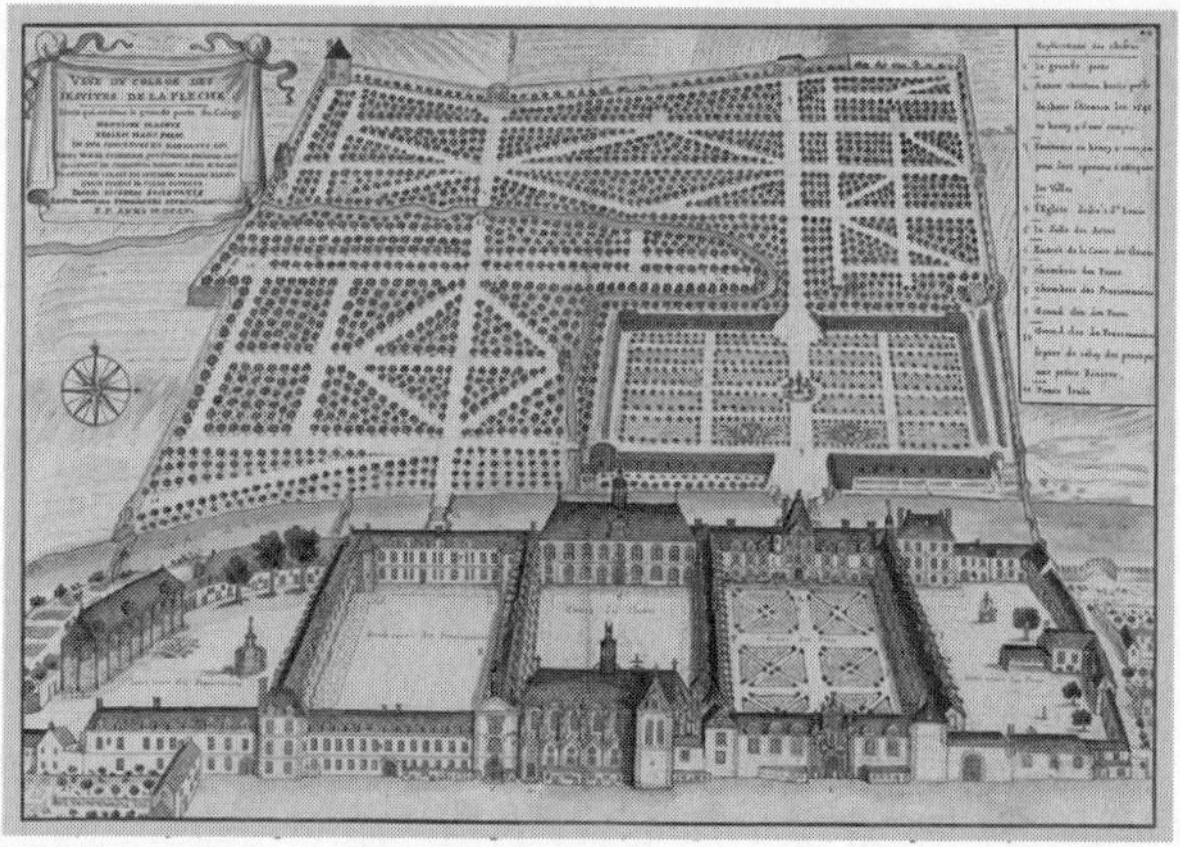

【図3】　ラ・フレーシュ学院

までベッドで横になっていることを許されました。学院は午後九時の就寝、午前五時の起床と決められていましたが、デカルトは神父のこの配慮によって、一〇時間の睡眠を確保することができました。これと、シャルレ神父が勧めてくれた食養生のおかげで、デカルトは、二〇歳過ぎには、生来の青白い顔と空咳を克服していました。

　ラ・フレーシュ学院は、八年間の標準的カリキュラムを組んでいました。まずは最初の五年間でラテン語やギリシャ語に習熟します。入学すると、一年目から三年目にかけてラテン語とギリシャ語の文法を教わり、四年目には古典文学を学び、五年目には修辞学を学びます。また、続く三年の課程は、「哲学」の科目からなっていました。

この哲学課程では、論理学、数学に加えて、自然学、形而上学、倫理学が教授されました。

中世の大学で基礎科目として教えられていたものに、自由学芸（artes liberales アルテース・リーベラーレース）があります。文法と論理学と修辞学からなる「三科」（trivium トリウィウム）と、算術、幾何学、天文学、音楽からなる数学的科目の「四科」（quadrivium クァドリウィウム）で、合わせて七科目ですので「自由七科」と呼ばれることもあります。のちに、「アリストテレスの復興」によって、これらの科目に自然学、形而上学、倫理学というアリストテレス的な科目が付加されました。ラ・フレーシュ学院では、これら全科目のうち、文法と修辞学を最初の五年の課程で学習し、あとの三年の課程（哲学課程）でそれ以外の科目を学ぶという形態をとっていました。

哲学課程の一年目は、論理学を学びます。テクストには、『カテゴリー論』、『命題論』、『分析論前書』、『分析論後書』など、アリストテレスの論理学関係書（オルガノン）が使われました。二年目には、自然学と数学が教授されました。テクストとしては、アリストテレスの『自然学』や『天体論』、『生成消滅論』などが使われました。三年目は、形而上学と倫理学が教授されました。テクストとしては、これもまたアリストテレスの『形而上学』、『魂について』、『ニコマコス倫理学』などが使われました。

なお、ラ・フレーシュ学院では、これらの課程に続くものとして、修練士のための神学の課程が設けられていました。

†ポワチエ大学

一六一五年九月、デカルトは一九歳でラ・フレーシュ学院を卒業します。そして、父や兄と同じように法学を学ぶため、ポワチエ大学（Université de Poitiers ユニヴェルシテ・ド・ポワチエ）に進みます。

ポワチエ大学は、ローマ法王エウゲニウス四世（Eugenius IV, 1383-1447 在位 1431-1447）の勅許のもと、ヴァロワ朝第五代フランス王シャルル七世（Charles VII, 1403-1461 在位 1422-1461）が一四三一年にポワチエに創設した、ヨーロッパの最も古い大学の一つです。百年戦争（一三三七年～一四五三年）においてパリがイングランド軍の手に落ち、パリ大学（これについては冨田『ロック入門講義――イギリス経験論の原点』ちくま学芸文庫、二〇一七年、三〇ページ以下をご参照ください）がイングランドの支配下に入ったとき、ポワチエに宮廷を設けることを余儀なくされたシャルル七世が、それに対抗して設立したものです。

一六一五年から一六一六年にかけてデカルトはポワチエに下宿し、一六一六年一一月（二〇歳のとき）にポワチエ大学を卒業しています。

その後デカルトは、レンヌにいる父親の家族のもとに身を寄せます。彼は、兄ピエールとは生涯ある種の緊張関係にあったようですが、姉ジャンヌ（デュ・クレヴィス夫人）やその夫ピエール（ピエール・ロジエ）とは良い関係にありました。また、義母の産んだ弟ジョアシャン（Joachim Descartes, 1602-1680）や妹のアンヌ（Anne Descartes, c. 1611-?）ともうまくいっていたようです。ブルターニュ高等法院の閉廷期には、一家はナント郊外のシュセ（Sucé）にある義母の家で過ごしました。

デカルトがポワチエ大学で法学を学んだのは、父の要請があったからだと考えられます。デカルト家は貴族ではありませんでしたが、当時フランスには売官制があり、資産家は高級官職を国王から購入することによって貴族の称号と特権を持つことができました。そのためには、三代続けて役職を購入し、法官を続ける必要がありました。封建貴族が「剣の貴族」（noblesse d'épée ノブレス・デペ）と言われるのに対して、このような仕方で貴族になった人々は、「法服貴族」（noblesse de robe ノブレス・ド・ローブ）と呼ばれます。当時のフランスは、こうした法服貴族が、政治を支え、文芸を育てていました。デカルト家に貴族の「騎士」の称号が与えられたのは、デカルトの死後、一六六八年のことでした。

しかし、デカルト自身は法曹の道に進むのをよしとせず、軍人になる道を選びます。それは、軍隊に所属して広く世間を見るためでした。

†軍隊――ベークマンとの出会い

一六一八年のはじめ、デカルトは、一人の従僕とともにオランダに行き、国境の要塞の町ブレダ（Breda）にとどまっていたオランダ総督オラニエ公マウリッツ・ファン・ナッサウ（Mauritz van Nassau, 1567-1625）の軍隊に志願士官として入隊します。一六〇九年にオランダとスペインとの間で一二年間の休戦協定が結ばれ、この時期戦闘はなく、志願士官は築城術などの講義を受けるほか、自身数学者でもあったマウリッツは軍の内部で数学の研究を奨励していました。

一六一八年一一月一〇日、二二歳のデカルトは、その町でイサーク・ベークマン（Isaac Beeckman, 1588-1637）と知り合います。ベークマンは一五八八年、ヴァルヘレン（Walcheren）島にあるゼーラント（Zeeland）州の州都ミデルブルフ（Middelburg）に生まれ、一六〇七年から一六一〇年までライデン大学で神学と数学を学びます。しかし、聖職に就くことができず、父の蠟燭作りを継ぐものの、一六一六年にその仕事を弟子に譲ります。そして、一六一八年にフランスのカーン大学（Université de Caen, 一四三二年創立）で医学の博士号を取得したあと教職に就き、ドルドレヒト（Dordrecht）の学院の院長などを歴任しました。あとに出てくるメルセンヌやガッサンディーなどとも交流があり、彼の科学思想は多くの人々に影響を残しました。

一六一八年のその日、デカルトは、張り紙を見ていた多くの人々に目をとめました。その張り紙には、数学の問題がフラマン語で書かれていました。デカルトは、そばに居合わせた人にラテン語かフランス語に訳してほしいとラテン語で頼みますと、その人は、解答

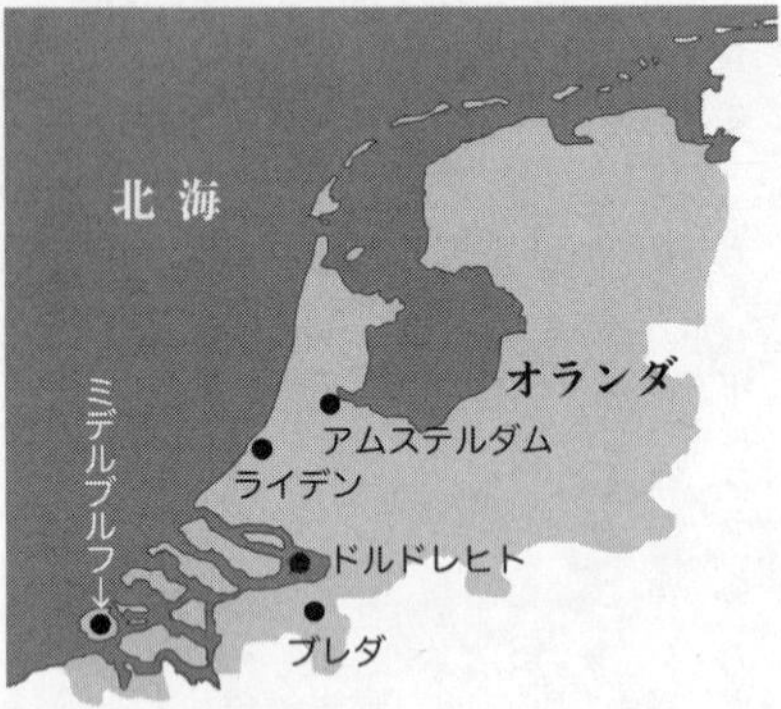

【図 4】 当時のオランダ

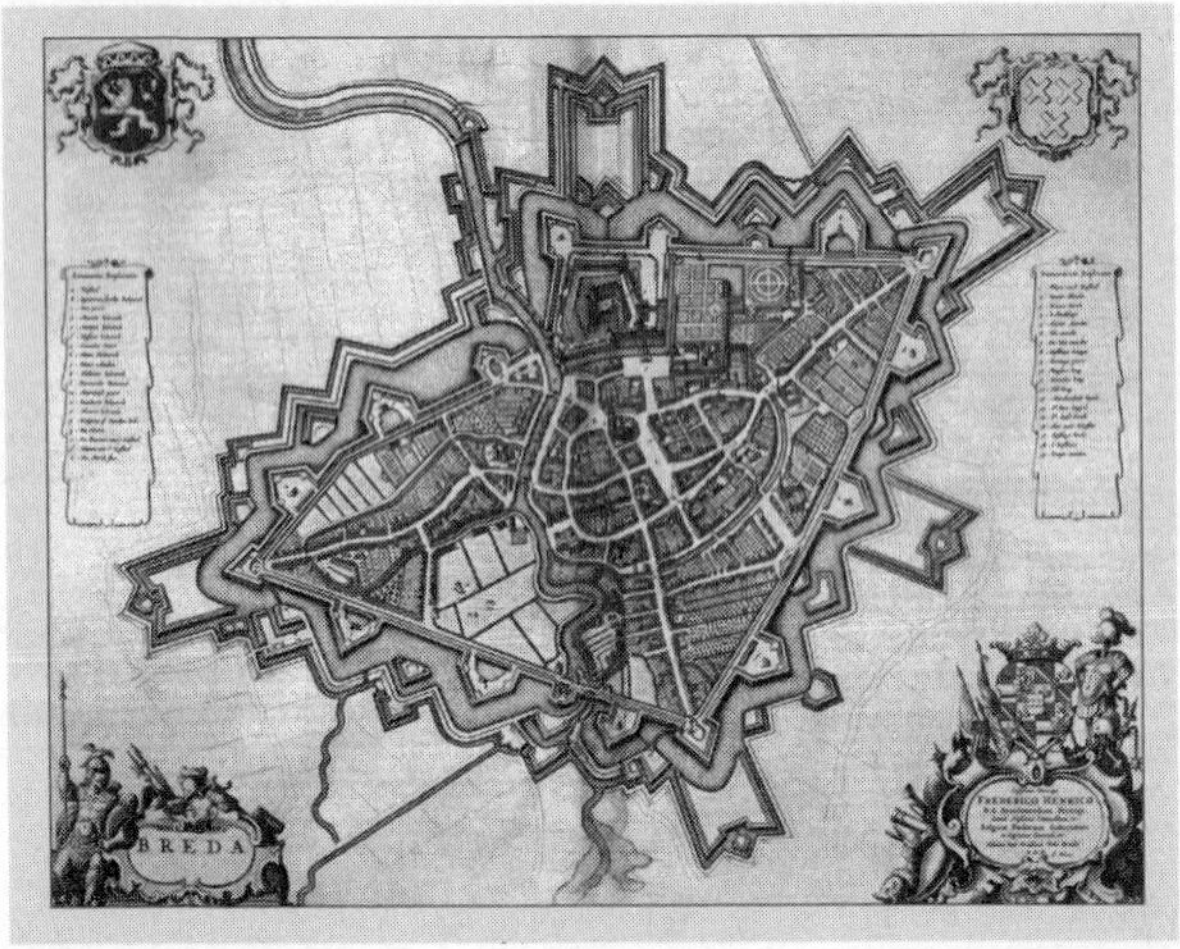

【図 5】 ブレダ

を教えてくれるならという条件付きで、問題をラテン語に訳してくれました。それが、年末の数週間、伯父の手伝いをするためブレダに来ていた、当時二九歳のベークマンでした。ベークマンは、近いうちに解答を提出すると言うデカルトの言葉に驚き、それから二人の交流が始まります。彼らはその年の最後の数週間、流体力学や物体の落下について共同研究を行い、また、デカルトは翌年一月一日に『音楽提要』（*Compendium Musicae* コンペンディウム・ムーシカエ）という小論文の自筆原稿をベークマンに献呈しています（この『音楽提要』は、デカルトの死後、一六五〇年に出版されました）。デカルトは、数学によって全宇宙を捉えることができるということを、この共同研究によって確信するのです。

†神聖ローマ皇帝フェルディナント二世と三〇年戦争

今述べましたように、デカルトの一六一九年は、ベークマンに『音楽提要』を献呈するところから始まります。そして、数学や力学に関する問題の考察を続けながら、数箇月後、彼はマウリッツの軍隊を辞して、ハプスブルク家のフェルディナント二世（Ferdinand II, 1578–1637）の神聖ローマ皇帝戴冠式を見にフランクフルト・アム・マイン（Frankfurt am Main）を訪れます。

ハプスブルク家のフェルディナント二世は、神聖ローマ皇帝マクシミリアン二世（Maximilian II, 1527–1576 在位 1564–1576）の弟の内オーストリア大公カール二世（Karl II, 1540–

1590 在位 1564-1590. シュタイアーマルク、ケルンテン、クラインを中心とした内オーストリアを所領としていました）の子です。マクシミリアン二世のあと神聖ローマ皇帝となった息子のルードルフ二世（Rudolf II. 1552-1612 在位 1576-1612）とその弟マティアス（Matthias. 1557-1619 在位 1612-1619）には帝位継承者がいなかったため、一六一七年、彼らの従弟のフェルディナント二世が次のボヘミア王に指名されるとともに、翌年にはハンガリー王となり、一六一九年、皇帝マティアスの死去に伴い、神聖ローマ皇帝の帝位を継承します（在位 1619-1637）。

神聖ローマ帝国（ラテン語では Sacrum Romanum Imperium［サクルム・ローマーヌム・インペリウム］、ドイツ語では Heiliges Römisches Reich［ハイリゲス・レーミッシェス・ライヒ］、英語では Holy Roman Empire と言います）は、その昔の西ローマ帝国を継承する国家として九世紀から一〇世紀にかけて成立しました。「神聖ローマ帝国」という名称は一三世紀から使われ始め、一五一二年以降は「ドイツ国民の」という形容語がさらに付くようになりました（「ドイツ国民の神聖ローマ帝国」。ラテン語では Sacrum Romanum Imperium Nationis Germanicae［サクルム・ローマーヌム・インペリウム・ナーティオーニス・ゲルマーニカエ］、ドイツ語では Heiliges Römisches Reich deutscher Nation［ハイリゲス・レーミッシェス・ライヒ・ドイチャー・ナツィオーン］です）。というのも、帝国のもともとの版図はカトリックの全領域とほぼ一致していたのですが、のちにはドイツを中心とした一帯を版図とするよ

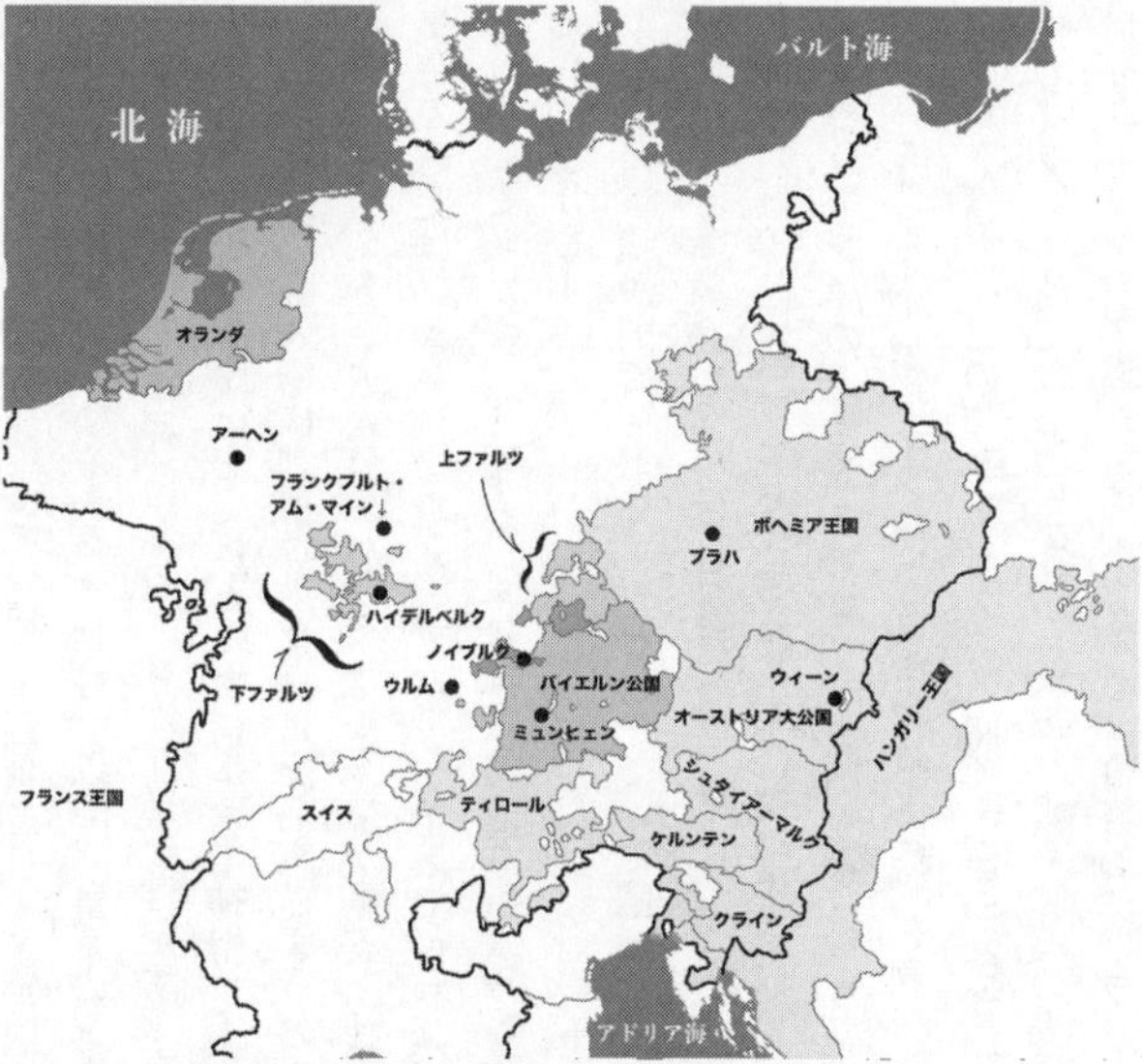

【図6】 1618年の神聖ローマ帝国

うになったからです（本書では便宜上「神聖ローマ帝国」という名称で通します）。

一三五六年のいわゆる「金印勅書」以降、皇帝の選定にあたっては、ドイツの七人の有力諸侯（選帝侯）の選挙によってローマ王を選定する方式が採られました。選定されたローマ王は法王から帝冠を受けることによって神聖ローマ皇帝になるのですが、のちには法王から帝冠を受けずに神聖ローマ皇帝を名乗るようになります。また、一五世紀半ば以降、帝位はオーストリア大公のハプスブルク家が事実上独占していました。久しく神聖ローマ皇帝の選定はフランクフルト・アム・マインで行われ、戴冠式はアーヘン（Aachen）で行われていましたが、一五六二年以降は戴冠式もフランクフルト・アム・マインで行われるようになります。

因みに、我が国で「ドイツ」と言っている国は、もとのドイツ語では Deutschland（ドイチュラント）で、元来、deutsch（ドイチュ）の人々の住む国を意味しています。deutsch というのは、「民衆」を意味する名詞に由来する形容詞で、その場合の「民衆」は、ラテン語やラテン語の方言であるローマ風の言語（フランス語やイタリア語などの「ロマンス諸語」）ではなく、ゲルマン系の言語を話す民衆を意味します。また、あとで出てきますが、デカルトはドイツのことをフランス語で Allemaigne（アルマーニュ）と言っています。現代のフランス語では Allemagne と綴ります。この表現は、紀元前後にスカンジナビア半島やユトランド半島から南下を始め、最終的にはライン川上流から中流にかけて定住することになったゲルマン系のアレマン人（ラテン語では複数形で Alemanni［アレマンニー］と言います）を表す言葉が基になっています。ハプスブルク家も含めて、ドイツの有力諸侯の多くは、もとアレマン人の貴族でした。

話は戻って、ハプスブルク家のフェルディナント二世がボヘミア王になったのは、一六一七年のことでしたが、彼は若い頃イエズス会士に教育された熱心なカトリック教徒で、王位に就くと、ボヘミアのプロテスタント勢力（反カトリック勢力）の弾圧を始めます。ボヘミアでは、ヤン・フス（Jan Hus, c. 1369-1415）以来、キリスト教改革運動が進んでいました（ヤン・フスはヨーロッパの非常に古い大学の一つであるプラハ大学［のちのプラハ・カレル大学］の学長を務めるとともに、時のボヘミア王の支持を得てプロテスタント運動の先駆者となった人です）。プロテスタントのボヘミア貴族はフェルディナント二世と対立し、彼を王とは認めませんでした。こうしたさなかの一六一八年五月二三日、王の使節が民衆によってプラハ城の三階の窓から投げ落とされるという「プラハ窓外投擲事件」が起こります。ここからカトリックとプロテスタントの対立を一つの基軸とした「三〇年戦争」が始まります（この件についてはのちほど説明します）。収束したのは、デカルトが亡くなる数年前の、一六四八年のことでした。

こうした状況下、デカルトはドイツでの不穏な動きを察知して、一六一九年八月三〇日に行われようとしていたフェルディナント二世の神聖ローマ皇帝戴冠式を見届けるため、フランクフルト・アム・マインに向かいます。

†フリードリッヒ五世とエリーザベト王女

ここでもう少しだけ、三〇年戦争に関わる話をさせてください。先ほど、「プラハ窓外投擲事件」のことをお話ししましたが、そのあとどうなったかというと、ボヘミアの貴族たちは、プロテスタントのファルツ選帝侯フリードリッヒ五世（Friedrich V. 1596-1632 在位 1610-1623）をフリードリッヒ一世（在位 1619-1620）としてボヘミア王に迎えようとします。

「ファルツ」（Pfalz.「プファルツ」という表記もなされますが、実際には「ファルツ」に近く発音されます）というのはもともとラテン語の palatium（パラーティウム。「宮殿」を意味します。英語の palace もこれが基になっています）に由来するドイツ語で、広くは、王や皇帝などの城や領地を指し、また、そうした場所でさまざまな職務を遂行する高官のことを、Pfalzgraf（ファルツグラーフ）と呼びました。ファルツの Graf（グラーフ、伯爵、代官）なので、「ファルツ伯」や「宮中伯」、「宮廷伯」、「帝領伯」などと訳されます。神聖ローマ皇帝は、その職務を代行させるため、帝国各地にファルツ伯を派遣しました。それらのうち、ライン地方（ラインラント）のファルツ伯は、他の諸侯と並ぶ力を持ち、一三五六年には皇帝の選挙権を持つ七人の選帝侯の一人となります。領地がもともとラインラントにあったため、領地の名称は正式には「ライン・ファルツ伯領」(Pfalzgrafschaft bei Rhein ファルツグラーフシャフト・バイ・ライン)なのですが、単に「ファルツ」と呼ばれ、またラインラントとは別のバイエルン公国の北側に領地を保有するようになったことから、バイエルン北部の領地を「上ファルツ」(Oberpfalz オーバーファルツ)、もとの領地を「下ファルツ」(Niederpfalz ニーダーファルツ)と呼んでいます。

ファルツ選帝侯フリードリッヒ五世は、ファルツ選帝侯フリードリッヒ四世(Friedrich IV, 1574–1610 在位 1583–1610)と、オランダ総督オラニエ公ウィレム一世の娘ルイーゼ・ユリアナ(Louise Juliana van Nassau, 1576–1644. 先に出てきたオランダ総督オラニエ公マウリッツ・ファン・ナッサウの異腹の妹です)の長男として生まれます(つまり、フリードリッヒ五世は、オラニエ公マウリッツ・ファン・ナッサウの甥にあたります)。フリードリッヒ四世は熱心なカルヴァン派の信者で、プロテスタントを擁護するため一六〇八年に神聖ローマ帝国内のプロテスタント諸侯を糾合して「プロテスタント同盟」(Protestantische Union プロテスタンティッシェ・ウニオーン)を結成、これに対抗して翌一六〇九年にカトリック勢力が「カトリック連盟」(Katholische Liga カトーリッシェ・リーガ)を結成し、プロテスタントとカトリックの対立が深まります。

フリードリッヒ四世亡きあと、子のフリードリッヒ五世がファルツ選帝侯となります。このフリードリッヒ五世が、神聖ローマ皇帝フェルディナント二世の戴冠式(一六一九年八月三〇日）の数日前に、ボヘミアのプロテスタント貴族たちによってボヘミア王に選出されます。それは、すでに一六一七年にボヘミア王になっていたハプスブルク家のフェルディナント二世をボヘミアから排除するためでした。フリードリッヒ五世の母ルイーゼ・ユリアナは、若いフリードリッヒ五世にボヘミア王位を辞退するよう説得しますが、フリードリッヒ五世は聞き入れませんでした。結局、フリードリッヒ五世はボヘミア王となり、神聖ローマ皇帝フェルディナント二世はこれをプロテスタントの反乱とみなします。そして、フェルディナント二世は、カトリック連盟の盟主であるバイエルン公マクシミリアン一世（Maximilian I, 1573-1651）と協力し、一六二〇年一一月の「白山の戦い」でボヘミア貴族連合軍を撃破、ファルツ選帝侯領は占領され、フリードリッヒ五世一家は、フリードリッヒ五世の伯父にあたる先述のオランダ総督オラニエ公マウリッツ・ファン・ナッサウの庇護のもと、オランダのハーグ（Haag）に亡命します。

フリードリッヒ五世は、遡って、一六一三年に、イングランドの王女エリザベス・スチュアート（Elizabeth Stuart, 1596-1662）と結婚しています（エリザベス・スチュアートは、イングランドのチューダー朝エリザベス女王亡きあとスチュアート朝初代イングランド国王ジェイムズ一世となった、スコットランド王ジェイムズ六世の長女です）。二人の間には一三人の子が授かります。その第三子が、長女のエリーザベト（Elisabeth von der Pfalz, 1618-1680）です。エリーザベトは、家族がオランダに亡命したとき、家族と同行しなかった父方の祖母ルイーゼ・ユリアナに育てられ、一六二七年以降は、ハーグで亡命生活を送っていた母エリザベスに育てられます。

一六四三年、エリーザベトが二四歳のとき、彼女はデカルトと書簡を交わし始めます。これについては、またのちほどお話ししたいと思います。「あ、それで」とおわかりいただけたでしょうか。ここしばらく三〇年戦争に立ち入った理由の一つは、そこにありました(因みに、イギリスのハノーヴァー朝の初代国王ジョージ一世となったハノーファー選帝侯ゲオルク・ルートヴィッヒは、エリーザベトの妹ゾフィーの子で、エリーザベトの甥にあたります。彼は、エリザベス・スチュアートの孫であったことから、イギリスのスチュアート朝の断絶に際して、国王として迎えられることになったのです。現ウィンザー朝がこのハノーヴァー朝を継承したものであることは、言をまちません)。

なお、三〇年戦争は、一六四八年にカトリック諸国、とりわけハプスブルク家の敗北によって終わりを告げ、「ヴェストファーレン条約」が締結されます。その条約によって、エリーザベトの兄カール一世ルートヴィッヒ(Karl I. Ludwig, 1617-1680 在位 1648-1680)は、ファルツ選帝侯に復帰します。ただし、上ファルツ(オーバーファルツ)はバイエルン公のものとされました。また、ファルツ選帝侯位は、一六二三年に神聖ローマ皇帝フェルディナント二世がフリードリッヒ五世から剝奪してバイエルン公マクシミリアン一世に与えていたのですが、それはそのままバイエルン公のものとされ、それとは別に八番目の選帝侯位として新たな選帝侯位が設けられ、それがカール一世ルートヴィッヒに与えられました。

†ノイブルクの炉部屋

デカルトの伝記を書いたフランスの司祭アドリアン・バイエ（Adrien Baillet, 1649–1706）の『デカルト氏の生涯』要約本（Adrien Baillet, *La Vie de Monsieur Des-Cartes*, réduite en abregé [Paris: Guillaume de Luynes, La Veuve de P. Boüillerot, & Claude Cellier, 1692], pp. 37–39）によりますと、デカルトは、一六一九年八月にフランクフルト・アム・マインで行われたフェルディナント二世の戴冠式を見たあと、たまたまバイエルン公マクシミリアン一世が軍隊を徴集しているのを知り、志願士官としてバイエルン軍に入ります。そして、その年の冬を、ファルツ＝ノイブルク（Pfalz-Neuburg）公国で過ごします。

デカルトはのち（一六三七年）に、三つの試論（「屈折光学」、「気象学」、「幾何学」）とともに、『方法序説』（*Discours de la méthode* ディスクール・ド・ラ・メトード）を出版します。この『方法序説』は六部からなっていて、デカルトはその第二部冒頭で、その年の冬のことを次のように語っています。

その頃私はドイツ（Allemaigne アルマーニュ）にいた。それは今なお終わっていない戦

【図7】 アドリアン・バイエ『デカルト氏の生涯』要約本（1692年）の扉

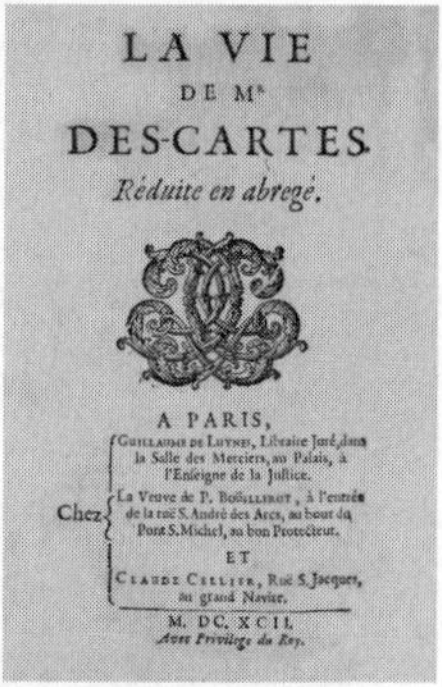

LA VIE
DE M^r
DES-CARTES
Réduite en abregé.

A PARIS,
Chez { Guillaume de Luyne, Libraire Juré, dans la Salle des Merciers, au Palais, à l'Enseigne de la Justice.
La Veuve de P. Boüillerot, à l'entrée de la ruë S. André des Arcs, au bout du Pont S. Michel, au bon Protecteur.
ET
Claude Cellier, Ruë S. Jacques, au grand Navire. }
M. DC. XCII.
Avec Privilege du Roy.

【図8】 ノイブルク

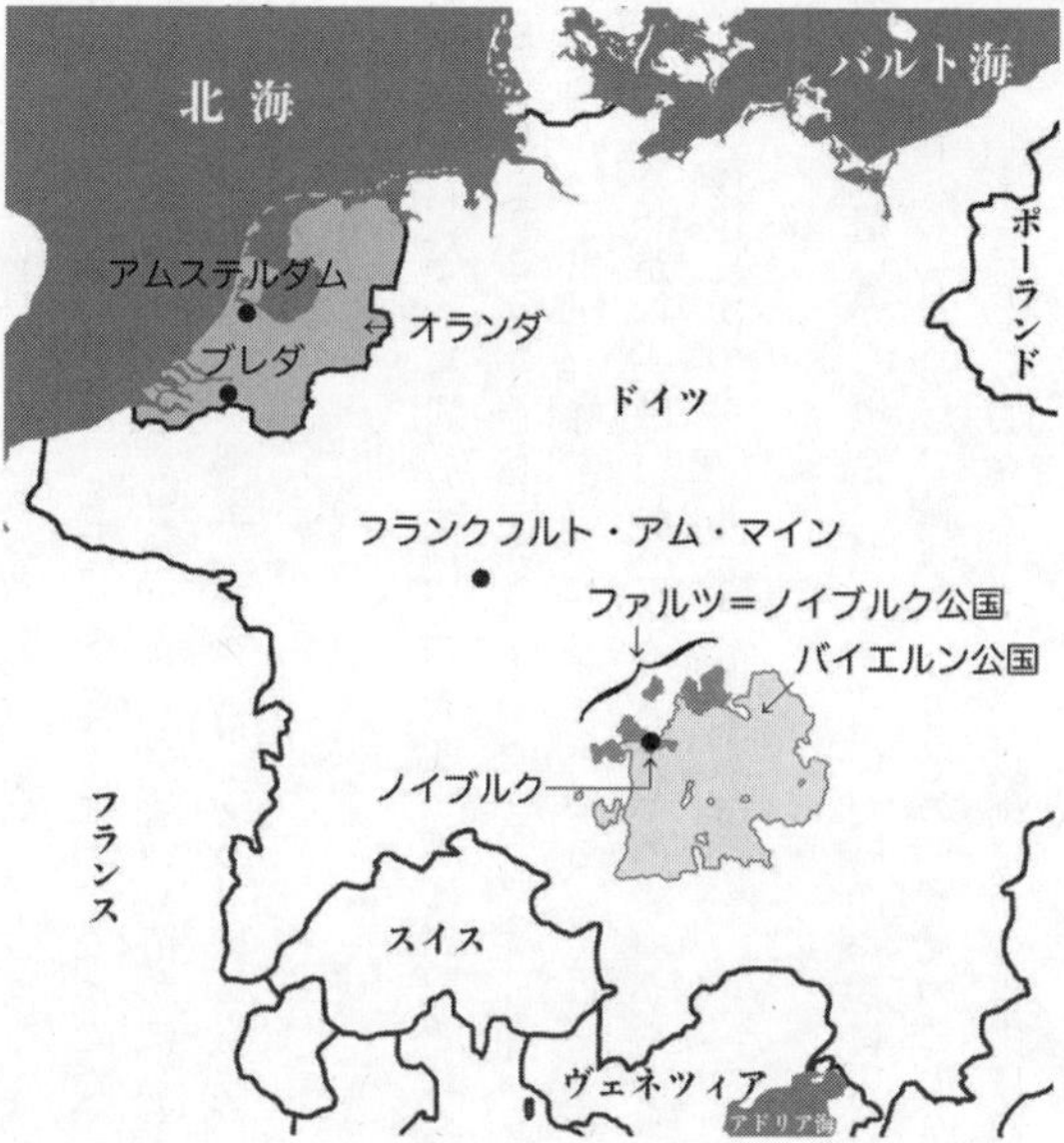

争〔三〇年戦争〕に呼び寄せられてのことであった。そして、皇帝〔神聖ローマ皇帝〕の戴冠式から軍隊に戻るとき、冬が始まり、私はあるところにとどまることになったが、そこには気晴らしになるどんな会話もなく、また、幸いなことに、気遣いや情念に心を煩わされることもなかったので、私は終日一人で炉部屋（poësle ポエスル）にこもり、心ゆくまで自分の考えを検討した。（AT-VI, p. 11.）

デカルトがその年の冬を炉部屋で過ごしたことについては、一六四一年に出版された『第一哲学についての省察』（*Meditationes de prima philosophia* メディタ－ティオーネース・デー・プリーマー・ピロソピアー。以下では『省察』と呼ぶことにします）でも、それらしいことが出てきます。『省察』は、「第一省察」から「第六省察」までの六つの省察からなっていて、その「第一省察」の第一段落の最後に次のような言葉が見られます。

幸いなことに、今日私は心をあらゆる気遣いから解き放ち、くつろいだ時間を手に入れて、一人こもっている。そこで、いよいよこれから、私の〔これまでの〕意見のこの全面的な転覆（generalis eversio ゲネラーリス・エーウェルシオー）に、真剣にかつ自由に取りかかろうと思う。（AT-VII, pp. 17–18.）

そして、その三段落あとでは、次のようにも言われています。

ほかのほとんどのものは、同じ感覚からくみ出されたものでありながら、疑うことがまったくできない。例えば、今私がここにいるとか、炉端に座っているとか、冬着を着ているとか、この紙を手に持っているとかいった類いのことである。(AT-VII, p. 18.)

こんなふうに、一六一九年の冬の炉部屋でのことは、のちの著作にもそれとおぼしきものが見られます。

三つの夢

その年(一六一九年)のはじめに、デカルトはベークマンから革で装丁されたノートをもらっていて、自分の省察の結果をそれに書き込んでいました。そのノートは今では失われていますが、右のバイエ神父は、それを読んで伝記に書き込み、ライプニッツ(Gottfried Wilhelm Leibniz, 1646–1716)もまたそれから抜粋したものを書き留めています。

バイエの一六九一年の『デカルト氏の生涯』第一部(Adrien Baillet, *La Vie de Monsieur Des-Cartes*, Première partie [Paris: Daniel Horthemels, 1691])によれば、デカルトはその年の一一月一〇日から翌一一日にかけての夜、高揚した気分の中で、三つの夢を見ています。

バイエがこの夢について記した箇所を、以下に、全文訳出してみましょう。

彼〔デカルト〕は、一六一九年一一月一〇日に、霊感（*enthousiasme* アントゥジアスム〔この言葉のもとはギリシャ語の ἐνθουσιασμός エントゥーシアスモスで、神がかり状態のことを言います〕）に満たされ、その日驚くべき学の基礎（*les fondemens de la science admirable* レ・フォンドマン・ド・ラ・シアーンス・アドミラーブル）を見いだしたという考えにとらわれたままベッドに入ったあと、一夜にして、高みから来たとしか思えないような三つの連続した夢を見たと、われわれに報告している。眠りについたあと、彼の想像力は、いくつかの幻（fantômes ファントム）の表象に襲われるのを感じた。それらの幻は、彼に現れると、彼をひどく怯えさせ、そのため彼は、通りを歩いていると思うものの、自分の行きたい場所に行こうとしても、体の右側がひどく弱っているのを感じ、右側では自分を支えられなくて、左側を下にして倒れてしまうしかなかった。彼はこ

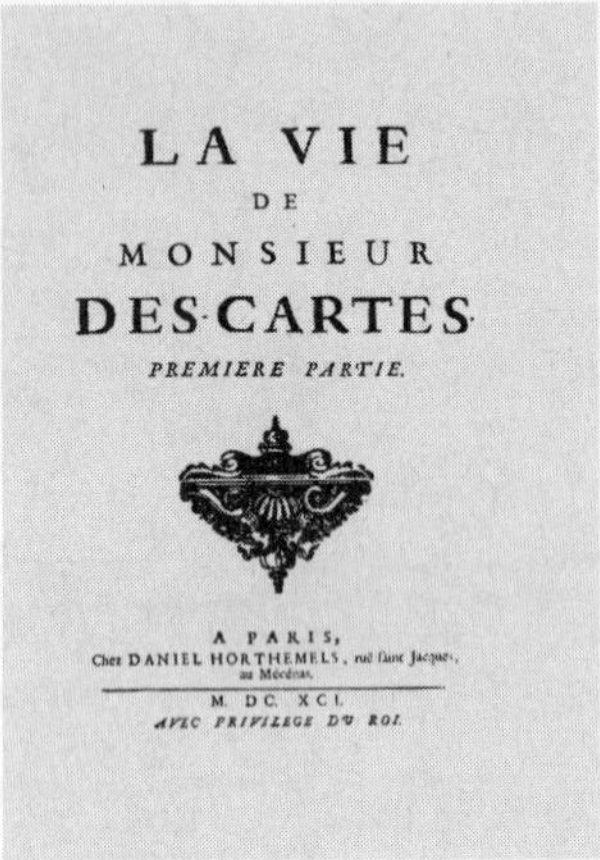
LA VIE
DE
MONSIEUR
DES-CARTES
PREMIERE PARTIE.
A PARIS,
Chez DANIEL HORTHEMELS, rue saint Jacques, au Mécénas.
M. DC. XCI.
AVEC PRIVILEGE DU ROI.

【図9】 アドリアン・バイエ『デカルト氏の生涯』第一部（1691年）の扉

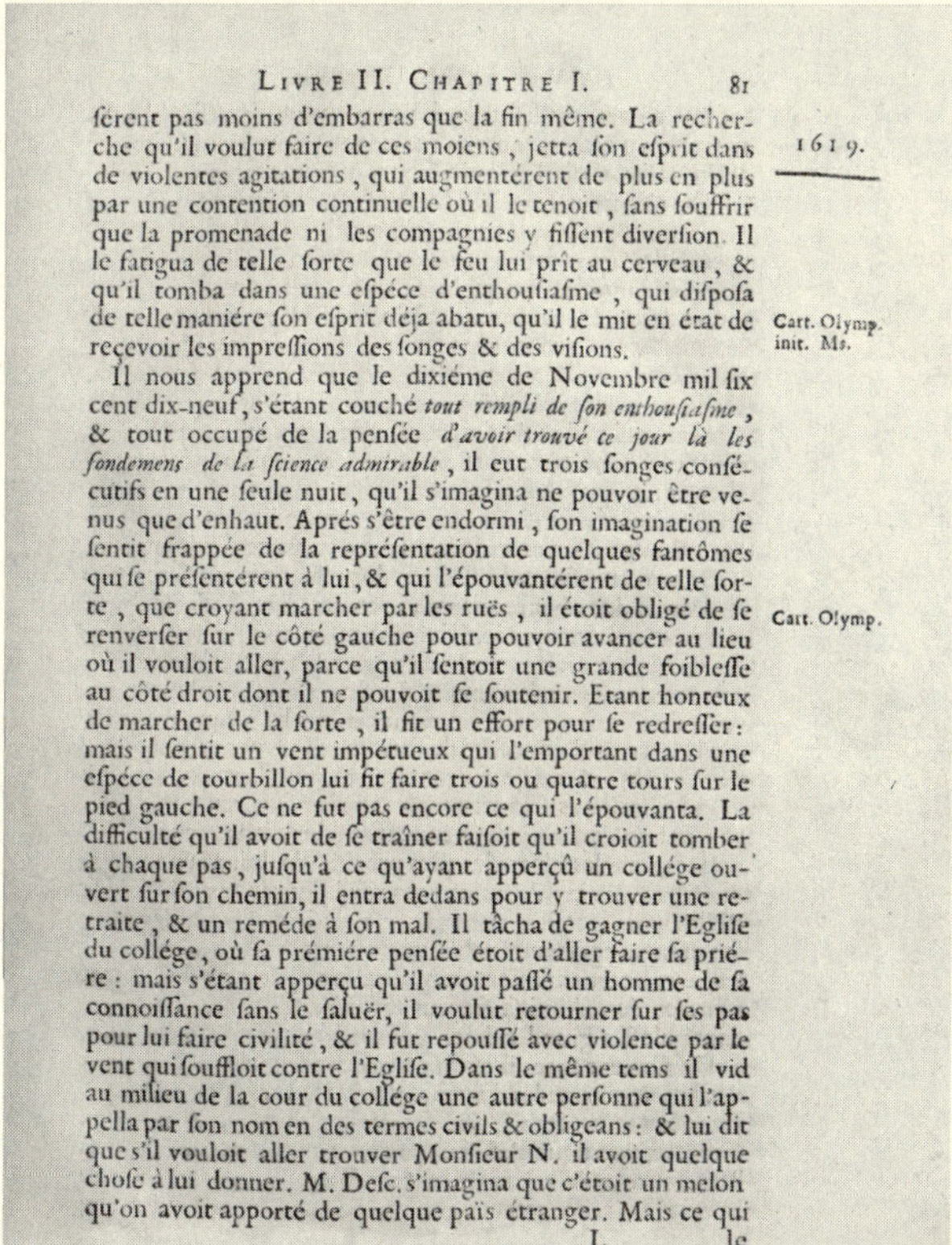
LIVRE II. CHAPITRE I. 81

ſérent pas moins d'embarras que la fin même. La recherche qu'il voulut faire de ces moiens, jetta ſon eſprit dans de violentes agitations, qui augmentérent de plus en plus par une contention continuelle où il le tenoit, ſans ſouffrir que la promenade ni les compagnies y fiſſent diverſion. Il le fatigua de telle ſorte que le feu lui prît au cerveau, & qu'il tomba dans une eſpéce d'enthouſiaſme, qui diſpoſa de telle maniére ſon eſprit déja abatu, qu'il le mit en état de reçevoir les impreſſions des ſonges & des viſions.

1619.

Cart. Olymp. init. Ms.

Il nous apprend que le dixiéme de Novembre mil ſix cent dix-neuf, s'étant couché *tout rempli de ſon enthouſiaſme*, & tout occupé de la penſée *d'avoir trouvé ce jour là les fondemens de la ſcience admirable*, il eut trois ſonges conſécutifs en une ſeule nuit, qu'il s'imagina ne pouvoir être venus que d'enhaut. Aprés s'être endormi, ſon imagination ſe ſentit frappée de la repréſentation de quelques fantômes qui ſe préſentérent à lui, & qui l'épouvantérent de telle ſorte, que croyant marcher par les ruës, il étoit obligé de ſe renverſer ſur le côté gauche pour pouvoir avancer au lieu où il vouloit aller, parce qu'il ſentoit une grande foibleſſe au côté droit dont il ne pouvoit ſe ſoutenir. Etant honteux de marcher de la ſorte, il fit un effort pour ſe redreſſer: mais il ſentit un vent impétueux qui l'emportant dans une eſpéce de tourbillon lui fit faire trois ou quatre tours ſur le pied gauche. Ce ne fut pas encore ce qui l'épouvanta. La difficulté qu'il avoit de ſe traîner faiſoit qu'il croioit tomber à chaque pas, juſqu'à ce qu'ayant apperçû un collége ouvert ſur ſon chemin, il entra dedans pour y trouver une retraite, & un reméde à ſon mal. Il tâcha de gagner l'Egliſe du collége, où ſa prémiére penſée étoit d'aller faire ſa priére: mais s'étant apperçu qu'il avoit paſſé un homme de ſa connoiſſance ſans le ſaluër, il voulut retourner ſur ſes pas pour lui faire civilité, & il fut repouſſé avec violence par le vent qui ſouffloit contre l'Egliſe. Dans le même tems il vid au milieu de la cour du collége une autre perſonne qui l'appella par ſon nom en des termes civils & obligeans: & lui dit que s'il vouloit aller trouver Monſieur N. il avoit quelque choſe à lui donner. M. Deſc. s'imagina que c'étoit un melon qu'on avoit apporté de quelque païs étranger. Mais ce qui

Cart. Olymp.

L le

【図10】 アドリアン・バイエ『デカルト氏の生涯』第一部、81ページ。三つの夢の話は、このページの第2段落から85ページの第2段落にかけて続きます。

んな仕方で進むのを恥じて身を起こそうとすると、激しい風を感じた。その風のため、彼はつむじ風のようなものの中へ入り込み、左足を軸にして三、四回、回ってしまった。彼はまだこれを怖がることはなかった。彼は体を引きずるようにして歩くことも難しく、一歩進むたびに転ぶのではないかと思ったが、そのうち、道の先に、学院（collège コレージュ〔原文ではアクサン・グラーヴèではなく、アクサン・テギュéになっています〕）が開いているのが見え、そこへ逃げ込んでなんとかしようと中に入った。彼は学院の教会へ行こうとした。はじめはそこへ祈りを捧げに行くつもりだったが、知っている人に挨拶もせず通り過ぎてしまったのに気づき、引き返して挨拶をしようと思ったけれども、教会に吹きつける風に激しく押し戻された。同時に彼は、学院の中庭の真ん中に、別の誰かを見た。その人は、鄭重に礼儀正しく彼を名前で呼び、もし彼にN氏に会いに行く気があるのなら、N氏はなにかをくれるだろうと言った。デカルト氏はそれはどこかよその国から輸入されたメロンではないかと思った。しかし、もっと驚いたことに、見ると、同じ場所に立っている彼〔デカルト氏〕は相変わらず体をかがめてふらついているのに、その人の周りに集まってその人と話をしている人々はまっすぐにしっかりと立っており、また、彼を何度も吹き倒そうとした風は大幅に弱まっていた。このような妄想を抱きながら彼は目覚めたのであるが、そのとき彼は鋭い痛みを感じ、これは彼を誘惑しようとしているなにか邪悪な霊の仕業ではないかと不安になった。すぐに彼は右に寝返りを打った。というのも、彼は眠っていて夢を見たとき、左側を下にしていたからである。彼は、自分の夢が悪い結果を招かないよう守ってほしい、そして、自分の罪は、自分の頭上に天の怒りをもたらすほど重大なのかもしれないとわかっているつもりだが、その報いとして彼を脅かすかもしれないあらゆる災いから守ってほしいと神に祈った。もとより、そのときまで彼は人々に非の打ち所がないと思われるような人生を送ってきたのではあるが。

こうした状況の中で、二時間ほどこの世の善と悪についてさまざまに思いをめぐらせたあと、彼はもう一度眠りについた。彼はすぐに新たな夢を見た。その夢の中で、彼は、鋭くけたたましい音を聞いたように思った。彼はそれを雷鳴だと思った。彼はその音に恐れてすぐに目覚め、目を開くと、部屋中にたくさんの火花が立ち込めているのが見えた。そういったことは、彼が夜中に目覚めてすぐ傍にあるものがぼんやりと見えるくらいの目の状態になったとき、これまでもたびたび起こっていて、さほど珍しいことではなかった。しかし、このたびは、彼は哲学的〔＝学問的〕にそれを説明しようとして、目をかわるがわる開いたり閉じたりすることによって自分に見えるものの見かけの性質を観察したあと、納得のできる結論を引き出した。こうして、彼の恐れは消え、心を穏やかにしてもう一度眠りについた。

ほどなくして、彼は三つ目の夢を見た。これまでの二つの夢とは違って、恐ろしいことはなにもなかった。この最後の夢の中で、彼は、誰がそこに置いたのかわからないまま、テーブルの上に本を見つけた。彼はそれを開いて『辞書』（*Dictionnaire* ディクシオネール）だとわかり、とても役に立ちそうだと大喜びした。ちょうどそのとき、彼は自分の手の下に、これもまたはじめて見る本があるのがわかったが、それがどこから来たのかはわからなかった。それは『詩人集』（*Corpus Poëtarum* コルプス・ポエータールム）という名の、さまざまな詩人の詩を集めたものだとわかった。彼はその中のなにかを読みたいと思い、本を開くと、次の一節が目にとまった。「私はどのような人生の道をたどるだろうか。……」（Quod vitæ sectabor iter? クォッド・ウィータエ・セクターボル・イテル）それと同時に、彼は知らない人がいるのに気づいた。その人は、彼に「然りと否」（Est & Non エスト・エト・ノーン）から始まる一篇の詩を見せ、すばらしい作品だとほめそやした。デカルト氏はその人に、私はそれが何であるかを知っている、この詩は私のテーブルの上の大きな詩集に載っているアウソニウスの田園詩（Idylles イディル）の一篇だと話した。彼はそれをその人に見せたいと思い、その本をぱらぱらとめくり始めた。彼はその本の順序と構成は完璧にわかっていると自慢した。彼がその箇所を捜している間に、その人は彼にどこでその本を買ったのかと尋ね、デカルト氏は、それをどのようにして手に入れたのかわからないが、少し前までは別の本を手にしていて、それがなくなってしまい、誰がそれを持ってきてくれたのかも誰がそれを持っていったのかもわからないと答えた。それを言い終わらないうちに、彼はテーブルの向こうの端にその本がまた現れるのを見た。けれども、その『辞書』はもう最初に見たような完全なものではないことがわかった。そうこうしているうちに、彼は、めくっていた詩人集の中のアウソニウスの詩に行きあたったが、「然りと否」から始まる詩を見つけることができず、その人に、同じ詩人のそれよりももっとすばらしい詩を知っており、それは「私はどのような人生の道をたどるだろうか。」から始まると言った。その人は彼にそれを見せてほしいと言い、デカルト氏がそれを捜し始めると、いくつもの小さな銅版画の肖像が目にとまった。そのことから、彼は、その本はとてもすばらしいが、それは私がよく知っているものと同じ版のものではないと言った。彼がそう言うと、本も人も見えなくなり、彼の想像から消えてしまったが、彼が目覚めることはなかった。奇妙なのは、彼が、先ほど見たのは夢かそれとも幻かと考え、眠ったままでそれは夢だと判断しただけでなく、眠りから覚める前にそれを解釈したという点である。彼は、『辞書』はすべての学問（Sciences　シアーンス）を一つに集めたものを意味するにほかならず、『詩人集』という名の詩集は、とりわけ、なかんずく、哲学と知恵を一つにしたものを指すと判断した。なぜなら、詩人は、駄作しか書かない人たちでさえ、哲学者の書き物に見いだされる格言よりも、重大で、思慮深く、うまく表現された格言に満ちていることがわかっても、さほど驚くことではないと思ったからである。彼はこの傑作を、理性が哲学者の中に生み出すことができるよりもはるかに容易に、はるかに輝かしくとすら言えるような仕方で知恵の種（それは、火打ち石の中の火花のように、すべての人の精神に見いだされる）を生み出す、霊感の持つ神的性格と想像の力のなせる業《わざ》であると考えた。デカルト氏は、眠りながら自分の夢の解釈を続け、われわれが選ばなければならない人生の不確かさをテーマとする「私はどのような人生の道をたどるだろうか。」から始まる詩は、賢明な人の良き忠告、あるいは、道徳神学そのものを示すと考えた。そして、自分は再び夢を見ているのかそれとも思索をめぐらしているのかと思ったところで彼は心穏やかに目覚め、目を開いて、先ほどの考え方に従って自分の夢の解釈を続けた。彼は詩集に集められている詩人を啓示や霊感を表すものと解し、望みを捨てず、自分は神のご加護を受けていると思うことにした。彼は、ピタゴラスの然りと否である「然りと否」の詩を、人間の認識と世俗の学問における真と偽を表すものと理解した。これらすべてをそう理解するのが彼の好みに合ったので、彼は、大胆にも、真理の霊（l'Esprit de Vérité レスプリ・ド・ヴェリテ）がこの夢によってすべての学問という財宝を彼に開示しようとしたのだと確信した。そして、彼が二冊目の本の中に見つけた銅版画の小さな肖像だけがまだ説明されてはいなかったのだが、翌日イタリアの画家が彼を訪問したあと、彼はもうその説明を求めなかった。

非常に穏やかで心地よいものしか含んでいないこの最後の夢は、彼によれば、未来を示しており、彼のそれ以後の人生に起きるにちがいないことだけに関わるものであった。これに対して、彼は先行する二つの夢を、人々にはそうであっても神の目からすればそれほど無垢なものではなかったかもしれない自分のこれまでの人生に対する警告と捉えた。そして、これら二つの夢が怖さと恐れを伴っていたのはそのためであると彼は考えた。彼が言うには、最初の夢で誰かが彼に与えようとしたメロンは、まさしく人間が勧めたものではあったが、孤独の魅力を表している。彼の右側が痛んでいたときに彼を学院の教会へ押しやった風は、自分の意志で行こうとしていた場所へ彼を力ずくで投げ込もうとした悪い霊に違いなかった。彼がさらに進むことも、神が遣わしたのではない霊によって聖なる場所へ連れて行かれることすらも神が許さなかったのはこのためであるが、はじめその教会へと歩ませたのは神の霊であったことを彼は強く確信した。彼の考えでは、二つ目の夢の中で彼を襲った恐怖は、彼の良知（syndérèse サンデレーズ〔人間が生まれながらにして持っている、善を求め悪を退けるように導く能力。ラテン語では synteresis シュンテーレーシス、ギリシャ語では συντήρησις シュンテーレーシスと言います〕）、すなわち、彼が自分の人生のその時点までに犯しえた罪についての良心の呵責《かしゃく》を示すものであった。彼が聞いた雷鳴は、彼に取り憑こうとして降りてきた真理の霊の合図であった。

この最後の想像には確かになにか霊感めいたものがあり、デカルト氏はその夜床につく前に酒を飲んでいたのではないかと思わせるところがある。実際、それは聖マルティヌス祭の前夜、すなわち、彼がいるところでも、フランスと同じように、お祭り騒ぎをするのが慣例となっている夜のことであった。しかし、彼はその日一日まったく酒を飲まず、最後にワインを飲んでからまるまる三箇月になると言う。加えて、数日来彼の脳に影響を与えていると感じていた霊感を彼の中に惹起していた霊は、彼が床につく前に彼にこれらの夢を予言していたのであり、彼の人間の霊はそれには関わっていなかったと彼は付言した。(Baillet, *La Vie de Monsieur Des-Cartes*, Première partie, pp. 81–85; AT-X, pp. 181–186.)

要約すれば、一つ目の夢は、町で恐ろしいものに会い、強い風で教会の扉に吹き付けられ、庭にいる人からある人に会えばなにかくれるはずだと言われ、それは異国のメロンではないかと思ったというものです。二つ目は、雷鳴のような大きな音がして目覚め、部屋が火花で満たされていたというものです。三つ目は、辞書(=百科辞書)を手に取ろうとしたら詩集が目にとまり、アウソニウス(Decimus Magnus Ausonius, c. 310–c. 395〔c. はラテン語の circa キルカーを略したもので、「おおよそ」とか「頃」とかを意味します。便利なので、本書でもこれを用います〕)というローマの詩人の「私はどのような人生の道をたどるだろうか。」から始まる詩を見つけ、また、ある人から「然りと否」から始まる詩を示されたというものです。

デカルトはこれら三つの夢を解釈し、新たな学問を自ら樹立するという使命が真理の霊によって課せられたと考えたのです。

†『詩人集』と二つの詩

三つ目の夢の中に出てくる『詩人集』（*Corpus Poëtarum* コルプス・ポエータールム）は、おそらく、一六〇三年にリヨンで出版され、ラ・フレーシュ学院で使用されていた『ラテン詩人集』（*Corpus omnium veterum poetarum latinorum*, 2 vols. [Lugdunum (Lyon): Samuel Crispinus, 1603]）ではないかと考えられます。その第二巻に、「私はどのような人生の道をたどるだろうか。」（Quod vitæ sectabor iter?）から始まる詩と、「然りと否」（Est, & non）から始まる詩が出てきます（前者は p. 655、後者は pp. 655–656 にあります）。どちらの詩も、「田園詩」に含まれていて、前者は「田園詩一五」（Edyllium［エーデュッリウム］XV）、後者は「田園詩一七」（Edyllium XVII）とされています。

ここで、二つの詩の内容を、少しだけ見ておきましょう。

「田園詩一五」は、「ギリシャ人の言うこと。どの人生を選んでも不確かであることについての、ピタゴラスの見解」（Ex Græco Pythagoricum, de ambiguitate eligendæ vitæ エクス・グラエコー・ピュータゴリクム、デー・アンビグイターテ・エーリゲンダエ・ウィータエ）と題されています。そして、その詩の中で、アウソニウスは、人は人生のどの道を選んで

も結局は都合の悪い結果に行き着くものだということを諄々《じゅんじゅん》と説き、

したがって、ギリシャ人の見解は最も賢明である。というのも、人は生まれてこないのがよく、生まれてきたならすぐに死ぬのがよいと、彼らは言っているからである。

(Ergo optima Graiorum sententia, quippe homini aiunt non nasci esse bonum, natum aut cito morte potiri. エルゴー・オプティマ・グライヨールム・センテンティア、クィッペ・ホミニー・アイユント・ノーン・ナースキー・エッセ・ボヌム、ナートゥム・アウト・キトー・モルテ・ポティーリー)（*Corpus omnium veterum poetarum latinorum*, vol. 2, p. 655; *Ausonius*, vol. 1 [Loeb Classical Library, 96; Cambridge, Mass. and London: Harvard University Press, 2002], p. 166）

と締め括っています。

「田園詩一七」のほうは、

Ναὶ καὶ οὐ Πυθαγορικόν（ナイ・カイ・ウー・ピュータゴリ

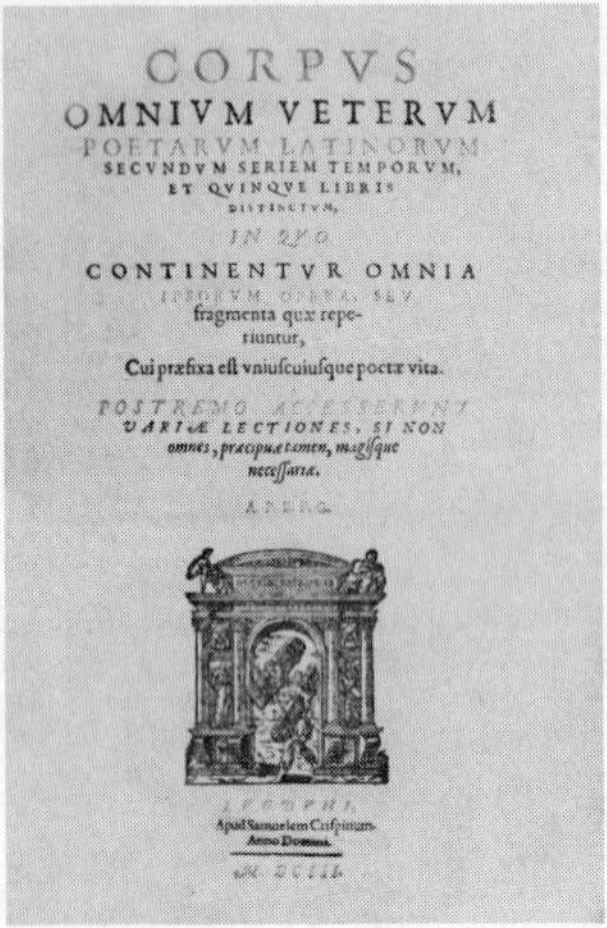
CORPVS
OMNIVM VETERVM
POETARVM LATINORVM
SECVNDVM SERIEM TEMPORVM,
ET QVINQVE LIBRIS
DISTINCTVM,
IN QVO
CONTINENTVR OMNIA
IPSORVM OPERA, SEV
fragmenta quæ reperiuntur,
Cui præfixa est vniuscuiusque poetæ vita.
POSTREMO ACCESSERVNT
VARIÆ LECTIONES, SI NON
omnes, præcipuæ tamen, magisque
necessariæ.
LVGDVNI,
Apud Samuelem Crispinum.
Anno Domini
M. DCIII.

【図11】『ラテン詩人集』（*Corpus omnium veterum poetarum latinorum*, 2 vols. [Lugdunum (Lyon): Samuel Crispinus, 1603]）の扉

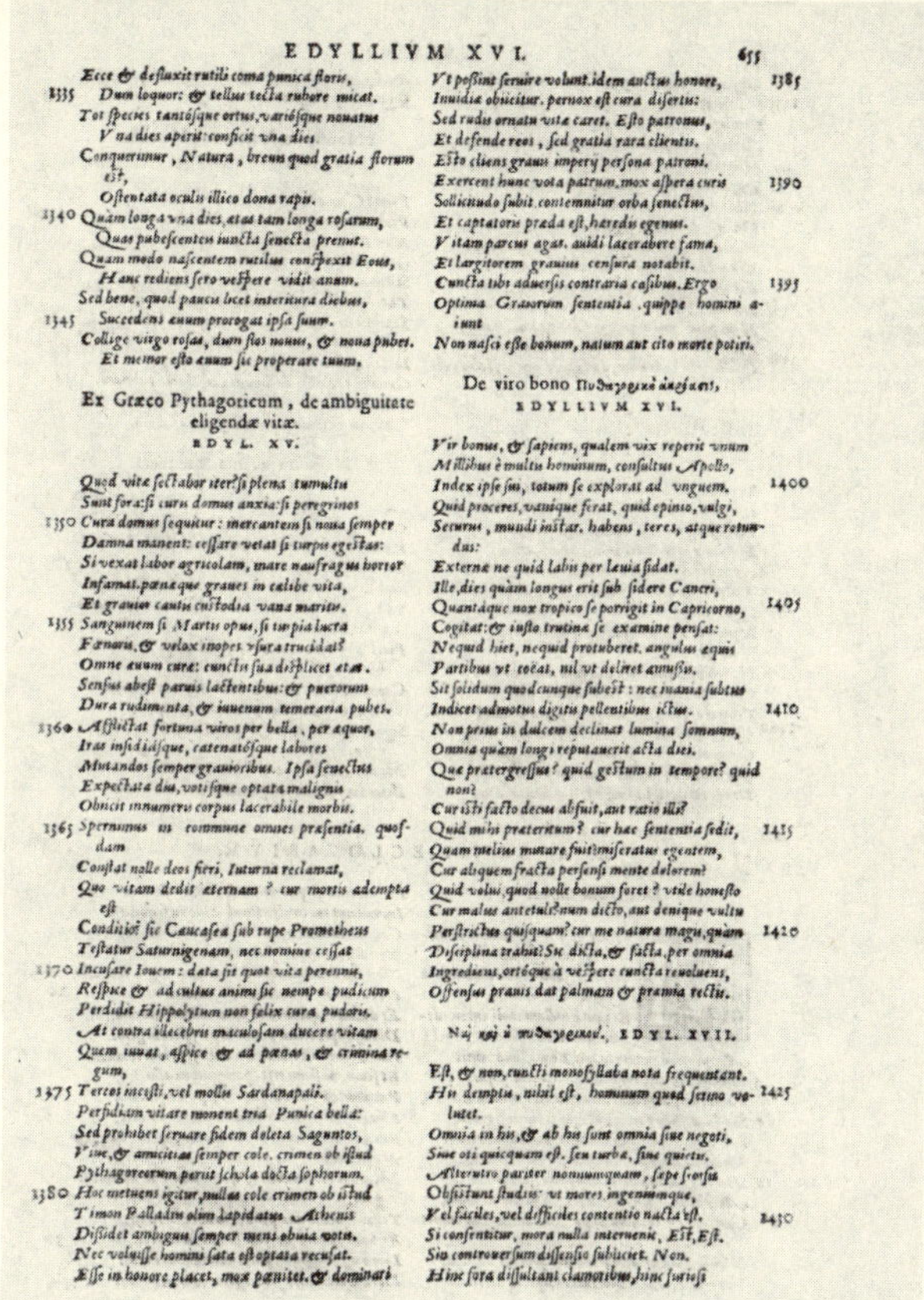

EDYLLIVM XVI. 655

Ecce & defluxit rutili coma punica floris,
Dum loquor: & tellus tecta rubore micat.
Tot species tantósque ortus, variósque nouatus
Vna dies aperit: conficit vna dies.
Conquerimur, Natura, breuis quod gratia florum est,
Ostentata oculis illico dona rapis.
Quàm longa vna dies, ætas tam longa rosarum,
Quas pubescentes iuncta senecta premit.
Quam modo nascentem rutilus conspexit Eous,
Hanc rediens sero vespere vidit anum.
Sed bene, quod paucis licet interitura diebus,
Succedens æuum prorogat ipsa suum.
Collige virgo rosas, dum flos nouus, & noua pubes.
Et memor esto æuum sic properare tuum.

Ex Græco Pythagoricum, de ambiguitate eligendæ vitæ.
EDYL. XV.

Quod vitæ sectabor iter? si plena tumultu
Sunt fora: si curis domus anxia: si peregrinos
Cura domus sequitur: mercantem si noua semper
Damna manent: cessare vetat si turpis egestas:
Si vexat labor agricolam, mare naufragus horror
Infamat, pœnæque graues in cælibe vita,
Et grauior cautis custodia vana mariti.
Sanguinem si Martis opus, si turpia lucra
Fœnoris, & velox inopes vsura trucidat?
Omne æuum curæ: cunctis sua displicet ætas.
Sensus abest paruis lactentibus: & puerorum
Dura rudimenta, & iuuenum temeraria pubes.
Afflictat fortuna viros per bella, per æquor,
Iras insidiásque, catenatósque labores
Mutandos semper grauioribus. Ipsa senectus
Expectata diu, votísque optata malignis
Obiicit innumeris corpus lacerabile morbis.
Spernimus in commune omnes præsentia. quosdam
Constat nolle deos fieri, Iuturna reclamat,
Quo vitam dedit æternam? cur mortis adempta est
Conditio? sic Caucasea sub rupe Prometheus
Testatur Saturnigenam, nec nomine cessat
Incusare Iouem: data sit quot vita perennis,
Respice & ad cultus animi sic nempe pudicum
Perdidit Hippolytum non felix cura pudoris.
At contra illecebris maculosam ducere vitam
Quem iuuat, aspice & ad pœnas, & crimina regum,
Tereos incesti, vel mollis Sardanapali.
Perfidiam vitare monent tria Punica bella:
Sed prohibet seruare fidem deleta Saguntos,
Viue, & amicitias semper cole. crimen ob istud
Pythagoreorum periit schola docta sophorum.
Hoc metuens igitur, nullas cole crimen ob istud
Timon Palladiis olim lapidatus Athenis
Dissidet ambiguis semper mens obuia votis,
Nec voluisse homini fata est optata recusat.
Esse in honore placet, mox pœnitet. & dominari
Vt possint seruire volunt. idem auctus honore,
Inuidiæ obiicitur. pernox est cura disertis:
Sed rudis ornatu vita caret. Esto patronus,
Et defende reos, sed gratia rara clientis.
Esto cliens grauis imperij persona patroni.
Exercent hunc vota patrum, mox aspera curis
Sollicitudo subit. contemnitur orba senectus,
Et captatoris præda est, hæredis egenus.
Vitam parcus agat. auidi lacerabere fama,
Et largitorem grauius censura notabit.
Cuncta tibi aduersis contraria casibus. Ergo
Optima Græcorum sententia, quippe homini aiunt
Non nasci esse bonum, natum aut cito morte potiri.

De viro bono [illegible]
EDYLLIVM XVI.

Vir bonus, & sapiens, qualem vix reperit vnum
Millibus è multis hominum, consultus Apollo,
Iudex ipse sui, totum se explorat ad vnguem.
Quid proceres, vanique ferat, quid opinio, vulgi,
Securus, mundi instar. habens, teres, atque rotundus:
Externæ ne quid labis per leuia sidat.
Ille, dies quàm longus erit sub sidere Cancri,
Quantáque nox tropico se porrigit in Capricorno,
Cogitat: & iusto trutina se examine pensat:
Nequid hiet, nequid protuberet. angulus æquis
Partibus vt coëat, nil vt deliret amussis.
Sit solidum quodcunque subest: nec inania subtus
Indicet admotus digitis pellentibus ictus.
Non prius in dulcem declinat lumina somnum,
Omnia quàm longi reputauerit acta diei.
Quæ prætergressus? quid gestum in tempore? quid non?
Cur isti facto decus abfuit, aut ratio illi?
Quid mihi præteritum? cur hæc sententia sedit,
Quam melius mutare fuit? miseratus egentem,
Cur aliquem fracta persensi mente dolorem?
Quid volui, quod nolle bonum foret? vtile honesto
Cur malus antetuli? num dicto, aut denique vultu
Perstrictus quisquam? cur me natura magis, quàm
Disciplina trahit? Sic dicta, & facta, per omnia
Ingrediens, ortóque à vespere cuncta reuoluens,
Offensus prauis dat palmam & præmia rectis.

[illegible] EDYL. XVII.

Est, & non, cunctis monosyllaba nota frequentant.
His demptis, nihil est, hominum quod sermo volutet.
Omnia in his, & ab his sunt omnia siue negoti,
Siue oti quicquam est. seu turba, siue quietis.
Alterutro pariter nonnunquam, sæpe seorsis
Obsistunt studiis: vt mores ingeniúmque,
Vel faciles, vel difficiles contentio nacta est.
Si consentitur, mora nulla interuenit, Est, Est.
Sin controuersum dissensio subiiciet. Non.
Hinc fora dissultant clamoribus, hinc furiosi

【図12】『ラテン詩人集』(*Corpus omnium veterum poetarum latinorum*, 2 vols. [Lugdunum (Lyon): Samuel Crispinus, 1603]), vol. 2, p. 655. このページの左側の上から3分の1ほどのところから右側の上から4分の1ほどのところまでが、「私はどのような人生の道をたどるだろうか。」から始まる詩で、右側の下のほうに、「然りと否」から始まる詩の最初の部分が見られます。

コン、「ピタゴラス的な然りと否」というギリシャ語のタイトルが付いています。詩は、

然り（est エスト、「はい」）と否（non ノーン、「いいえ」）。誰もがみな、それらのなじみの単音節語を頻繁に用いる。（Est, & non, cuncti monosyllaba nota frequentant. エスト、エト・ノーン、クーンクティー・モノシュッラバ・ノータ・フレクェンタント）（*Corpus omnium veterum poetarum latinorum*, vol. 2, p. 655; *Ausonius*, vol. 1 [Loeb Classical Library, 96], p. 170）

から始まります。そして、アウソニウスは、これら二つの言葉が私たちの生活のさまざまな局面でどのような役割を担うか、また、人間がそれらにどのように引きずりまわされているかを縷々《るる》語ったあと、最後に、

二つの単音節語にもてあそばれている人生とは、〔一体〕何なのだろうか。（Qualis vita hominum, duo quam monosyllaba versant? クァーリス・ウィータ・ホミヌム、ドゥオ・クァム・モノシュッラバ・ウェルサント）（*Corpus omnium veterum poetarum latinorum*, vol. 2, p. 656; *Ausonius*, vol. 1 [Loeb Classical Library, 96], p. 172）

と疑問を呈します。

†自然科学・第一哲学（形而上学）・方法・道徳

ところで、三つの夢についてのバイエの記述の中に、「驚くべき学の基礎（*les fondemens de la science admirable* レ・フォンドマン・ド・ラ・シアーンス・アドミラーブル）を見いだした」という一節がありましたよね。バイエはデカルトのノートのラテン語をフランス語に訳して書いていて、バイエの一六九一年の『デカルト氏の生涯』第一部（p. 51）によれば、元のラテン語は mirabilis scientiæ fundamenta reperirem（ミーラービリス・スキエンティアエ・フンダーメンタ・レペリーレム）です。どちらにしても、「驚くべき学」の「基礎」を「見いだした」となっています。

先に『方法序説』と『省察』で見ましたように、デカルトは、それらに出てくる「第一哲学」もしくは「形而上学」の話のもとが、一六一九年のノイブルクの炉部屋で見いだされたかのような表現の仕方をしています。のちに説明しますように、デカルトにとって「第一哲学」もしくは「形而上学」と言われるものは、自然科学をはじめとする諸学の「基礎」をなすものです。ということは、ここでデカルトは、そういう彼自身の第一哲学（形而上学）の基本的な考え方に思い至り、それからあの三つの夢を見て、自分の使命を悟ったということになりそうですよね。

でも、彼のその後の経緯をたどってみますと、彼の第一哲学は、それほど一気にできあがったものではないかもしれません。これもいずれお話ししますが、デカルトがそれから一〇年余りのちに最初に公にしようとしたのは、「第一哲学」や「形而上学」に属する見解ではなくて、自然科学に関する自身の見解でした。ですから、そうしたことも考え合わせますと、デカルトは、この炉部屋の一件の前後から、その後十数年にわたって、少なくとも二つのことを、すなわち自然科学の分野の仕事と、それに基礎を与える「形而上学」の仕事を、ずっと並行して進めてきた、あるいは考え続けてきたということになりそうです。

そうした仕事を進める上で、デカルトは「方法」にこだわりました。また、「私はどのような人生の道をたどるだろうか。」から始まるあの詩の話が象徴的に示していますように、どう生きるかという問題、すなわち道徳の問題についても、デカルトはそれらと並行して考えていました。ですから、本書でも、デカルトが「第一哲学」(形而上学)の仕事と並行して、自然科学の基礎理論としてどのような考えを培っていったかを見ていかなければならないだけでなく、彼がその研究を進める際に「方法」にこだわったことについても、さらには、「道徳」について彼がどのような見解を示していたかについても、あわせて見ておく必要があります。

†「方法」について——「精神指導の規則」

今言いましたように、デカルトは学問を進めるにあたって「方法」（méthode メトード。英語の method にあたるフランス語です）をとても重視します。やみくもにやってみるのではなくて、ある道筋に従ってことを進めるべきだと考えるのです。

彼の方法に関する考察の実際の歩みを示すものに、一六二八年頃まで準備を進め、その後出版を断念した「方法」に関する未完のラテン語草稿があります。「精神指導の規則」(Regulæ ad directionem ingenii レーグラエ・アド・ディーレークティオーネム・インゲニイー)です。この草稿は、デカルトが久しく方法について考察していたことを如実に示すもので、知性を導くための二一の規則が提示されています。

その規則の最初のいくつかを、以下に挙げておきます。

規則一　研究の目的は、生じるすべてのことについて、確固とした真なる判断が下せるように、精神を導くことでなければならない。（AT-X, p. 359.）

規則二　われわれの精神にとって、確かで疑いのない認識をなしうると思われるような対象だけを、考察しなければならない。（AT-X, p. 362.）

規則三　提示された対象について探究しなければならないのは、他人がどう考えたか、われわれ自身がどのように推測するかではなく、われわれが何を明晰かつ明証的に直観できるか、あるいは、何を確実に導き出す〔演繹する〕ことができるかである。というのも、それ以外の仕方では、知識（scientia スキエンティア）は得られないからである。（AT-X, p. 366.）

規則四　物事の真理を探究するためには、方法（Methodus メトドゥス）が必要である。（AT-X, p. 371.）

規則五　すべて方法は、われわれがなんらかの真理を発見するため心の鋭いまなざしを向けるべきものの、順序（ordo オールドー）と配列（dispositio ディスポシティオー）にある。そして、もしわれわれが、込み入った不明瞭な命題を順次より単純な命題に戻し〔還元し〕、次いで、すべての最も単純なものの直観から他のすべてのものの認識へと同じ階梯を経て登っていこうとするなら、われわれはこの方法に厳密に従うことになるであろう。（AT-X, p. 379.）

規則はまだまだ続くのですが、私たちが明晰・明証的に把握するものだけを受け入れるという原則、複雑なものを単純なものに還元し、単純なものについてそれが明晰・明証的に真であることが確認できれば、そこから順を追って複雑な込み入ったものを正しく捉えることができるというデカルトの考え方は、これらの規則のうちに、十分に感じ取っていただけると思います。

ところで、この未完の草稿は、デカルトが亡くなって三日後の一六五〇年二月一四日にストックホルムで作られたデカルトの書類目録の中に、「真理の探究において心を導くのに役立つ明晰な規則についての論考の一部を含む、一つに綴じられた九枚の折丁」(Neuf cahiers, reliez ensemble, contenant partie d'un Traité des Regles utiles & claires pour la direction de l'esprit en la recherche de la verité) として記載されています。そして、一六八四年に、まずそのオランダ語訳、Renatus Descartes, 'Regulen van

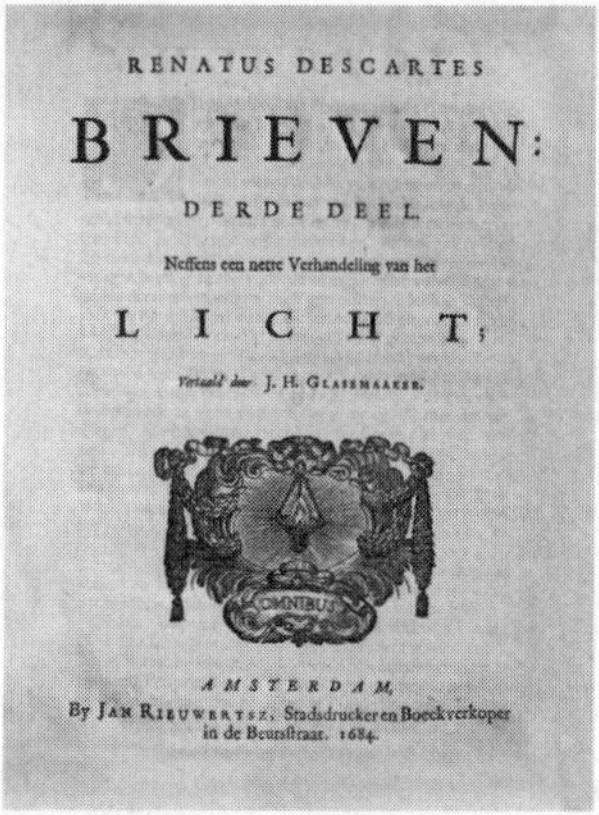

【図13】 デカルトの「精神指導の規則」のオランダ語訳が収められた Renatus Descartes, *Brieven: Derde deel. Neffens een nette verhandeling van het licht,* trans. J. H. Glasemaaker (Amsterdam: Jan Rieuwertsz, 1684) の扉

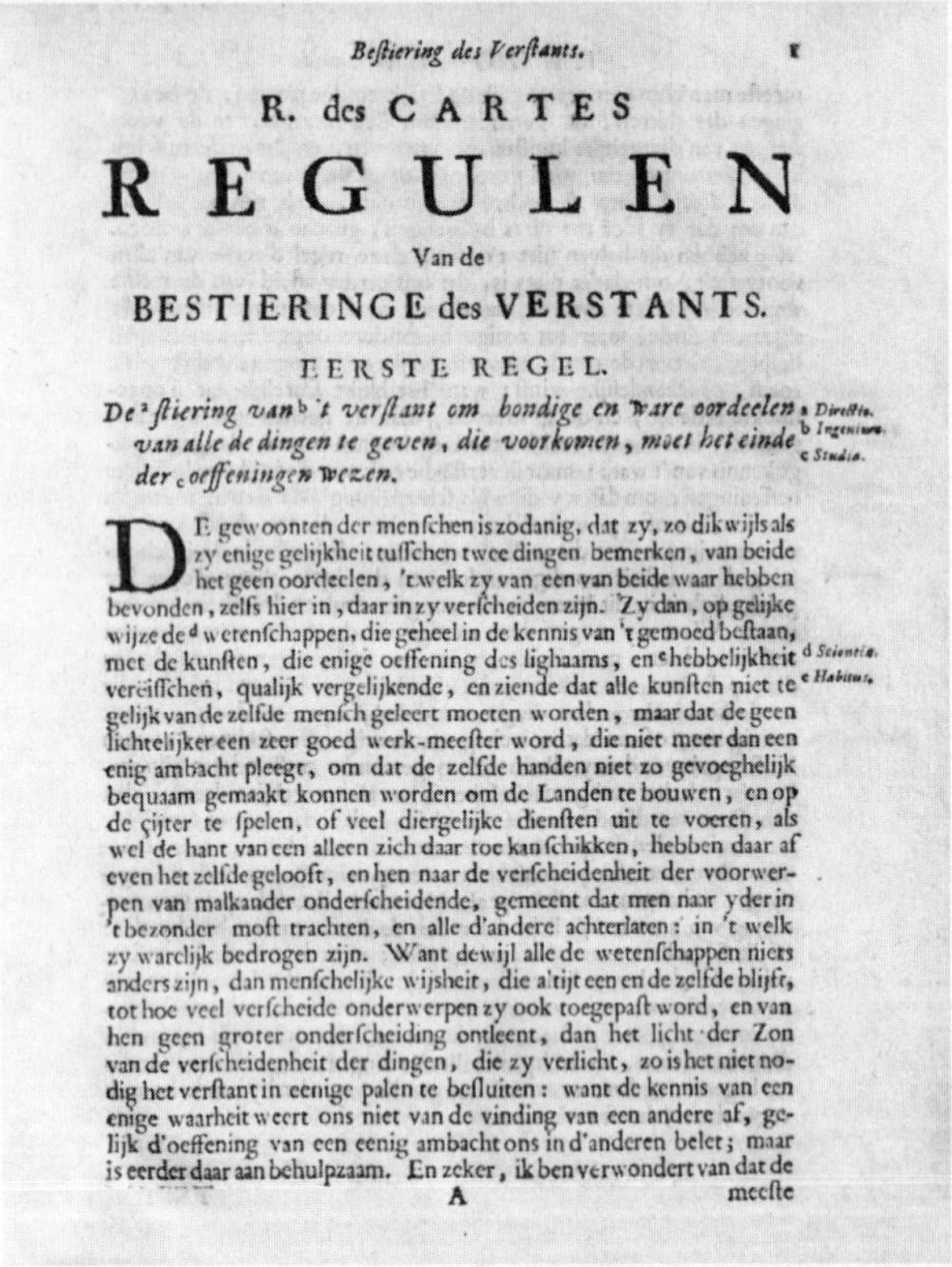
Bestiering des Verstants. 1

R. des CARTES

REGULEN

Van de

BESTIERINGE des VERSTANTS.

EERSTE REGEL.

De a stiering van b 't verstant om bondige en ware oordeelen van alle de dingen te geven, die voorkomen, moet het einde der c oeffeningen wezen. a Directio. b Ingenium. c Studia.

DE gewoonten der menschen is zodanig, dat zy, zo dikwijls als zy enige gelijkheit tusschen twee dingen bemerken, van beide het geen oordeelen, 't welk zy van een van beide waar hebben bevonden, zelfs hier in, daar in zy verscheiden zijn. Zy dan, op gelijke wijze de d wetenschappen, die geheel in de kennis van 't gemoed bestaan, met de kunsten, die enige oeffening des lighaams, en e hebbelijkheit vereisschen, qualijk vergelijkende, en ziende dat alle kunsten niet te gelijk van de zelfde mensch geleert moeten worden, maar dat de geen lichtelijker een zeer goed werk-meester word, die niet meer dan een enig ambacht pleegt, om dat de zelfde handen niet zo gevoeghelijk bequaam gemaakt konnen worden om de Landen te bouwen, en op de çijter te spelen, of veel diergelijke diensten uit te voeren, als wel de hant van een alleen zich daar toe kan schikken, hebben daar af even het zelfde geloost, en hen naar de verscheidenheit der voorwerpen van malkander onderscheidende, gemeent dat men naar yder in 't bezonder most trachten, en alle d'andere achterlaten: in 't welk zy warelijk bedrogen zijn. Want dewijl alle de wetenschappen niets anders zijn, dan menschelijke wijsheit, die altijt een en de zelfde blijft, tot hoe veel verscheide onderwerpen zy ook toegepast word, en van hen geen groter onderscheiding ontleent, dan het licht der Zon van de verscheidenheit der dingen, die zy verlicht, zo is het niet nodig het verstant in eenige palen te besluiten: want de kennis van een enige waarheit weert ons niet van de vinding van een andere af, gelijk d'oeffening van een eenig ambacht ons in d'anderen belet; maar is eerder daar aan behulpzaam. En zeker, ik ben verwondert van dat de d Scientiæ. e Habitus.

A meeste

【図14】 Renatus Descartes, *Brieven: Derde deel. Neffens een nette verhandeling van het licht,* trans. J. H. Glasemaaker (Amsterdam: Jan Rieuwertsz, 1684) に収められたオランダ語訳「精神指導の規則」の最初のページ

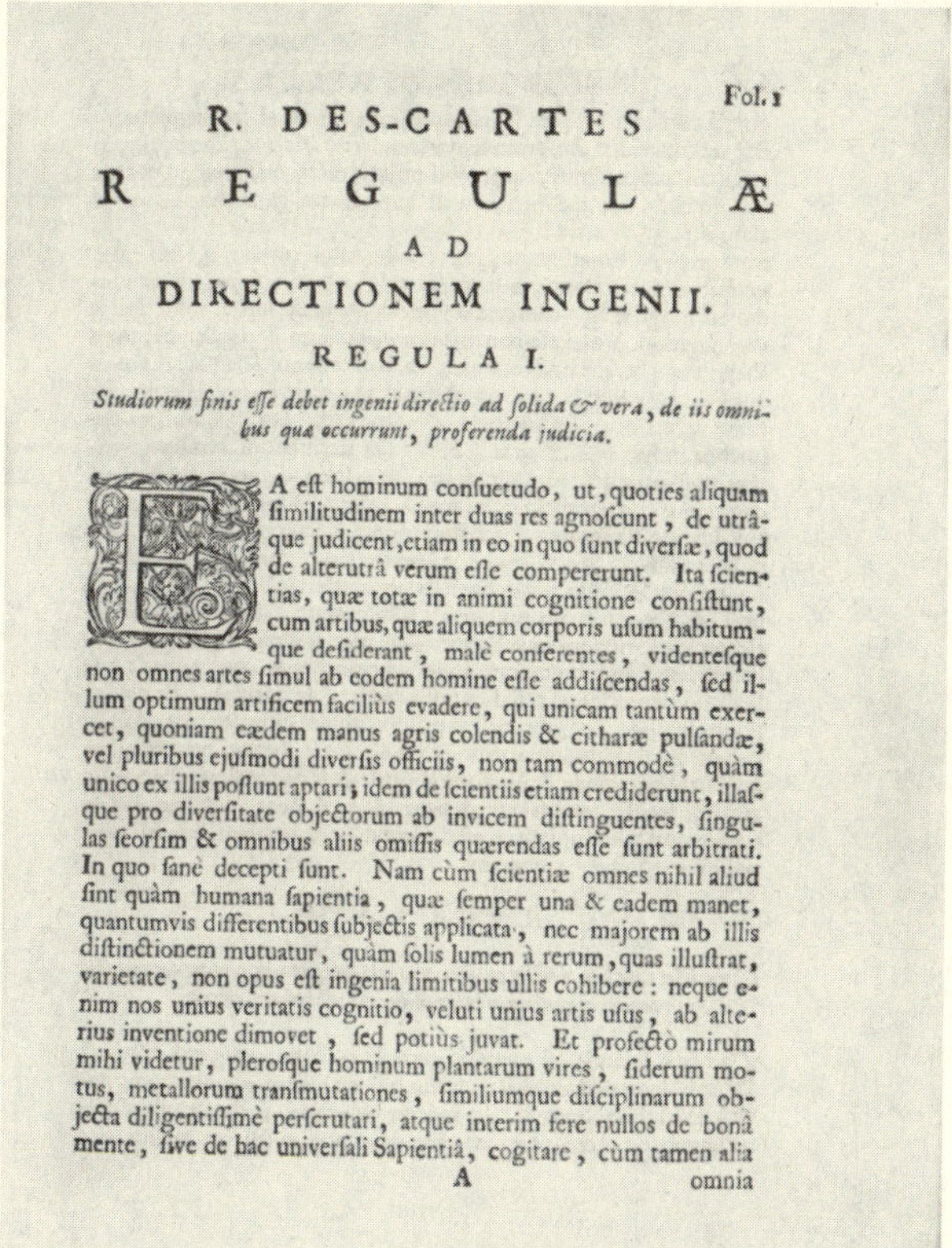
Fol. 1

R. DES-CARTES
REGULÆ
AD
DIRECTIONEM INGENII.

REGULA I.

Studiorum finis eſſe debet ingenii directio ad ſolida & vera, de iis omnibus quæ occurrunt, proferenda judicia.

EA eſt hominum conſuetudo, ut, quoties aliquam ſimilitudinem inter duas res agnoſcunt, de utrâque judicent, etiam in eo in quo ſunt diverſæ, quod de alterutrâ verum eſſe compererunt. Ita ſcientias, quæ totæ in animi cognitione conſiſtunt, cum artibus, quæ aliquem corporis uſum habitumque deſiderant, malè conferentes, videnteſque non omnes artes ſimul ab eodem homine eſſe addiſcendas, ſed illum optimum artificem faciliùs evadere, qui unicam tantùm exercet, quoniam eædem manus agris colendis & citharæ pulſandæ, vel pluribus ejuſmodi diverſis officiis, non tam commodè, quàm unico ex illis poſſunt aptari; idem de ſcientiis etiam crediderunt, illaſque pro diverſitate objectorum ab invicem diſtinguentes, ſingulas ſeorſim & omnibus aliis omiſſis quærendas eſſe ſunt arbitrati. In quo ſanè decepti ſunt. Nam cùm ſcientiæ omnes nihil aliud ſint quàm humana ſapientia, quæ ſemper una & eadem manet, quantumvis differentibus ſubjectis applicata, nec majorem ab illis diſtinctionem mutuatur, quàm ſolis lumen à rerum, quas illuſtrat, varietate, non opus eſt ingenia limitibus ullis cohibere: neque enim nos unius veritatis cognitio, veluti unius artis uſus, ab alterius inventione dimovet, ſed potiùs juvat. Et profectò mirum mihi videtur, pleroſque hominum plantarum vires, ſiderum motus, metallorum tranſmutationes, ſimiliumque diſciplinarum objecta diligentiſſimè perſcrutari, atque interim fere nullos de bonâ mente, ſive de hac univerſali Sapientiâ, cogitare, cùm tamen alia

A　　omnia

【図 15】 R. Des-Cartes, *Opuscula posthuma, physica et mathematica* (Amstelodamum［Amsterdam］: P. & J. Blaeu, 1701）に収められたラテン語版「精神指導の規則」の最初のページ

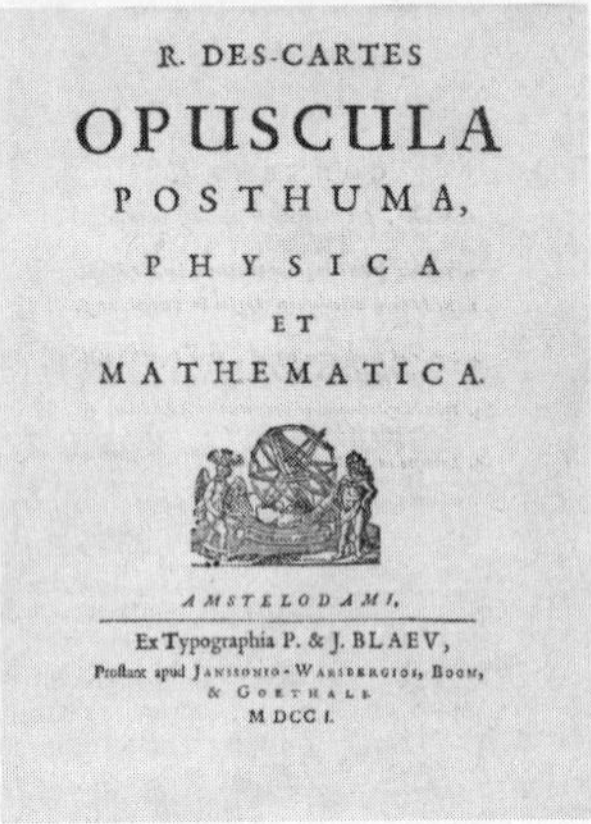

【図16】「精神指導の規則」のラテン語版が収められた R. Des-Cartes, *Opuscula posthuma, physica et mathematica*（Amstelodamum ［Amsterdam］: P. & J. Blaeu, 1701）の扉

de bestieringe des verstants,' in idem, *Brieven: Derde deel. Neffens een nette verhandeling van het licht*, trans. J. H. Glasemaaker (Amsterdam: Jan Rieuwertsz, 1684) が出版されます（これを収載した本は、次に言及するラテン語版を収載した本と同じく、収載されているもの毎《ごと》にページ番号が振り直されていて、全体の通し番号がついていません）。また、一七〇一年にはもとのラテン語版（R. Des-Cartes, 'Regulæ ad directionem ingenii', in idem, *Opuscula posthuma, physica et mathematica*（Amstelodamum ［Amsterdam］: P. & J. Blaeu, 1701）が出版されています。

†「方法」について――『方法序説』の場合

デカルトが実際にどのような方法を公にしたかは、彼が一六三七年に出版した『方法序説』の第二部で確認することができます。そこには、次の四つの規則が提示されています。

第一に、いかなるものも、それが真であることを私が明証的に知るのでなければ、けっして真なるものとして受け入れないこと。つまり、即断や先入観を注意深く避けること。そして、疑いを持ちえないほど明晰判明に私の心に現れるものしか判断に含めないこと。

第二に、検討する問題の各々を、できるだけ、しかもそれらをよりよく解決するのに必要なだけ、小さな部分に分割すること。

第三に、最も単純で最も容易に知られる対象から始めて、少しずつ階段を上るように最も複雑なものの知識まで昇っていき、本性上互いに優先することのない対象の間にさえ順序を想定することによって、私の思考を順序に従って導くこと。

最後に、なにも見落としていないと確信できるほど、完璧な枚挙と全体にわたる点検を、あらゆるところで行うこと。（AT-VI, pp. 18-19.）

これらの規則が示すように、デカルトは明証的なものしか認めず、どんな難しい問題でも、単純なものに分解し、それらの検討から始めて一つ一つ順を追って飛躍することなく進むなら、きっと道は開けると説くのです。

＋デカルトの学問観

方法に関するデカルトのこのような考え方は、のちの『省察』（一六四一年）においても

『哲学の原理』（一六四四年）においても、その実際の適用形態を具体的に確認することができるのですが、そうした方法を念頭においたデカルトの学問観を、私たちは『哲学の原理』フランス語版（一六四七年）に彼が付した「この書の訳者に宛てた、著者からの手紙」に見ることができます。彼は次のように述べています。

哲学（Philosophie フィロゾフィ）という言葉は、知恵（Sagesse サジェス）の研究を意味します。知恵は、単に実生活における分別を指すだけでなく、自分の生活を導くためにも、健康を維持しあらゆる技術を発明するためにも役立つような、人間が知ることのできるすべてのことについての完全な知識をも指しています。そして、この知識がそういったものであるためには、それは第一原因（premieres causes プルミエール・コーズ）から導き出され〔演繹され〕なければならず、したがって、そうした知識の獲得に努めるためには、これが本来哲学する（philosopher フィロゾフェ）ということなのですが、それらの第一原因すなわち原理（principes プランシップ）の探究から始めなければなりません。そして、これらの原理は、二つの条件を備えていなければなりません。一つは、人間の心がそれらを注意深く考察するときには、それらが真であることを疑うことができないほど、それらは明晰で明証的であるという条件です。もう一つは、ほかのものの知識はそれらの原理に依存しており、したがって、原理はほかのもの〔の知識〕をまたずに知られるが、逆に、ほかのものはこれらの原理なしには知られないという条件です。そして、そのあと、それらの原理からそれらに依存しているものの知識を導き出す〔演繹する〕ことになるのですが、その導出〔演繹〕の過程のどこにおいても、きわめて明白でないものは一つもないように努めなければなりません。(AT-IX-2, p. 2)

ここに出てくるデカルトの学問観は、彼の「方法」に関する話の延長線上に位置する考え方として、十分にご理解いただけると思います。ともかく、私たちにとって疑いの余地のない「第一原因」もしくは「原理」をまず押さえ、そこから、その原理に基づく他の真理を一つ一つ論理の飛躍なしに導き出していくという、そんな考え方をデカルトがしっかりと持っていることがおわかりいただけると思います。

†とりあえずの道徳

デカルトは、「方法」に関するこうした考察とともに、生き方についての確実な方針が手に入るまでとりあえず私たちが従うべき道徳について、考察しています。これは「暫定的道徳」(morale par provision モラール・パル・プロヴィジオン、もしくは morale provisoire モラール・プロヴィズワール)とか「仮の道徳」とか言われています。この「暫定的道徳」に関する考え方もまた、『方法序説』(その第三部)で説かれています。

デカルトは、とりわけあの炉部屋での一件（三つの夢）以来、学問全体の再建に取り組もうとしますよね。そのときに、右に述べたような「方法」についての検討が彼には必要だと思われたのですが、それとともに、家を建て直すとき、それが完了するまでどう過ごすかを考えなければならないのと同じように、そうした営みを進めるにあたって、それが完了するまでどのような実際的判断も控えるというわけにはいきません。そこで、デカルトは、「自分のために暫定的に（par prouision パル・プロヴィジオン〔綴りはATに従っています〕）ある道徳（morale モラール）を定め」（AT-VI, p. 22）ることにします。

暫定的道徳は、四つの格率（maxime マクシム、行動方針、道徳規準）からなっています。それぞれの格率は、次のように表現されています。

第一の格率は、私の国の法律と習慣に従い、神の恩寵によって子どもの頃から教えられてきた宗教を常に守り、他のすべてのことにおいては、私が共に生きていかなければならない人々のうち最も良識のある人々が実生活において一般に受け入れている、最も穏健で最も極端でない意見に従って自分を律することであった。（AT-VI, pp. 22-23.）

私の第二の格率は、自分の行動においてできるだけ揺るぎない断固たる姿勢で臨み、どれほど疑わしい意見であってもひとたびそれを受け入れることに決めたなら、それがまったく確かなものである場合と同じように、どこまでもそれに従うことであった。(AT-VI, p. 24.)

私の第三の格率は、運命に打ち克つよりもむしろ自分に打ち克ち、世の中の秩序を変えるよりも自分の欲望を変えるよう、常に努めることであった。(AT-VI, p. 25.)

最後に、このような道徳の結論として、私は人々がこの世で携わるさまざまな仕事をすべて点検し直すことにし、一番いいものを選ぶよう努めた。そして、ほかの人々が携わる仕事についてはなにも言うつもりはないが、〔私自身については〕私が見いだした仕事を続けること、すなわち、全生涯をかけて自分の理性を磨き、自分に課した方法に従って真理の認識をできるだけ進めるのが最もよいと考えた。(AT-VI, p. 27.)

デカルトの考え方は平易に説かれていますので、右の引用だけで十分にご理解いただけると思います。このように、デカルトは一六三七年に刊行する『方法序説』において、久しく考えてきた自分の「方法」と、とりあえずの行動指針としての「暫定的道徳」とを、読者に提示しています。

「方法」と「暫定的道徳」については以上にして、次に、デカルトがこのような方法と指針に従って続けていた研究のうち、自然科学的な研究成果を一六三〇年代の前半に出版しようとしていたこと、しかし、その出版をある理由から断念したことについて、お話ししなければなりません。そして、そのために、ここで少し話を戻して、ある人物についてお話ししておきたいと思います。それは、フランス人の神父、マラン・メルセンヌです。

†メルセンヌ

マラン・メルセンヌ（Marin Mersenne, 1588-1648）は、一五八八年九月八日、フランスのメーヌ（Maine）州オアゼ（Oizé）近郊の小さな集落スルチエール（Soultière もしくは Souletière）に生まれます。彼の名前「マラン」（Marin）は、その日が聖母マリア（フランス語では Marie マリー）誕生祭の日であったことに因んでいると言われています。家庭はけっして裕福ではありませんでしたが、熱心なカトリック教徒であった両親はメルセンヌを聖職に就かせようとします。彼は州都ル・マン（Le Mans）の学校でラテン語、ギリシャ語などを学んだあと、一六〇四年に、新たに設立されたラ・フレーシュ学院に入学します（先にお話ししましたように、ラ・フレーシュ学院は、寄宿料さえ支払えば、貧富の別なく優れた教育を受けることができました）。つまり、メルセンヌは学院でのデカルトの先輩にあたります（しかし、両者が親しくなるのはのちのことでした）。

メルセンヌはラ・フレーシュ学院で五年間学んだあと、一六〇九年から一六一一年まで、

【図 17】　マラン・メルセンヌ

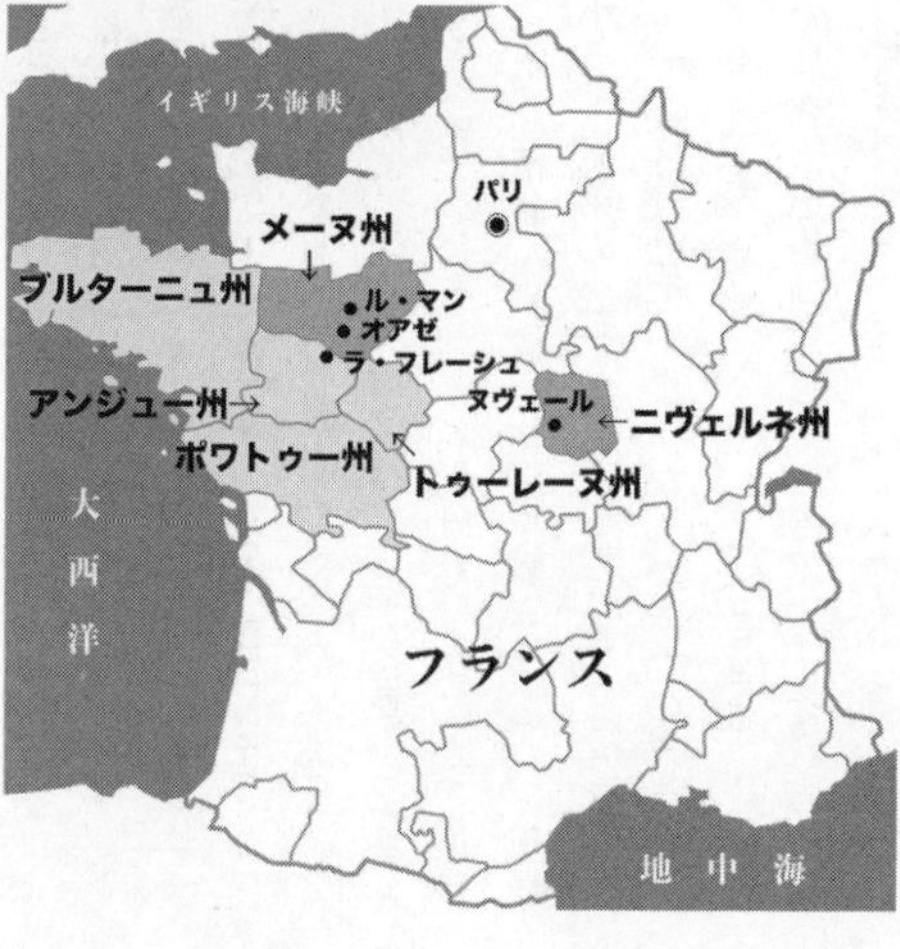

【図 18】　メルセンヌ関係地図

パリのコレージュ・ロワイヤル（Collège Royal 王立学院。のちの Collège de France コレージュ・ド・フランス）とソルボンヌ（Sorbonne）で神学を学びます。彼は、そのパリへの旅の途中でミニモ会修道院の世話になり、修道士たちの生き方に感銘を受け、学業を終えたらミニモ会の修道士になろうと決心します。

ミニモ会（イタリア語では Ordine dei Minimi オルディネ・デイ・ミニミ、ラテン語では Ordo Minimorum オールドー・ミニモールム）は、一四三五年にイタリアのパオラのフランチェスコ（Francesco di Paola, Franciscus de Paula, 1416–1507）が始めた修道会で、「ミニモ会」という名称は、パオラのフランチェスコが自分のことを il minimo dei minimi（イル・ミニモ・デイ・ミニミ、最も小さき者たちの中の最も小さき者）と呼んだのに因んでいます。

パオラのフランチェスコは、両親がアッシジのフランチェスコ（Francesco d'Assisi, Franciscus Assisiensis, 1182–1226）に因んで「フランチェスコ」と名付けたばかりか、彼自身、アッシジのフランチェスコの生き方に倣《なら》って、清貧、貞潔、従順を貫きました。アッシジのフランチェスコが始めた修道会は「小さき兄弟の会」（ラテン語で Ordo Fratrum Minorum オールドー・フラートルム・ミノールム）と呼ばれていますが、パオラのフランチェスコはさらに進んで自分を「最も小さき者」としています。「ミニモ」（minimo）というイタリア語は、「小さい」を意味する形容詞の最上級を名詞化したものです。それの複数形が「ミニミ」（minimi）です。ラテン語の minimorum（ミニモールム）も、同じように、

「小さい」を意味する形容詞の最上級を名詞化して格変化させたもので、「最も小さき者たちの」を意味します。ラテン語ではこれがordo（オールドー、会、修道会）という名詞に付いています。イタリア語のordine（オルディネ）は、そのラテン語の名詞のイタリア語版です。ordineとminimiの間にあるdei（ディ）は、つなぎの「の」にあたります。ですから、ラテン語のOrdo Minimorumも、イタリア語のOrdine dei Minimiも、「最も小さき者たちの会」を意味しています。このミニモ会は、瞬く間にイタリアはもとより、フランスやスペインやドイツに広がっていきました。

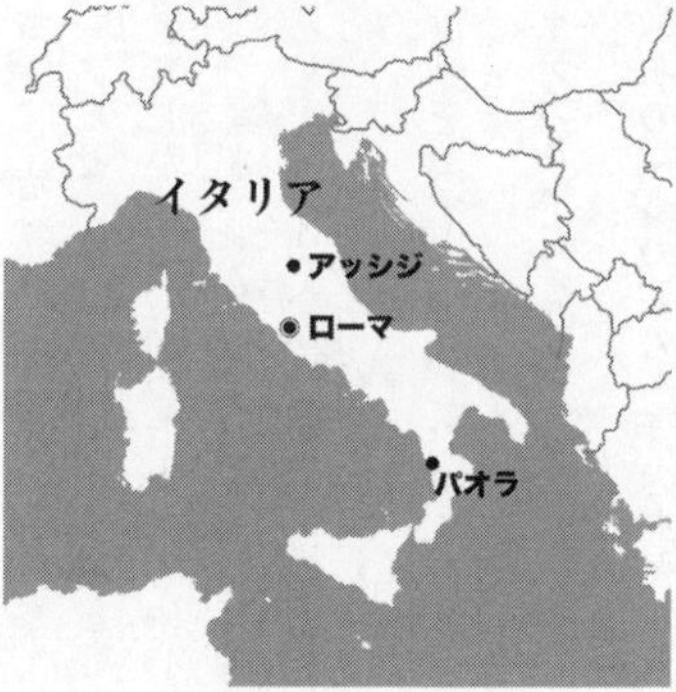

【図19】　パオラとアッシジ

　メルセンヌはそうしたミニモ会の「最も小さき者」として神に自らを捧げるという生き方に惹かれ、一六一一年にミニモ会の修道士となり、翌一六一二年もしくは一六一三年に司祭に叙任されます。彼の最初の任務は、一六一四年からニヴェルネ（Nivernais）州ヌヴェール（Nevers）の修道院で哲学と神学を講じることでした。彼はその地で一六一八年まで過ごし、一六一九年にパリに戻ってからは、ときに旅に出ることはあったものの、一六四八年に亡くなるまで、パリの修道院で生涯を過ごしました。

メルセンヌは、修道士であるとともに、数学や音響学における優れた成果を残した科学者でした。そのメルセンヌを中心に、一六二〇年代前半頃から、多くの科学者が集まって会合を開いたり、手紙を通して議論をしたりするようになりました。このメルセンヌを核とした国際的な科学者・哲学者集団は、「メルセンヌ・アカデミー」もしくは「メルセンヌ・サークル」と呼ばれています。それは、新たな科学の進展に対して、きわめて大きな貢献をなすものでした。

†デカルトとメルセンヌ

あの三つの夢の一件のあと、しばらくしてデカルトはノイブルクを離れ、一六二〇年から一六二八年にかけて、各地を旅しています。彼はオランダを訪ね、一六二二年にフランスに戻り、一六二三年秋から一六二五年五月にかけて、イタリアを訪れています。その頃の彼の行動は十分にはわかっていません。ただ、一六二五年にイタリアからフランスに戻ったデカルトが、メルセンヌと親しくなっていたことは確かです。その年の七月、デカルトはパリに行き、数年間、主としてパリで日々を過ごしています。

しかし、デカルトは、そのうち、フランスでの暮らしを煩わしく思うようになります。自分の研究を落ち着いて進めることができないと感じたデカルトは、オランダに(隠れ)

住む決意をし、一六二八年末、オランダに移ります。彼はオランダに移ってからも、メルセンヌと連絡を取り続けています。

†屈折の法則（一つの例）

デカルトは、ブレダで過ごした頃からずっと、数学を含めた自然科学の仕事を続けていました。三次元・四次元方程式の解き方をはじめとする数学の最先端の仕事とともに、さまざまな自然現象の研究を続けます。デカルトの自然科学の基本的な考え方は、のちほど別の章でお話ししますけれども、ここで、デカルトがオランダに定住する前にやっていた仕事の一つを紹介しておきたいと思います。それは、「屈折光学」に関する仕事です。

例えば空気中から水の中に斜めに光が入って行くとき、屈折という現象が起こることはよく知られていますよね。「入射角」と「屈折角」という言葉が出てくるあの話です。その入射角と屈折角の関係は、近代西洋では、オランダの天文学者・数学者、ヴィレブロルト・スネル（Willebrord Snell. 1580-1626. 通常「スネル」と表記されますが、もとのオランダ語では「シュネル」に近く発音されます）が再発見します（「再発見」と言うのは、アラビア科学ですでに知られていたからです）。そのため、屈折の法則は「スネルの法則」と呼ばれています。

デカルトは、一六三七年に、『方法序説』とともに三つの「試論」を公刊します。その一つが「屈折光学」です。この試論の中で、デカルトは右の屈折の法則を明らかにしています。

スネルが屈折の法則を再発見したのは、一六二一年のことでしたが、彼はそれを生前には公にせず、それが知られたのは一六三二年のことで、広く知られるようになったのはずっとあとのことでした。デカルトは（当然のことですが）それを知らずに、一六二八年に、オランダに移る前に、すでに独自のやり方で屈折の法則を確立していました。このことは、ベークマンの日記から明らかです。デカルトが一六三七年公刊の「屈折光学」の中で論じたのは、自身のこの発見でした。ですから、フランスでは屈折の法則のことを「デカルトの法則」と呼ぶことがあります。

†ベークマンとの決別

こうした個々の現象の研究とともに、デカルトは、この世界の全体をどのように捉えるべきかについて、考察を進めていました。一六二八年の末近くに（デカルトはそのとき三二歳でした）デカルトがオランダに移ってからは、この研究にさらに拍車がかかります。ついでながら、デカルトのオランダ滞在は、途中何度かフランスに旅することがあったものの、一六四九年九月まで（つまり二〇年以上）続いています。

一六二八年、デカルトはベークマンのもとを訪ねています。そして、デカルトがベークマンにメルセンヌのことを話したのがきっかけとなって、ベークマンはメルセンヌに手紙を書き送り、あの一六一九年の正月にデカルトからもらった『音楽提要』の考えを、自分がデカルトに教えたかのようにメルセンヌに伝えます。これがことの発端となり、それを知ったデカルトは、一六二九年一〇月八日付けのメルセンヌへの手紙の中で、ベークマンへの怒りを露わにし、しかし、このことについてはベークマンになにも言わないとし、その後デカルトとベークマンとの間の音信が途絶えます。ところが、翌一六三〇年九月頃ベークマンに宛てた手紙と、同年一〇月一七日付けのベークマン宛ての長文の手紙において、デカルトは、彼がデカルトの仕事を自分の手柄のように言っていることについて、きわめて激しい口調でこれを非難しています。両者はその一年後に表面的には和解していますべークマンが亡くなったのは、『方法序説』が出版された一六三七年のことでした。

†『世界論』の公刊の断念

ところで、オランダに移った翌年の一六二九年に、デカルトはしばらくの間、第一哲学（形而上学）の研究に専念しています。そしてまた、没後『世界論』(*Le Monde* ル・モンド）として公刊されることになる自然科学書の準備を進めています。一六三三年七月二二日付けのデカルトからメルセンヌへの手紙の中で、デカルトは、この書物が「ほとんど完成している」(presque acheué プレスク・アシュヴェ AT-I, p. 268) と言っています。そして、その同じ手紙で、その準備を「三年以上前」から進めてきたことを示唆しています。つまり、一六二九年に形而上学の仕事をしてからあと、彼は精力的にその準備を進めてきたのです。

しかし、デカルトは『世界論』の出版を諦めます。それには、前年（一六三二年）に出版されたガリレオ・ガリレイ（Galileo Galilei, 1564-1642）の『二つの主要な世界体系についての対話』（*Dialogo sopra i due massimi sistemi del mondo* ディアロゴ・ソープラ・イ・ドゥエ・マッシミ・システーミ・デル・モンド。いわゆる『天文対話』）の一件が関わっていました。デカルトは、一六三三年一一月末にメルセンヌに宛てた手紙の中で、この件について次のように述べています。

しかし、あなたにはお話ししなければなりませんが、先頃、ライデンとアムステルダムで、ガリレオの『世界体系』がないか問い合わせました。というのも、昨年それがイタリアで出版されたことを耳にしたように思ったからです。ところが、確かにそれは出版されたが、ローマですぐに全部焼かれてしまい、ガレリオは有罪とされいくらか罰金を科せられたと私は知らされました。私はそのことにひどく驚き、自分が書いたものをすべて焼いてしまうか、少なくとも誰にも見せないようにしようと、ほぼ決心しました。というのも、イタリア人であり、しかも法王に気に入られているとさえ言われているその彼が罪を犯したとすれば、地球が動くということを立証しようとしたためであるに違いないからです。かつて何人かの枢機卿がこの見解を非難していたことを私は十分に心得ていますが、それでもなおその見解はローマでさえ公に教えられているという噂を聞いたと思っていたのです。もしその見解が間違いであるなら、私の哲学の基礎もまたすべて間違いであると認めます。というのも、私の哲学の基礎から、明らかにその見解が帰結するからです。そして、それは私の論考のどの部分ともしっかりと結びついているので、私の著作の残りの部分を損なわずにそれを取り除くことはできません。しかし、私は教会から認められない言葉が一言でも見いだされるような論考を出版することは、どんなことがあってもしたくはありませんでしたので、それを骨抜きにして出版するよりは、出版しないでおこうと思います。(AT-I, pp. 270–271.)

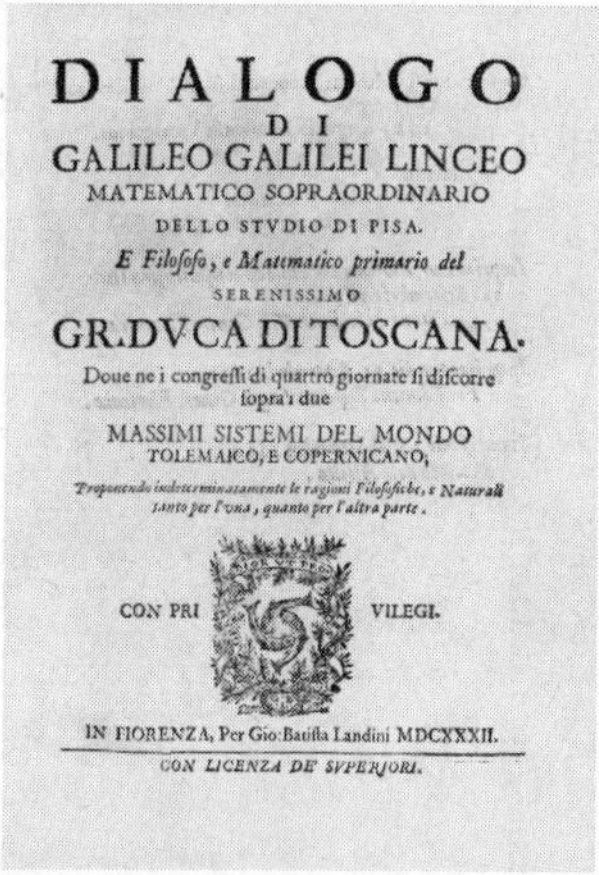
DIALOGO
DI
GALILEO GALILEI LINCEO
MATEMATICO SOPRAORDINARIO
DELLO STVDIO DI PISA.
E Filosofo, e Matematico primario del
SERENISSIMO
GR.DVCA DI TOSCANA.
Doue ne i congressi di quattro giornate si discorre
sopra i due
MASSIMI SISTEMI DEL MONDO
TOLEMAICO, E COPERNICANO;
Proponendo indeterminatamente le ragioni Filosofiche, e Naturali
tanto per l'vna, quanto per l'altra parte.
CON PRI VILEGI.
IN FIORENZA, Per Gio:Batista Landini MDCXXXII.
CON LICENZA DE' SVPERIORI.

【図20】ガリレオ・ガリレイ『二つの主要な世界体系についての対話』(1632年)の扉

この手紙の一節が示すように、デカルトは地動説を含むガリレオの書物の一件を知り、同じく地動説を含む自身の『世界論』の出版を断念するのです。

†遺稿の出版について

デカルトは、この『世界論』の中で、人間についても立ち入った議論を行うつもりでした。一六三二年のメルセンヌへの手紙の中に、そのことへの言及を認めることができます。

彼の死後、一六六二年に、まず、その人間について論じた部分のラテン語訳『人間論』（*De homine* デー・ホミネ）がオランダで出版されます（Renatus Des Cartes, *De Homine*, trans. Florentius Schuyl [Lugdunum Batavorum (Leiden): Petrus Leffen & Franciscus Moyardus, 1662]）。図版を描きラテン語に翻訳したのは、のちにオランダのライデン大学医学教授を務めたフローレンティウス・スホイル（Florentius Schuyl, 1619–1669）です。次いで、一六六四年に、もとのフランス語版『人間論』（*L'Homme* ロム）が、デカルトの友人であるクロード・クレルスリエ（Claude Clerselier, 1614–1684）の手によって、パリで出版されます（*L'Homme de René Descartes et vn traitté de la formation dv foetvs dv mesme avthevr*, ed. Claude Clerselier [Paris: Charles Angot, 1664]）。クレルスリエはパリ高等法院の弁護士で、デカルトは一六四四年にパリで彼と知り合いになっています。

また、同じ一六六四年に、『世界論』フランス語版の本体部分が『世界論もしくは光についての論』（*Le Monde ou le traité de la lvmière* ル・モンド・ウ・ル・トゥレテ・ド・ラ・リ

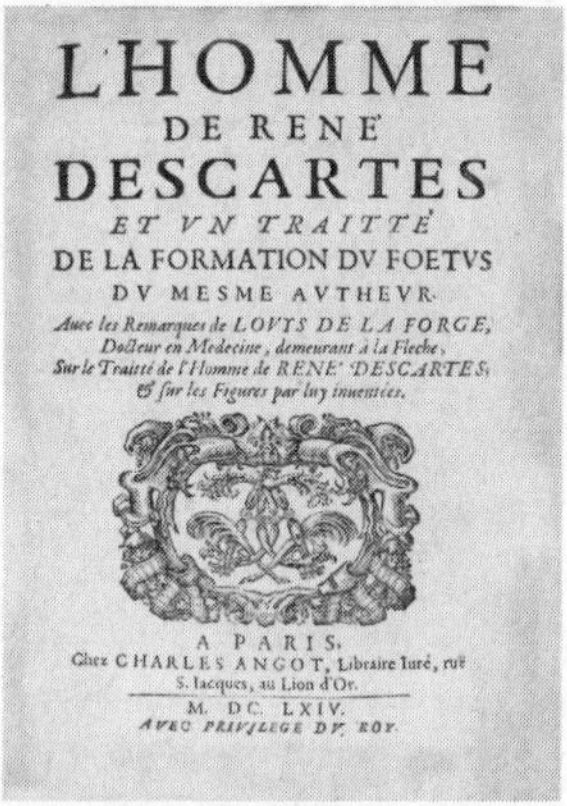

L'HOMME
DE RENE
DESCARTES
ET VN TRAITTÉ
DE LA FORMATION DV FOETVS
DV MESME AVTHEVR.
Auec les Remarques de LOVYS DE LA FORGE,
Docteur en Medecine, demeurant à la Fleche,
Sur le Traitté de l'Homme de RENE' DESCARTES;
& sur les Figures par luy inuentées.
A PARIS,
Chez CHARLES ANGOT, Libraire Iuré, ruë
S. Iacques, au Lion d'Or.
M. DC. LXIV.
AVEC PRIVILEGE DV ROY.

【図22】 フランス語版『人間論』（*L'Homme de René Descartes et vn traittè de la formation dv foetvs dv mesme avthevr*, ed. Claude Clerselier ［Paris: Charles Angot, 1664］）の扉

RENATUS DES CARTES
DE
HOMINE
FIGVRIS
ET
LATINITATE DONATUS
A
FLORENTIO SCHUYL,
Inclytæ Urbis Sylvæ Ducis Senatore, & ibidem
Philosophiæ Professore.
LUGDUNI BATAVORUM,
Apud PETRUM LEFFEN & FRANCISCUM
MOYARDUM.
CIƆ IƆCLXII.

【図21】 オランダで出版されたラテン語訳『人間論』（Renatus Des Cartes, *De Homine*, trans. Florentius Schuyl ［Lugdunum Batavorum（Leiden）: Petrus Leffen & Franciscus Moyardus, 1662］）の扉

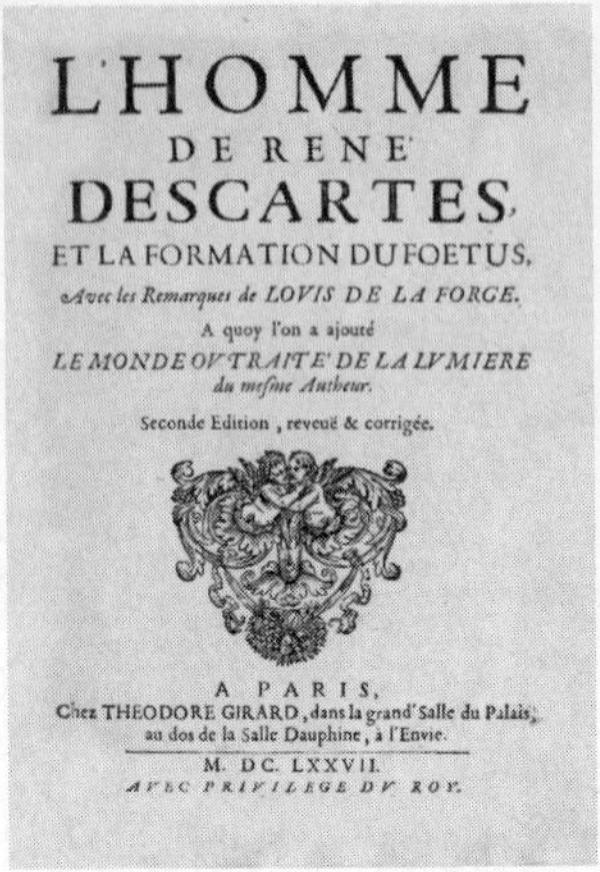

L'HOMME
DE RENE
DESCARTES,
ET LA FORMATION DU FOETUS,
Avec les Remarques de LOVIS DE LA FORGE.
A quoy l'on a ajouté
LE MONDE OV TRAITE' DE LA LVMIERE
du mesme Autheur.
Seconde Edition, reveuë & corrigée.

A PARIS,
Chez THEODORE GIRARD, dans la grand' Salle du Palais,
au dos de la Salle Dauphine, à l'Envie.
M. DC. LXXVII.
AVEC PRIVILEGE DV ROY.

【図 24】『人間論』と『世界論』の合冊本（*L'Homme de René Descartes, et La Formation du foetus, Avec les remarques de Lovis de la Forge. A quoy l'on a ajouté Le Monde ou traité de la lvmiere du mesme autheur* [Paris: Théodore Girard, 1677]）の扉

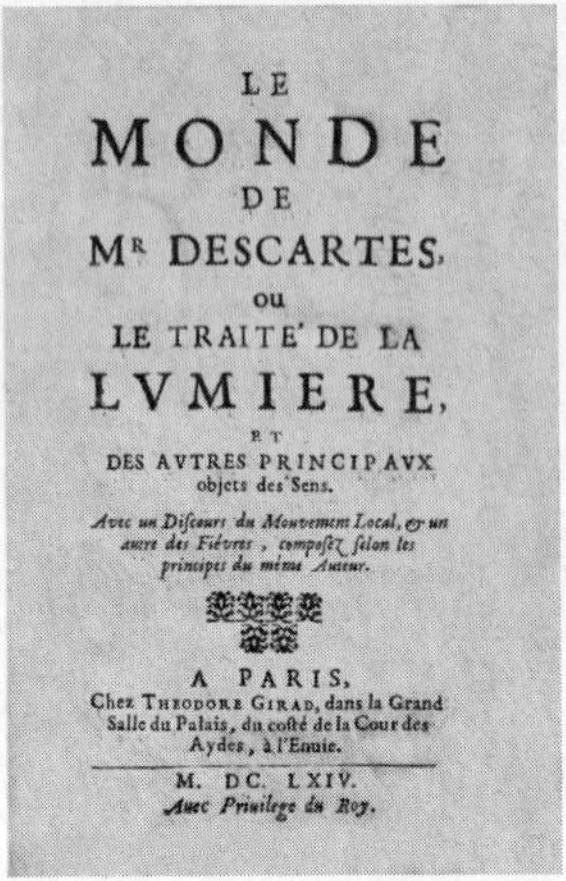

LE
MONDE
DE
MR DESCARTES,
OU
LE TRAITE' DE LA
LVMIERE,
ET
DES AVTRES PRINCIPAVX
objets des Sens.
Avec un Discours du Mouvement Local, & un autre des Fiévres, composez selon les principes du même Autheur.

A PARIS,
Chez THEODORE GIRAD, dans la Grand Salle du Palais, du costé de la Cour des Aydes, à l'Enuie.
M. DC. LXIV.
Avec Privilege du Roy.

【図 23】デカルト『世界論もしくは光についての論』（*Le Monde de Monsieur Descartes ou le traité de la lvmiere, et des avtres principavx objets des sens* [Paris: Théodore Girard, 1664]）の扉

ュミエール）として、パリで出版されます（*Le Monde de Monsieur Descartes ou le traité de la lumiere, et des autres principaux objets des sens* [Paris: Iacques Le Gras / Michel Bobin & Nicolas Le Gras / Théodore Girard, 1664]）。

さらに、一六七七年には、『人間論』と『世界論』の合冊本が、クレルスリエの手によって、パリで新たに出版されています（*L'Homme de René Descartes, et La Formation du foetus, Avec les remarques de Louis de la Forge. A quoy l'on a ajouté Le Monde ou traité de la lumiere du mesme autheur.* Seconde edition, reveuë & corrigée [Paris: Charles Angot / Théodore Girard, 1677]）。

†『方法序説』と三試論

『世界論』の出版を断念したデカルトは、彼の見解が公表されることを求める声に押されたこともあって、四つの論文からなる著書を公刊することにします。『自分の理性をよく導き諸学において真理を探究するための方法についての序説、および、この方法の試行である屈折光学、気象学、幾何学』（René Descartes, *Discours de la méthode pour bien conduire sa raison, & chercher la vérité dans les sciences. Plus La Dioptrique. Les Météores. Et La Géométrie. Qui sont des essais de cette méthode* [Leyde（Leiden）: Ian Maire, 1637]）です。

この本は、表題にあるとおり、『方法序説』（*Discours de la méthode* ディスクール・ド・

ラ・メトード）、および、三つの試論（「屈折光学」[La Dioptrique]、「気象学」[Les Météores]、「幾何学」[La Géométrie]）からなっています。これは、六部からなる「方法」に関する序説と、地動説に関する言説を含まない形で自身の科学的見解を示す三つの試論という構成で、『方法序説』では、先に見ていただきました「方法」（第二部）や「暫定的道徳」（第三部）とともに、第四部では彼の形而上学（第一哲学）がはじめて公にされ、のちほどお話ししますように、そこには「我思う、ゆえに我あり」のフランス語表現（ie pense, donc ie suis ジュ・パンス、ドンク・ジュ・スイ、ieがieと綴られています）が出てきます（AT-VI, p. 32; 初版［1637］では p. 33）。また、第五部では、地動説は論じないものの、『世界論』の基本的観点が示されます。出版は一六三七年六月八日のことで、デカルトはその書に名前を記してはいません。

なお、『方法序説』と「屈折光学」および「気象学」は、一六四四年にラテン語版（Renatus Des Cartes, *Specimina philosophiæ: seu Dissertatio de methodo rectè regendæ rationis, & veritatis in scientiis investigandæ: Dioptrice, et Meteora* [Amstelodamum（Amsterdam）: Ludovicus Elzevirius, 1644]）が、『哲学の原理』の刊行に合わせて出版されています（『哲学の原理』についてはのちほど取り上げます）。翻訳者は、デカルトの友人の一人、エチエンヌ・ド・クルセル（Étienne de Courcelles, 1586–1659）です。

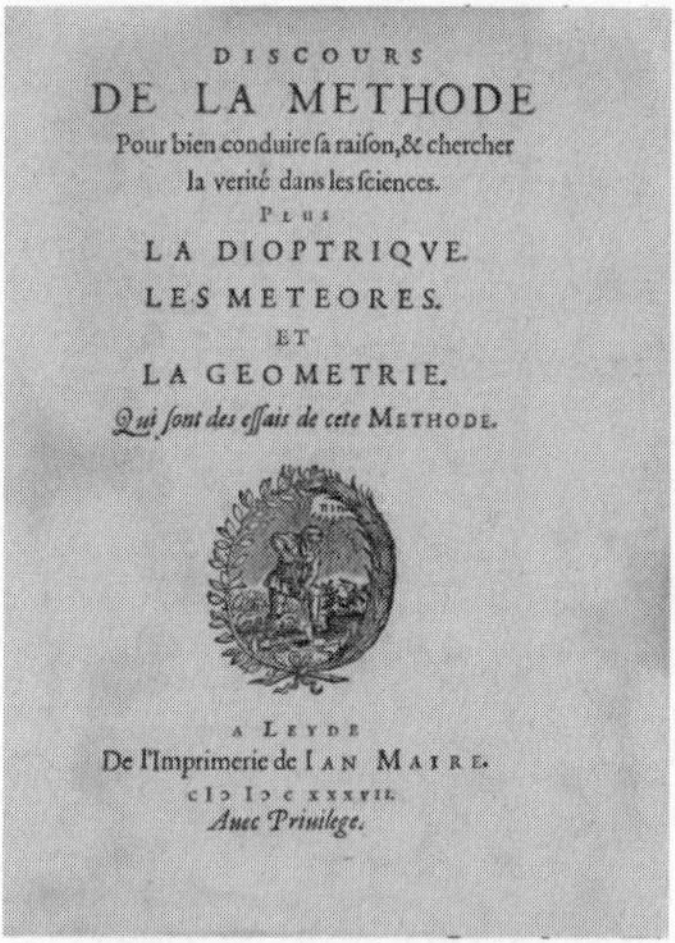

DISCOURS
DE LA METHODE
Pour bien conduire ſa raiſon, & chercher
la verité dans les ſciences.
PLUS
LA DIOPTRIQVE.
LES METEORES.
ET
LA GEOMETRIE.
Qui ſont des eſſais de cete METHODE.

A LEYDE
De l'Imprimerie de IAN MAIRE.
CIↃ IↃ C XXXVII.
Auec Priuilege.

【図25】 デカルト『自分の理性をよく導き諸学において真理を探究するための方法についての序説、および、この方法の試行である屈折光学、気象学、幾何学』（René Descartes, *Discours de la méthode pour bien conduire sa raison, & chercher la vérité dans les sciences. Plus La Dioptriqve. Les Météores. Et La Géométrie. Qui sont des essais de cette méthode* [Leyde（Leiden）: Ian Maire, 1637]）の扉

RENATI DES CARTES
SPECIMINA
PHILOSOPHIÆ:
SEU
DISSERTATIO
DE
METHODO
Rectè regendæ rationis, & veritatis in ſcientiis
inveſtigandæ:
DIOPTRICE,
ET
METEORA.
Ex Gallico tranſlata, & ab Auctore perlecta, variiſque
in locis emendata.

AMSTELODAMI,
Apud LUDOVICUM ELZEVIRIUM.
CIↃ IↃC XLIV.
Cum Privilegio.

【図26】『方法序説』と「屈折光学」と「気象学」のラテン語訳（Renatus Des Cartes, *Specimina philosophiæ: sev Dissertatio de methodo rectè regendæ rationis, & veritatis in scientiis investigandæ: Dioptrice, et Meteora* [Amstelodamum（Amsterdam）: Ludovicus Elzevirius, 1644]）の扉

†「幾何学」のラテン語版

一方、「幾何学」のほうは、ライデン大学数学教授のフランス・ファン・スホーテン（二世）（Frans van Schooten, 1615–1660）によってラテン語に翻訳され、一六四九年に出版されています（Renatus Des Cartes, *Geometria* [Lugdunum Batavorum (Leiden): Ioannes Maire, 1649]）。

スホーテンは数学者の家系の生まれで、彼もまたライデン大学のヤーコプ・フール（Jakob Gool, 1596–1667）から数学を学びます。一六三二年、彼はフールからデカルトを紹介され、のちにスホーテンは、『方法序説』とともに出版される三試論の図版を担当します。また、一六四四年に出版される『哲学の原理』（これについては、あとでお話しします）の図版も、彼が担当しています。

スホーテンは、デカルトの肖像も描いています。スホーテンはこれを「幾何学」のラテン語版に載せようとしましたが、デカルトはそのできばえを褒めながらも、「顎ひげと服は少しも似ていない」（AT-V, p. 338）と言い、またそれに付された詩や肩書きなどが気に入らず、それをラテン語版の『幾何学』に載せることに乗り気ではありませんでした。

それはともかく、スホーテンが出版したこのラテン語版の『幾何学』（一六四九年）は数学界に大きな影響を与えることになり、そこに見られる考え方や記号法は、ニュートン

【図 28】『幾何学』のラテン語訳第二版に掲載された、スホーテンが描いたデカルトの肖像画

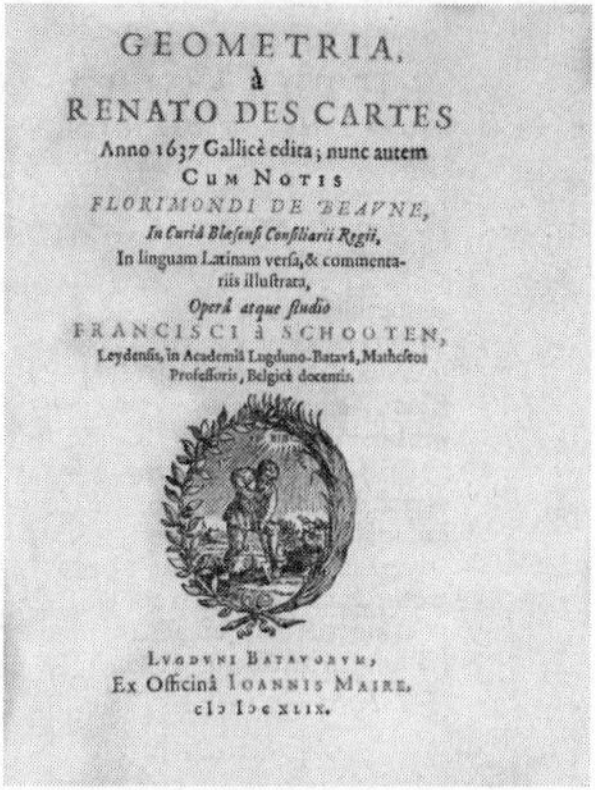
GEOMETRIA,
à
RENATO DES CARTES
Anno 1637 Gallicè edita; nunc autem
CUM NOTIS
FLORIMONDI DE BEAUNE,
In Curiâ Blesensi Consiliarii Regii,
In linguam Latinam versa, & commentariis illustrata,
Operâ atque studio
FRANCISCI à SCHOOTEN,
Leydensis, in Academiâ Lugduno-Batavâ, Matheseos Professoris, Belgicè docentis.
LUGDUNI BATAVORUM,
Ex Officinâ IOANNIS MAIRE.
CIↃ IↃC XLIX.

【図 27】『幾何学』のラテン語訳初版（Renatus Des Cartes, *Geometria* [Lugdunum Batavorum (Leiden): Ioannes Maire, 1649]）の扉

GEOMETRIA,
à
RENATO DES CARTES
Anno 1637 Gallicè edita; postea autem
Unà cum NOTIS
FLORIMONDI DE BEAUNE,
In Curia Blesensi Consiliarii Regii, Gallicè conscriptis in Latinam linguam versa, & Commentariis illustrata,
Operâ atque studio
FRANCISCI à SCHOOTEN,
in Acad. Lugd. Batava Matheseos Professoris.
Nunc demum ab eodem diligenter recognita, locupletioribus Commentariis instructa, multisque egregiis accessionibus, tam ad uberiorem explicationem, quam ad ampliandam hujus Geometriæ excellentiam facientibus, exornata,
Quorum omnium Catalogum pagina versa exhibet.
AMSTELÆDAMI,
Apud Ludovicum & Danielem Elzevirios,
CIↃ IↃC LIX.

【図 29】『幾何学』のラテン語訳第二版（Renatus Des Cartes, *Geometria,* Editio secunda [Amstelædamum (Amsterdam): Ludovicus & Daniel Elzevirii, 1659]）の扉

(Isaac Newton, 1642–1727) やライプニッツ (Gottfried Wilhelm Leibniz, 1646–1716) が微分積分学を完成させる上で、重要な役割を果たすことになりました。

なお、スホーテンが描いたデカルトの肖像画は、ラテン語版『幾何学』の初版には掲載されませんでしたが、一六五九年に出版された第二版 (Renatus Des Cartes, *Geometria*, Editio secunda [Amstelædamum (Amsterdam): Ludovicus & Daniel Elzevirii, 1659]) にはそのまま掲載されました。

†ヘレナと、娘フランシーヌ

ところで、デカルトは生涯独身でしたが、彼には娘が一人いました。名前はフランシーヌ (Francine, 1635–1640) です。

フランシーヌの母はヘレナ (Hijlena, ?–1683) と言い、デカルトが下宿をしていたアムステルダムの書店主トーマス・セルジャント (Thomas Sergeant) の家で、メイドをしていました。ヘレナとデカルトが関係を持ったのは一六三四年一〇月一五日のことで、ヘレナは翌一六三五年七月一九日にデーフェンテル (Deventer) で女の子を産みます。デカルトはその子をフランシーヌと名づけます。デーフェンテルの洗礼記録には、デカルトとヘレナとフランシーヌの名前が (父の欄には「ジョアシャンの息子ルネ」にあたるオランダ語 Reyner Jochems が、母の欄には「ヤンの娘ヘレナ」にあたるオランダ語 Hijlena Jans が、子の欄にはフランス語の「フランシーヌ」にあたるオランダ語 Fransintge が）記されています。

一六三七年八月三〇日付けのデカルトのある手紙に、彼が下宿の女主人と相談して「姪」（間違いなくフランシーヌ）とヘレナを呼び寄せようとしていることが書かれています。その頃デカルトはサントポールト（Santpoort）もしくはエフモント＝ビネン（Egmond-Binnen）近辺に住んでおり、その地で（フランシーヌは「姪」、ヘレナはメイドとして）三人で暮らしたのかもしれません。一六四〇年の夏、デカルトはフランシーヌを正式に引き取り、フランスの親戚に託してフランスでしかるべき教育を受けさせようとしていました。ところが、同年九月七日、彼女は猩紅熱のため、アメルスフォールト（Amersfoort）で亡くなります。

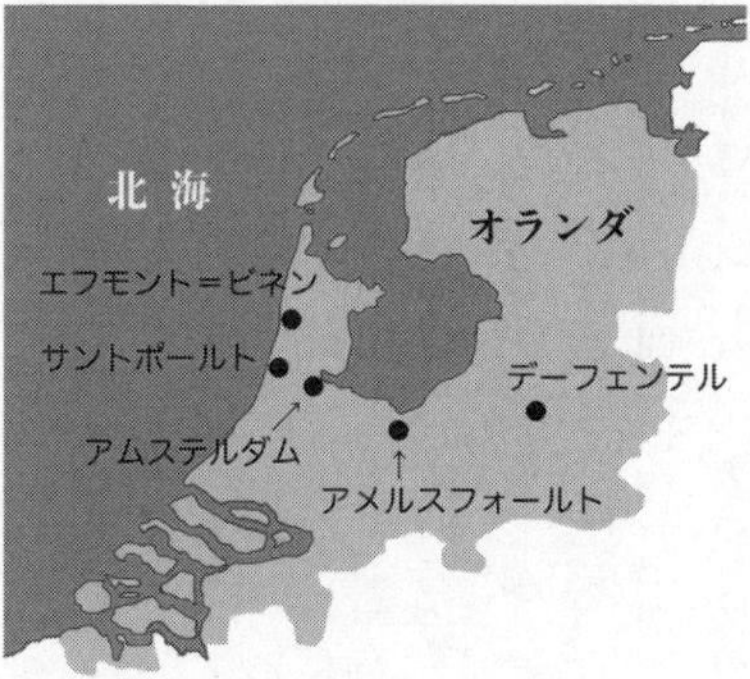

【図 30】　フランシーヌ関連地図

翌一六四一年一月中旬の、弟を亡くした友人（アルフォンソ・パロッティ Alfonso Pallotti もしくはアルフォンス・ポロ Alphonse Pollot, c. 1602-1668）に宛てた手紙の中で、デカルトは、次のように語っています。

私は、涙や悲しみは女性だけのものであり、男らしく見えるためには常に平静を装わなければならないと思うような人間ではありません。少し前に私は非常に身近な者を二人亡くしました。そして、私を悲しみから守りたいと思ってくれる人々がかえって悲しみをかき立て、反対に、私の不幸に心を痛めているように思われる方々のお心遣いに慰められました。(AT-III, pp. 278-279.)

ここに言う「二人」とは、一六四〇年一〇月二〇日に亡くなった父ジョアシャンと、その数日後に亡くなった姉ジャンヌのことであり、フランシーヌのことではないと言われることがありますが、仮に形の上ではそうだとしても、デカルトはペンを運びながら、(父や姉のことともに)きっと娘フランシーヌのことを考えていたのだと私自身は思います。

なお、一六四四年にヘレナがエフモント(エフモント=ビネンを含む地域)出身の男性と結婚することになったとき、デカルトは彼らのために結婚の証人を務めています。また、ヘレナのためにかなりのお祝い金を用意したことが知られています。

†『第一哲学についての省察』

フランシーヌが亡くなる前、デカルトは『方法序説』と三試論に続く、次の本の出版準備を進めていました。自身の形而上学(第一哲学)を論じる『第一哲学についての省察』(*Meditationes de prima philosophia* メディターティオーネース・デー・プリーマー・ピロソピアー）です。

もともと『方法序説』の第六部でデカルトは次のように述べていました。

私は自分の著作を検討していただけるなら、大変嬉しく思う。そして、そのきっかけを増やすため、なにか反論がある方はどなたでも、その反論を私の出版社にお送りくださるようお願いする。出版社がそれを私に知らせてくれたなら、私はそれにすぐに答弁を添えるよう努める。こうした手立てにより、読者は反論と答弁を一緒に見て、それだけ真理について判断しやすくなるであろう。（AT-VI, p. 75.）

そして実際、デカルトのもとに反論が届き、デカルトはそれに答えるよう努めています。そうした反論の中には、少しあとの一六四一年のことではありますけれども、イングランドの哲学者トマス・ホッブズ（Thomas Hobbes, 1588–1679）の、「屈折光学」に対する反論も含まれています。

デカルトは、久しく温めてきた自身の形而上学の考え方を『方法序説』第四部ではじめて公にしたあと、さらにそれをより充実した形で論じる書物の公刊を考えていました。その書物のことは、一六三九年一一月一三日付けのメルセンヌへの手紙の中で、次のように語られています。

今私の手許には一つの論考があり、私はその中で、以前にこの主題について書いたことを、明らかにしようと努めています。その論考は、印刷して五、六葉のものにしかならないでしょうが、それは形而上学のかなりの部分を含むことになると思います。そして、最善を尽くすため、私は二〇部か三〇部だけを印刷させ、それを面識の得られる二〇人か三〇人の最も学識のある神学者に送り、彼らの判断を得て、出版する前に何を変え、何を訂正し、何を加えればよいかを学びたいと思っています。(AT-II. p. 622.)

ここに見られるように、デカルトは、先に『方法序説』で試みていた反論と答弁を、次の書では出版前に準備することにします。そして、この新たな形而上学書は、これらの反論と答弁が付された形で公刊されることになります。

あらかじめ準備された新たな形而上学の論考を誰に読んでもらい反論してもらうかの検討は、主としてメルセンヌの仕事となりました。デカルトは、あらかじめカテルス（彼のことについては、あとで説明します）の反論と答弁を付けたものを用意し、これをソルボンヌの神学者をはじめとする当代有数の知識人に読んでもらい、以後反論を得るたびにそれに対する答弁を用意します。そして、その書は、最終的には、カテルスのも含めて六つの反論とそれに対する答弁が付いた形で、一六四一年にパリで出版されます。『第一哲学についての省察』第二版です（Renatus Des-Cartes, *Meditationes de prima philosophia, in qua Dei existentia et animæ immortalitas demonstratur* [Paris: Michael Soly, 1641]. すべてラテン語で書かれています）。

『省察』第二版は、次のような構成になっています。

ソルボンヌ神学部に宛てた書簡
読者への序文
六つの省察の概要
第一省察　疑いうるものについて
第二省察　人間の心の本性について。心は物体よりもよく知られる
第三省察　神について。神は存在する
第四省察　真と偽について
第五省察　物質的なものの本質について。そしてふたたび神について。神は存在する
第六省察　物質的なものの存在、および、心と物体の、ものとしての違いについて
第一反論（カテルスによる）
第一答弁
第二反論（メルセンヌを中心とした神学者たちによる）

第二答弁
第三反論（ホッブズによる）
第三答弁
第四反論（アルノーによる）
第四答弁
第五反論（ガッサンディーによる）
第五答弁
第六反論（他の多くの人々による）
第六答弁

第一反論を書いたカテルス（Johannes Caterus, Johan de Kater, 1590-1655）は、一五九〇年にアントウェルペン（Antwerpen, 英語ではアントワープ［Antwerp］）に生まれ、ルーヴァン大学で神学を学んだあとオランダに移り、アルクマール（Alkmaar）のカトリックの主席司祭をしていました。彼の反論はデカルトの友人たちからの依頼によるもので、先に触れましたように、デカルトはこのカテルスの反論とそれに対する答弁を付けた形で『省察』の校正刷りを他の知識人に提示し、反論を求めました。

第二反論は、メルセンヌを中心とした「神学者たち」によるものです。

RENATI
DES-CARTES,
MEDITATIONES
DE PRIMA
PHILOSOPHIA,
IN QVA DEI EXISTENTIA
ET ANIMÆ IMMORTALITAS
DEMONSTRATVR.

PARISIIS,
Apud MICHAELEM SOLY, viâ Iacobeâ, sub signo Phœnicis.
M. DC. XLI.
Cum Priuilegio, & Approbatione Doctorum.

【図31】『省察』第一版（1641年）の扉

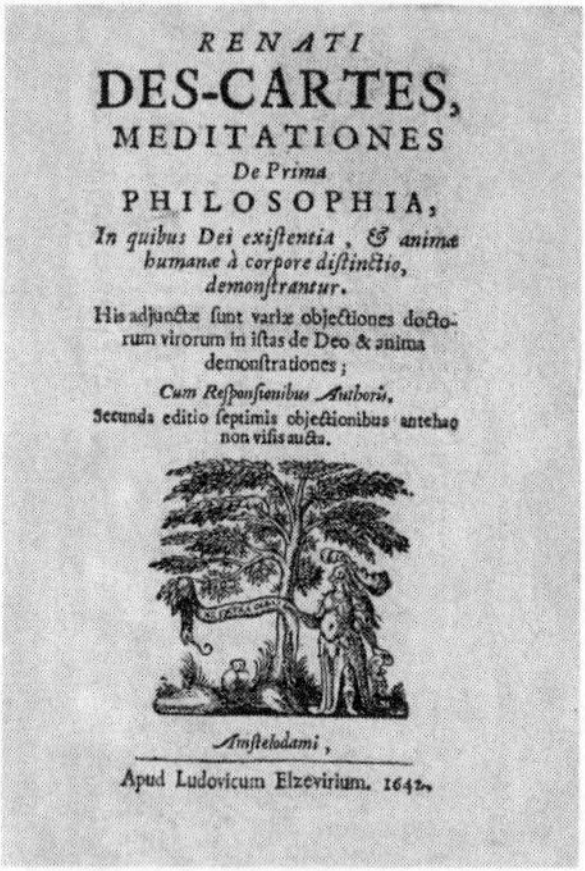

RENATI
DES-CARTES,
MEDITATIONES
De Prima
PHILOSOPHIA,
In quibus Dei existentia, & animæ humanæ à corpore distinctio, demonstrantur.
His adjunctæ sunt variæ objectiones doctorum virorum in istas de Deo & anima demonstrationes;
Cum Responsionibus Authoris.
Secunda editio septimis objectionibus antehac non visis aucta.

Amstelodami,
Apud Ludovicum Elzevirium. 1642.

【図32】『省察』第二版（1642年）の扉

第三反論は、先ほども出てきましたホッブズによるもの、また、第四反論はソルボンヌで教育を受けたフランスの神学者アントワーヌ・アルノー（Antoine Arnauld, 1612–1694）によるものです（アルノーはデカルトの信奉者の一人でした）。

そして、第五反論は、一七世紀フランスの代表的哲学者の一人、ピエール・ガッサンディー（Pierre Gassendi, 1592–1655）のものです。ガッサンディーの名前は、フランス語ではもとPierre Gassend ピエール・ガッサン、ラテン語ではPetrus Gassendus ペトルス・ガッセンドゥスでした。しかし、「ピエール」はともかく、姓のほうは、今日ではラテン語の姓 Gassendus の属格形 Gassendi（ガッセンディー）をフランス語読みするのが一般的です。ラテン語の書物の表題に属格形で名前を付ける習慣から、主格の Gassendus に戻さず、属格の Gassendi のままで呼ばれるようになったというのが本当のところかなと私は勝手に推測しています。フランス語読みとしては、「ギャッソンディー」に近く発音されます。

第六反論は、メルセンヌがデカルトに何度にも分けて送ったさまざまな人々からの一群の反論をデカルトが編集したもので、これについてはデカルトがメルセンヌに宛てた一六四一年七月二二日付けの手紙にそれへの言及を見ることができます。

†『省察』第二版とフランス語版

『省察』第一版は、一六四一年の八月末に印刷が完了しました。けれども、出版したパリの書店の対応がまずくて、その年の一一月になってもデカルトのところに本が届かず、デカルトは第二版（Renatus Des-Cartes, *Meditationes de prima philosophia, in quibus Dei existentia, & animæ humanæ à corpore distinctio, demonstrantur* [Amstelodamum（Amsterdam）: Ludovicus Elzevirius, 1642]）をアムステルダムで出版することにします。

第二版の刊行にあたり、デカルトは誤植を訂正し、メルセンヌがアルノー宛ての第四答弁の末尾であえて削除した部分を復活させ、さらに、イエズス会のブルダン（Pierre Bourdin, 1595–1653）神父からの反論を「第七反論」として加え、それに対する答弁に代えて、「ディネ神父への書簡」を付加しています。

ディネ（Jacques Dinet, 1584-1653）神父は、デカルトがラ・フレーシュ学院在籍中に生徒監として世話になった人で、イエズス会のフランス管区長を務めていました。

また、『省察』第二版の副題が第一版のそれと異なっていることにも注意しておきたいと思います。第一版では、「第一哲学についての省察」のあとに、「そこにおいて、神の存在と、魂の不死性が、証明される」と書かれているのですが、第二版ではその部分が「そこにおいて、神の存在と、人間の魂が物体とは異なることが、証明される」となっています。

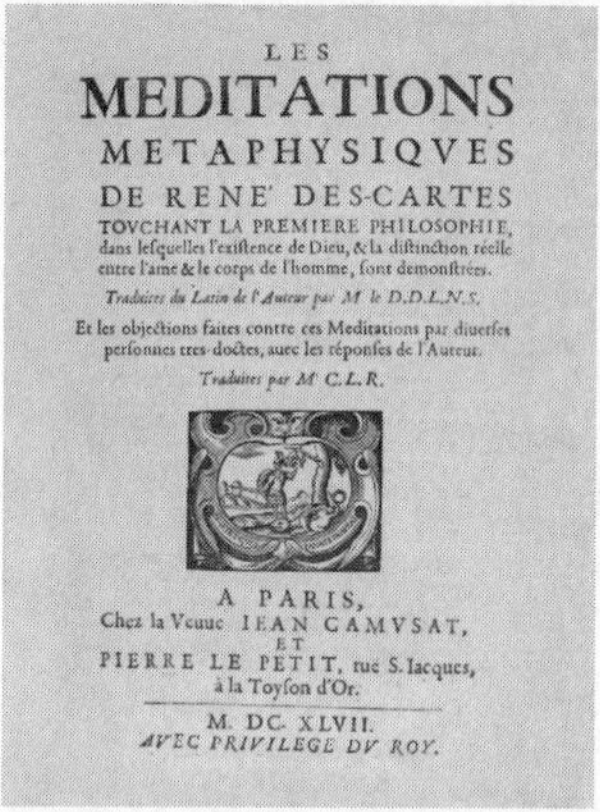

【図33】『省察』のフランス語訳（*Les Méditations métaphysiqves de René Des-Cartes* [Paris: Iean Camusat & Pierre Le Petit, 1647]）の扉

『省察』はのちにフランス語版（*Les Méditations métaphysiques de René Des-Cartes* [Paris: Iean Camusat & Pierre Le Petit, 1647]）が出版されます。『省察』本文はリュイーヌ公爵（Louis-Charles d'Albert, duc de Luynes, 1620-1690）が訳し、反論と答弁はクレルスリエが担当しました。

†『哲学の原理』

こうした対応が続く中、デカルトは、先ほどお話ししましたように、一人娘フランシーヌを亡くします。また、本書では立ち入りませんが、『方法序説』と三試論、それに『省察』で公にした彼の説は、次第に多くの支持者を得る一方で、激しい攻撃にさらされます。右のイエズス会のブルダン神父からの反論も、その攻撃の一つです。こうした支持と攻撃の渦中にあって、デカルトはさらに、『世界論』の内容を、ガリレオのように断罪されることなく公にする手段を考えます。それが、一六四四年七月に印刷が完了する『哲学の原理』(*Principia philosophiæ* プリーンキピア・ピロソピアエ)でした(この本もラテン語で書かれています)。

『哲学の原理』の準備は、『省察』の公刊よりも前に始まっています。一六四〇年一二月三一日付けのメルセンヌ宛て書簡で、デカルトは、「『省察』と同じ事柄」(AT-III, p. 276)が含まれる、その書の第一部(つまり『哲学の原理』第一部)に取り組んでいることを伝えています。

出版された『哲学の原理』(Renatus Des-Cartes, *Principia philosophiæ* [Amstelodamum (Amsterdam): Ludovicus Elzevirius, 1644]) は四部からなっています。その第一部は「人間の認識の諸原理について」(De principiis cognitionis humanæ デー・プリーンキピイース・コ

グニティオーニス・フーマーナエ）と題されていて、内容はおおよそ『省察』の第一省察から第五省察までの内容と合致しています。
『哲学の原理』の全体の構成は、次のとおりです。

エリーザベト王女への献辞
第一部　人間の認識の諸原理について
第二部　物質的なものの諸原理について
第三部　目に見える世界〔宇宙〕について
第四部　地球について

各部の標題からおわかりのように、第二部以降では、自然の基本原理に加えて、宇宙のあり方、地球の諸現象が論じられています。

†『哲学の原理』のフランス語版

『哲学の原理』は、やがてそのフラ

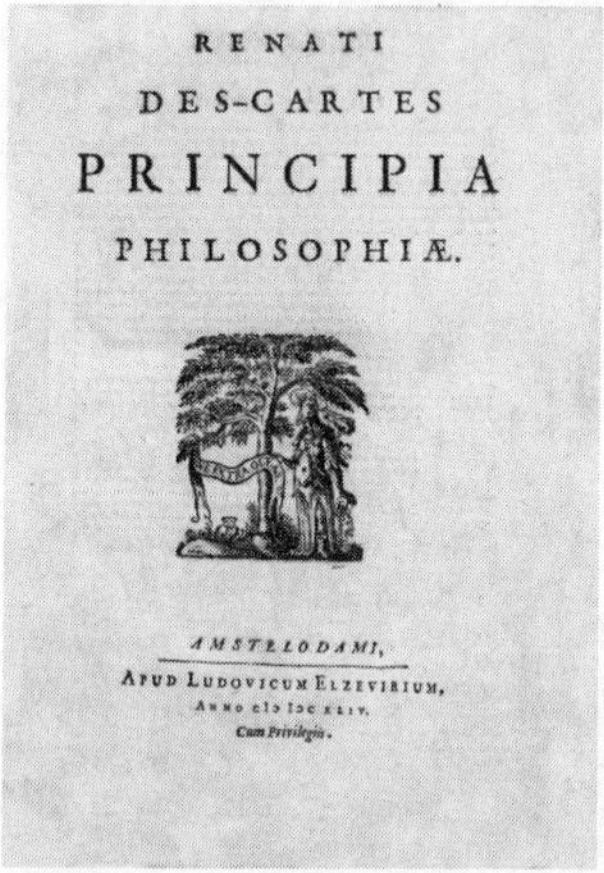

【図34】『哲学の原理』（1644年）の扉

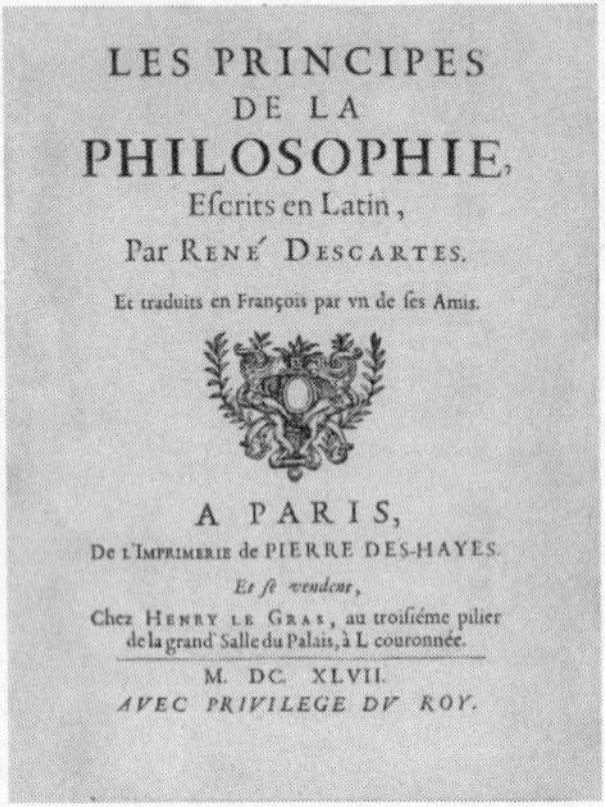
LES PRINCIPES
DE LA
PHILOSOPHIE,
Escrits en Latin,
Par RENÉ DESCARTES.
Et traduits en François par vn de ses Amis.

A PARIS,
De l'Imprimerie de PIERRE DES-HAYES.
Et se vendent,
Chez HENRY LE GRAS, au troisiéme pilier
de la grand' Salle du Palais, à L couronnée.
M. DC. XLVII.
AVEC PRIVILEGE DV ROY.

【図35】『哲学の原理』のフランス語訳（René Descartes, *Les Principes de la philosophie* [Paris: Henry Le Gras, 1647]）の扉

ンス語訳（René Descartes, *Les Principes de la philosophie* [Paris: Henry Le Gras, 1647]）がパリで出版されます（一六四七年）。翻訳者は、デカルトの友人のクロード・ピコ（Claude Picot, 16..?–1668）です。先に触れましたように、デカルトはこのフランス語版のために「この書の訳者に宛てた、著者からの手紙」を書き、これが序文として付けられることになりました。ピコはカトリックの神父で、デカルトの信奉者でした。

その手紙の中で、デカルトは学問の全体を木に喩えます。そこでは、根は「形而上学」（la Metaphysique ラ・メタフィジック［デカルトはこの言葉にアクサンを付けていません］）、幹は自然科学の基礎理論にあたる「自然学」（la Physique ラ・フィジック）、そして枝は、医学、機械学、道徳をはじめとする諸学として描かれており、自然科学の基礎理論である「自然学」も含めて自然科学の全体と「形而上学」（第一哲学）とがはっきりと区別され、形而上学は自然学を含む諸学の基礎を与えるものとされています。

この諸学の関係の見取り図は、デカルトを理解する上で重要な役割を果たします。

†エリーザベト王女

ところで、先ほど『哲学の原理』の構成をお話ししましたときに、「エリーザベト王女への献辞」というのが出てきましたよね。そうなんです。前に出てきたファルツ選帝侯フリードリッヒ五世の長女エリーザベト（Elisabeth von der Pfalz, 1618-1680）への献辞です。

エリーザベトは、父がボヘミアの王位についたために結局国を追われることになり、オランダのハーグに住んでいました。このエリーザベトの名前が、どうしてデカルトの著書に登場するのでしょうか。ここで、この件について、少しお話ししなければなりません。

【図36】　エリーザベト王女

アルフォンス・ポロ（アルフォンソ・パロッティ）。この人のことを、先ほど娘フランシーヌが亡くなったこととの関係で取り上げました。ポロはイタリアの生まれで、ハーグの宮廷に仕えていました。

デカルトとポロとの関わりは、一六三七年に遡ります。ポロがデカルトの『方法序説』と三試論を読んでデカルトに手紙を書き、『方法序説』、「屈折光学」、「気象学」についての異論を含むその手紙を翌年二月にデカルトの友人であるレネリ（Henricus Reneri, 1593-1639）に託したことから、デカルトは一六三八年二月一二日付けの手紙をポロに送り、二人の交流が始まります。ポロが弟を亡くしたときにデカルトが慰めの手紙を書いたことは、先に触れたとおりです。

一六四二年一〇月六日付けのポロへの手紙で、デカルトは「ボヘミア王女殿下」がその卓越した精神のため形而上学の著作を読まれると知っても驚かず、彼女が自分の著作に反対ではないことを幸いに思うと述べ、ポロの仲介によって王女殿下にご挨拶しご下命を拝したいと告げています（AT-III, p. 577）。これはつまり、エリーザベトがデカルトの見解に関心を抱いていることがポロを介してデカルトに伝えられていたことを意味します。また、翌一六四三年五月にエリーザベトからデカルトに宛てた手紙が残っており、その文面から、デカルトがエリーザベトに会おうとしたものの、なんらかの事情でそれがかなわなかったことがわかります。エリーザベトは、「嬉しくもあり残念でもあった」（AT-III, p. 660）と述べ、早速デカルトに、心と体がまったく別のものなのになぜ心は体の運動を決定できるのかと尋ねています。

こうして、デカルトとエリーザベトの間で書簡の交換が始まります。当時、デカルトは四七歳、エリーザベトは二四歳でした。

書簡のやりとりは一六四九年まで六年半に及び、一六四九年一二月四日付けのエリーザベトからストックホルムのデカルトに宛てた手紙（AT-V, pp. 451-452）が（残存するうちの）最後のものとなりました。

†『情念論』

『哲学の原理』に載せられたエリーザベト王女への献辞の中で、デカルトは次のように述べています。

> 私がこれまで公にした論考のすべてを完全に理解されているのは、今のところあなたお一人しかおいでになりません〔……〕。（AT-VIII-1, pp. 3-4.）

そのエリーザベトはデカルトに次々と鋭い質問を浴びせます。先の、心と体がまったく別物な

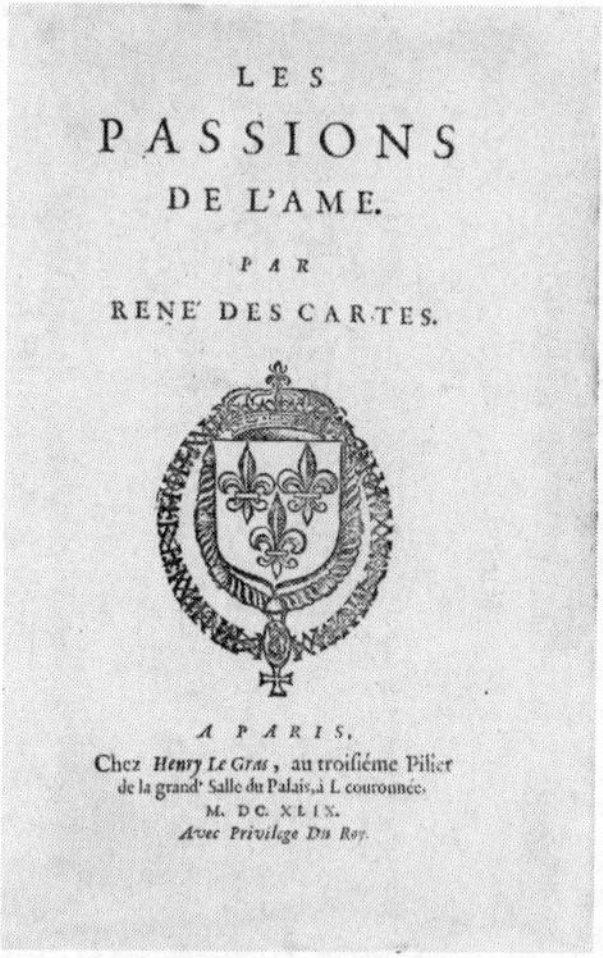

【図 37】『情念論』（René Descartes, *Les Passions de l'âme* [Paris: Henry Le Gras, 1649]）の扉

のになぜ両者は密接な関係を持ちうるのかというのもそうですが、幸せとは？　情念とは？　人としての生き方とは？　というエリーザベトの問いは、心身をまったく別のものとするデカルトの基本路線と接続して、心身が合一している人間という視点からそれらの問いに答えることを要求します。これがきっかけとなって、デカルトは、最後の著作である『情念論』（René Descartes, *Les Passions de l'âme* [Amsterdam: Louys Elzevier; Paris: Henry Le Gras, 1649]）を、一六四九年に出版することになりました。

†シャニュとクリスティーナ女王

エリーザベト王女との書簡による議論と並行して、デカルトはやがて、駐スウェーデンフランス公使のエクトル＝ピエール・シャニュ（Hector-Pierre Chanut, 1601-1662）を介して、スウェーデンのクリスティーナ女王（Kristina, 1626-1689　在位 1632-1654）の質問に答えることになります。

先ほど、デカルトが一六四四年にフランスに戻った折に友人となった、クレルスリエのことに触れましたが、このクレルスリエの姉の夫、つまり義兄が、シャニュでした。彼はフランスの外交官であるとともに、科学に関心を持ち、もともとメルセンヌの友人の一人でした。デカルトの手紙の中で、シャニュのことが最初に出てくるのは、一六四二年三月のメルセンヌ宛ての手紙（AT-III, p. 546）です。そこでは、シャニュがデカルトを評価していることをメルセンヌがデカルトに伝えていたことが窺えます。

このシャニュが、当時フランスの同盟国であったスウェーデンの首都ストックホルムに公使（のちには大使）として駐在し、デカルトのことをクリスティーナ女王に話したことから、彼女はデカルト哲学に深い関心を持ち、シャニュを介してデカルトに教えを請うことになります。デカルトの『情念論』は、そうしたクリスティーナの要請に応えて彼が考察を進めた結果でもあるのです。

†スウェーデンへ、そして、逝去

クリスティーナ女王は、やがて、デカルトに直接教えを請うため、彼にストックホルムへ来るよう要請します。デカルトはスウェーデンに行くつもりはありませんでした。けれども、一六四九年三月には軍艦が迎えに来て、デカルトはそれに応じることはしなかったものの、結局、その冬をストックホルムで過ごすという、生来頑強ではないデカルトにとって、私などには絶対にありえないと思われる

【図38】 クリスティーナ女王

提案を自分からしています。

一六四九年一〇月のはじめにデカルトはストックホルムに到着します。そして、一番ゆったりとした時間を確保できる「朝五時」に毎日図書室に来るようにという公務繁多な女王からの要請に、彼は代案を示すこともなく恭しく従っています。

一六五〇年一月後半に、シャニュが肺炎になります。その頃デカルトは、クリスティーナからアカデミーを設立するための計画書の作成を依頼され、二月一日に意見書を持って女王に謁見します。そして、これが最後の謁見となりました。宮殿から戻ったデカルトは、寒気を覚え、それから高熱を発します。やがて彼は死期を悟り、兄と義兄宛てに乳母の年金のことを頼むとの手紙を口述したあと、一六五〇年二月一一日午前四時にこの世を去りました。享年（満）五三歳でした。

第2章　『省察』を読む（Ⅰ）

——第一省察〜第三省察

†「第一哲学」と「形而上学」

古代ギリシャのアリストテレス（Ἀριστοτέλης 384–322 B. C.）は、存在するもののあり方を一般的な仕方で考察するとともに、最も優れて存在すると言うことのできる神をも扱う、一群の著作を残しました。アリストテレスが残した書き物をのちに編集するとき、それらの著作は、自然（φύσις ピュシス）を扱う「自然学」関係の書物（τὰ φυσικά タ・ピュシカ。今日の言い方では「自然科学」関係の書物なんですけどね）のあとに置かれましたので、「自然学書のあとに置かれた書物」という意味で、τὰ μετὰ τὰ φυσικά（タ・メタ・タ・ピュシカ）、あるいは、二つの定冠詞（タ）を省略して μεταφυσικά（メタピュシカ）と呼ばれました。「メタ」は「あとに」、「あとの」を意味する前置詞です。

ところが、その「メタ」が、「超える」、「超えた」という意味で理解されるようになります。つまり、自然学の「あとに」置かれた書物というよりも、自然学を「超えた」書物という意味で、μεταφυσικά（メタピュシカ）が理解されるようになるのです。

こうして、「メタピュシカ」は、自然学を超えてそれに基礎を与える学問というニュアンスを持つことになり、のちにそれに対応する言葉がさまざまな言語にそれぞれの形で入っていきました。例えば、英語では metaphysics（メタフィジックス）、フランス語では métaphysique（メタフィジック）、ドイツ語では Metaphysik（メタフュジーク）となります。

こうした一群の言葉は、我が国では『易経』という中国古典に出てくる漢語を用いて「形而上学」と訳されています。

そのようなわけですから、アリストテレス自身が自分のある書き物に「形而上学」にあたる名前を付けていたわけではありません。彼自身は πρώτη φιλοσοφία（プローテー・ピロソピアー）、すなわち、「第一哲学」という名称を用いていました。もともと「哲学」（φιλοσοφία ピロソピアー）という言葉は学問の総称です。ですから、「第一哲学」は、第一の学問、最も基礎的な学問を意味します。

デカルトが自身の書『第一哲学の省察』（*Meditationes de prima philosophia* メディターティオーネース・デー・プリーマー・ピロソピアー）の表題に「第一哲学」（ラテン語で prima philosophia プリーマ・ピロソピア。表題の中で「プリーマー・ピロソピアー」と語尾が長くなっているのは、格変化のためです）という表現を用いているのは、そうした歴史的経緯を踏まえてのことでした。そして、その「第一哲学」は、「形而上学」でもありますので、彼は、「第一哲学」という言い方とともに、「形而上学」という表現も、ときおり使用しています。

以下では、「第一哲学」という言葉を使ったり「形而上学」という言葉を使ったりしますが、とりあえず同じものを表しているとお考えいただければ幸いです。

✝デカルトの形而上学と自然学

さてそれで、デカルトの第一哲学（形而上学）の内容を具体的にお話しする前に、もう一つだけ、お話ししておかなければならないことがあります。それは、デカルトが、第一哲学（形而上学）とそれ以外の学問との関係をどのように考えているか、です。先に、「メタピュシカ」について、「自然学を超えてそれに基礎を与える学問」という言い方をしましたけれども、デカルトもまたこの捉え方を踏襲します。それについての彼の実際の発言を、ここで見ておきたいと思います。

デカルトは一六四四年に『哲学の原理』（*Principia philosophiæ* プリーンキピア・ピロソピアエ）を出版しましたよね。この本は、先に触れましたように、のちに、デカルトの友人であるクロード・ピコ（Claude Picot, 16..?-1668）がフランス語に翻訳し、一六四七年にフランス語版が出版されるのですが、デカルトはそのフランス語版のために、「この書の訳者に宛てた、著者からの手紙」を書き、フランス語版ではこれが序文の代わりに付いています。

この手紙の中に、次のような一節があります。

真の哲学の第一部は、認識の諸原理を含む形而上学（la Metaphysique ラ・メタフィジック〔デカルトは Metaphysique にアクサン（アクセント記号）を付けていません。あとに出てくる Medecine や Mechanique についても同じです〕〕で、それらの諸原理の中に、神の主要な属性、われわれの心の非物質性、それに、われわれの中にあるすべての明晰で単純な概念の説明が含まれます。真の哲学の第二部は自然学（la Physique ラ・フィジック）で、そこでは、物質的なものの諸原理を見いだしたあとで、全宇宙（vniuers ユニヴェール〔綴りは現代の univers とは異なっていますが、u と v はもともと入れ換え可能な文字でした〕）がどのように構成されているかを一般的に検討し、それから、個別に、この地球の本性と、地球の周りにごく普通に見いだされるあらゆる物体の本性、例えば空気や水や火や磁石や、他の鉱物の本性がどのようなものであるかを検討します。それに続いて、植物の本性、動物の本性、とりわけ人間の本性を個別に調べることも必要です。これは、あとで人間にとって有益な他の諸学が見いだせるようにするためです。こうして、哲学全体は、一本の木（arbre アルブル）のようなものです。その根（racine ラシーヌ〔ここでは複数形 racines になっています〕）は形而上学で、幹（tronc トロン）は自然学で、この幹から出ている枝（branche ブランシュ〔これも複数形 branches で出てきます〕）は他のすべての学問であり、それら他のすべての学問は、三つの主要な学問、すなわち、医学（la Medecine ラ・メドシーヌ）と機械学（la Mechanique ラ・メキャニック）と道徳（la Morale ラ・モラール）に帰着します。（AT-IX-2, p. 14.）

デカルトはここで学問の全体を一本の木に喩えています。根は「形而上学」、幹は自然科学の基礎理論にあたる「自然学」、そして枝は、医学、機械学、道徳を中心とした諸学です。つまり、自然科学の基礎理論である「自然学」も含めて、諸学の全体と「形而上学」(第一哲学)とが区別され、形而上学は自然学を含む諸学に対して基礎を与えるものとされています。

以下では、形而上学と自然学とのこの関係を念頭に置きながら、話をさせていただきたいと思います(その理由は、いずれおわかりいただけることになっています)。

本章と次章では、まず、『省察』をもとに、デカルトの形而上学の考え方を見ていきます。そして、章を改めて、『哲学の原理』の説き方に沿って、「自然学」へと話を続けることにします。

†すべてを疑う(方法的懐疑)

デカルトの第一哲学(形而上学)は、すべてを疑うことから始まります。——小さい頃からたくさんの間違ったこと(偽なるもの)を正しいと思い込んで受け入れてきた。そして、そうした間違いからさらにさまざまな間違いを積み重ねてきた。だから、「一生に一度は」(semel in vitâ セメル・イン・ウィーター)そういうものからきっぱりと決別し、すべてを根底から覆して、最初の土台（基礎。ラテン語では単数形は fundamentum フンダーメントゥム、複数形は fundamenta フンダーメンタです。これ、あの「三つの夢」の中にも出てきましたよね。デカルトはここでも複数形を用いています）から新たに始めなければならない。（AT-VII, p. 17.）

こういう思いの吐露から「第一省察」は始まっています。

ここでデカルトは「すべてを根底から覆して」と言っていますよね。つまり、言わば心の中の知的大掃除です。これはデカルト哲学の際立った特徴の一つで、彼は少なくともこの第一哲学の分野では、多少とも疑わしいものは一切残すべきではないと考え、しかも、その第一哲学は、絶対に確かな「第一原理」から始まるものでなければなりませんでした。デカルトに典型的に見られるこうした学問観は、前章でも、「方法」に関するお話の中で見ていただきました。これにつきましては、いずれ別の章で検討することになりますが、ともかく、すべてを疑うことから、第一哲学の歩みが始まります。

「疑うこと」を「懐疑」と言います。しかも、デカルトの場合、真理に至る方法に沿ったプロセスとして行われる懐疑ですから、この懐疑はしばしば「方法的懐疑」（フランス語で doute méthodique ドゥート・メトディック）と呼ばれています。

†少しでも疑わしいものは偽とみなして排除する

デカルトはこの懐疑の過程を進めるにあたって、どんな理由であれ少しでも疑いの理由が見いだされるものはすべて退けるという方針をとります。この点は、『哲学の原理』では、明確に、

疑わしいものは偽なるものとみなすべきである（AT-VIII-1, p.5）

と表現されています。少しでも疑わしいとする理由が考えられるものは、すべて、間違いとみなして捨ててしまう——このような方針のもと、デカルトの心の中の大掃除は始まります。

†疑いの理由（1）——感覚はときとして欺く

私たちは実にたくさんのことを信じて生きていますよね。ですから、それら一つ一つをとりあげて、それに疑いの余地がないか調べるというのでは、きりがありません。そこで、デカルトは、私たちが信じていることを、大きく二つに分けます。

一つは、私たちが自分の感覚の働きによって信じるに至ったもので、つまりは目で見た

り触ってみたりして信じているものですが、これには人から聞いたり教わったりして信じているものも入ります。

デカルトは、直接感覚することによって信じているものについては「感覚から受け取った」（a sensibus accepi アー・セーンシブス・アッケーピー）（AT-VII, p. 18）という言い方をし、間接的に感覚を介して（つまり人から聞いて）信じているにものについては「感覚を介して受け取った」（per sensus accepi ペル・セーンスース・アッケーピー）（AT-VII, p. 18）という言い方をします（a［アー］は「から」という意味の前置詞、per［ペル］は「によって」、「を通して」、「を介して」という意味の前置詞です）。感覚を用いて信じるに至ったものにはこうした違いが認められますけれども、デカルトは、それらを一括して、それらに疑いの余地がないかを検討します。

他方、こうした、感覚によって信じるに至ったタイプのものとは区別して扱われるのが、数学的な知識です。これについてはのちほど取り上げます。そこで、まずは感覚の働きによって信じるに至ったものですが、デカルトは、これについては、感覚がわれわれを「ときに欺く」（interdum fallere インテルドゥム・ファッレレ）（AT-VII, p. 18）という点を指摘します。

私たちはときどき見間違えたり聞き間違えたりしますよね。デカルトは、一度でもわれわれを欺いたことがあるものには、けっして全面的な信頼を寄せないのが、賢明な態度である（AT-VII, p. 18）

と言います。つまり、今も、見間違い、聞き間違いをしている可能性がないとは言えないというのです。そこで、少しでも疑わしいものは排除するという先ほどの方針に従って、私たちが感覚によって信じるに至ったものは「偽」とみなしてすべて排除することになります。

†疑いの理由（2）——夢と覚醒の区別が明確ではない

ところが、ここでデカルトは、いったん立ち止まります。いくらこれまで感覚が私たちを欺いたことがあるといっても、それは例えば、すごく小さなものとか遠くにあるものとかについて私たちが見間違いをしたとかいったようなことであって、「今私がここにいること」、「炉端に座っていること」、「冬着を着ていること」、「この紙を手に持っていること」（AT-VII, p. 18）、こういったことについては、まったく疑うことができないのではないかと考え直してみるのです。デカルトのこの第一哲学（形而上学）は、もともと、あのファルツ＝ノイブルク公国の冬の炉部屋で考えられたことが発端となっていますので、「炉端に座っていること」とか「冬着を着ていること」とかが、疑えないと思われることの例として出てきます。

ところがデカルトは、ここで夢の話を持ち出します。実際には着物を脱いで横になっているのに、夢の中で、上着を着ているとか、炉端に座っているとか思うことがあるではないかと言うのです。確かに、今自分は目覚めてこの紙を見ており、手を伸ばすとそのことがはっきりと感じられて、こんなことが眠っている人に起こるはずがない。そう思いながらも、結局デカルトは、「睡眠中にだまされたことがあった」(AT-VII, p. 19) ことに注意を向け、その結果、

覚醒 (vigilia ウィギリア) と睡眠 (somnus ソムヌス) とを区別することのできる確かな印がまったくない (AT-VII, p. 19)

と言います。今自分が覚醒していることが明らかでない以上、「炉端に座っていること」、「冬着を着ていること」といった疑いようがないと思われたことについても、もしかしたら夢かもしれないという疑いの可能性が出てきます。こうして、「感覚がときに欺くこと」、「夢と覚醒時とを確実に区別する印が見あたらないこと」という二つの理由によって、デカルトは、感覚によって信じるに至ったものをすべて廃棄するのです。

†疑いの理由（3）――数学でも間違えたことがある

ところが、数学的知識は、夢の中でも覚醒時でも関係なく、もしそれが成り立つならそれは正しい（真である）と考えられますよね。けれども、『哲学の原理』（一六四四年）では、数学の証明や自明とされていた原理においても誤りを犯す人がいることが指摘されます。先ほど、感覚によって信じるに至ったものについて、感覚がときに欺くことを理由にそれらを全面的に排除しようとしたように、『哲学の原理』では、数学でも間違えることがあるということを理由に、数学の証明等も疑わしく、したがって排除すべきであるという論をまず示します。

†疑いの理由（4）――欺く神

しかし、感覚によって信じるに至ったものについて、デカルトは、「感覚がときに欺く」ことを理由にすべてをいったん排除しようとしながら、一度は考え直しましたよね。「炉端に座っていること」、「冬着を着ていること」といったことは、それでも疑えないのではないかと。それと同じように、数学に対する懐疑の場合でも、デカルトは考え直そうとします。『省察』でデカルトが挙げる例は、「二に三を加えると五になる」（AT-VII, p. 20）や、「四角形は四つの辺しか持たない」（AT-VII, p. 20）といったものですが、いくらなんでもそれらが「虚偽の嫌疑をかけられることはありえない」(AT-VII, p. 20) と考え直すのです。ところが、そこにデカルトは、神を持ち出して、それらも疑いの可能性があると論を進めます。

その議論はこうなっています。われわれは、全能の神 (Deus デウス) が存在し、私はその神によって造られたのだと聞かされている。とすれば、この神は、実際には天も地も形も大きさもなにもないにもかかわらず、そうしたものが存在すると私に思わせようとしているのかもしれない。そればかりでなく、私が二に三を加えるたびに、あるいは四角形の辺を数えるたびに、私が間違えるようその神がしむけているのではないか。つまり、二に三を加えると本当は五ではないのに、五になると思い込むよう、あるいは、四角形は本当は四つの辺を持っているわけではないのに、四つの辺を持っていると私が間違って思い込むようしむけているのではないか。さらに別の言い方をすれば、欺く神がいて、私たちが常に間違えるよう私たちを造った可能性が排除できないのではないかと言うのです。

『省察』の少しあとの箇所では、デカルトは「神」を、ある「悪い霊」(genius malignus ゲニウス・マリグヌス) と言い換えています。彼は「悪い霊が、〔……〕あらゆる策を弄して、私を誤らせようとしている」(AT-VII, p. 22) と考えることにし、数学で言われていることも含め、あらゆることを信じるのをやめようと結論するのです。

先ほどの言い方からもわかりますように、この「欺く神」ないし「悪い霊」の想定は、数学だけでなく、天があるとか地があるとかいった、感覚によって信じていることにも適用されます。つまり、この最後の疑いの理由は、懐疑の過程全体を締めくくるような役割を担っているのです。

こうしてデカルトは、なにも信じるものがないという状態に自分を追い込みます。「天や空気や地や色や形や音、その他一切の外的なもの」は「夢」にすぎず、自分自身についても、手や目や肉や血や感覚器官を一切持っていないとするのです(AT-VII, pp. 22-23)。こうして、「第一省察」が終わります。

†ハードルが高ければ高いほど

デカルトが疑いの理由として挙げたものを振り返ってみますと、「感覚がときとして欺く」とか「数学の証明でも間違えたことがある」とかいうのはともかく、「夢と覚醒の区別が明確でない」とか、とりわけ、最後の「欺く神」ないし「悪い霊」の想定に至っては、なんだかあまりに度を超えていると思われるかもしれませんね。

デカルトとしては、少しでも疑わしいものは残したくないという思いがあるのですが、それとともに、そういう疑いのハードルが高ければ高いほど、そのハードルを越えて現れる疑いようのないものは、その確実さの度合いがずば抜けて高いということになります。ですから、仮に「欺く神」の想定が現実離れしすぎていると思われても、デカルトにとってはそれだけ、所期の目的、つまり確実なものを見つけるという目的を、よりよく達成することになるのです。

†アルキメデスの（支）点

「第二省察」では、アルキメデスの話が出てきます。デカルトはまず今の自分の状態を、疑いの渦巻く深みに投げ込まれて溺れかかっている人に喩えます。自分はひどくうろたえ、底に足を着けることも泳いで水面に顔を出すこともできないと言います。

アルキメデスの話というのはこうです。その昔、古代ギリシャの科学者アルキメデス（Ἀρχιμήδης, c. 287–212 B. C.）は、梃子《てこ》の原理を研究テーマの一つとしていて、彼については、「私に支点を与えよ。さすれば、地球を動かしてみせよう」という言葉が伝えられています。デカルトはこれを念頭に、アルキメデスが地球を動かすのに必要としたのは「確固不動の点」（punctum [...] firmum & immobile プンクトゥム〔……〕フィルムム・エト・インモービレ）だけであったが、それと同じように、自分にも「確実でゆるぎないもの」が見つかれば、希望が持てるのだが（AT-VII, p. 24）と言うのです。

デカルトのこの言い回しをもとに、「アルキメデスの点」（ドイツ語では archimedischer Punkt アルヒメーディッシャー・プンクト、英語では Archimedean point アーキミィーディアン・ポイント）という言葉が、現代思想でよく用いられています。すべてを支える、絶対に確かな知識のことです。現象学を創始したフッサール（Edmund Husserl, 1859–1938）をはじめ（Edmund Husserl, *Erste Philosophie*（1923/24）, Zweiter Teil, ed. Rudolf Boehm [Husserliana, viii; Den Haag: Martinus Nijhoff, 1959], p. 69）、さまざまな哲学者がこれを用いています。

†我思う、ゆえに我あり

さてそこでデカルトは、はたと気づくのです。自分は今何をしているのか。すべてを疑い、確かなものはないと考えている。それなら、私がそのように疑い考えている以上、そのように疑い考えている私があること、存在することは、疑いようがないのではないかと。『省察』では、私が、自分に対して、すべてが疑わしくなにもないと考えるよう説得したとすれば、そのように説得した当の私は確かに存在したのだし、また、狡猾な欺き手がいつも私を欺いているのなら、それでもやはり、欺かれている私は確かに存在するのだと言っています。また、『哲学の原理』では、「われわれが疑っている間はわれわれが存在していることは疑えない」（AT-VIII-1, pp. 6–7）という言い方をしたり、神も天も物体もないとかわれわれの手も足も身体もないとか想定するのは容易だが、このようなことを考えているわれわれが存在しないと想定することはできない、なぜなら、「考えているものが考えているまさにそのときに存在しないというのは矛盾しているからである」（AT-VIII-1, p.

い」と言っています。

そこで、『省察』では、「「私はある、私は存在する」（*Ego sum, ego existo* エゴー・スム、エゴー・エクシストー）というこの言明は、私がこれを発するたびに、あるいは心がそれを捉えるたびに、〔……〕必然的に真である」（AT-VII, p. 25）とデカルトは結論します。『省察』では、よく言われる「我思う、ゆえに我あり」とか「私は考える、ゆえに私はある」とかいった定式は、本文では出てきません。デカルトの著作の中で、この定式が最初に出てくるのは、一六三七年の『方法序説』です。前章で触れましたが、デカルトはその第四部で、「私がこのようにすべては偽であると考えようとしている間も、そのように考えている私は必然的になにものかでなければならない」（AT-VI, p. 32）と言ったあと、求めていた哲学の「第一原理」（premier principe プルミエ・プランシップ）として、「我思う、ゆえに我あり」（もしくは「私は考える、ゆえに私はある」）を、フランス語で挙げています。すなわち、ie pense, donc ie suis（ジュ・パンス、ドンク・ジュ・スイ）です（ie は現在の綴りでは je ですから、je pense, donc je suis となります。je pense ジュ・パンスは「私は考える」。donc ドンクは「ゆえに」、「したがって」。je suis ジュ・スイは「私はある」を意味します）。また、そのラテン語版 cogito ergo sum（古典期の発音ではコーギトー・エルゴー・スム）は、『省察』の本文ではなく「第二答弁」の中に「私は考える、ゆえに私はある、すなわち私は存在する」（*ego cogito, ergo sum, sive existo* エゴー・コーギトー、エルゴー・スム、シーウェ・エクシストー）（AT-VII,p.140）という形で出てきたあと、『哲学の原理』第一部第七節に *ego cogito, ergo sum*（エゴー・コーギトー、エルゴー・スム）の形で出てきます（AT-VIII-1,p.7）。cogito（コーギトー）は「私は考える」、ergo（エルゴー）は「ゆえに」、sum（スム）は「私はある」、「私は存在する」を意味します。ラテン語は動詞の活用がしっかりしているので、人称代名詞がなくても、動詞の形だけで、人称代名詞がなんであるかがわかります。そのため、よく知られている定式では、「私」にあたる言葉（ego エゴー）が省略されていて、動詞の「コーギトー」（私は考える）と「スム」（私はある）だけが、「エルゴー」（ゆえに）でつながれた形になっています。長母音を短く読めば、「コギト・エルゴ・スム」です。

†「考えるもの」としての「心」

こうしてデカルトは、懐疑の過程の最後のところで、「アルキメデスの点」を見いだします。私が考えている限り、私の存在は否定できないということを、デカルトは秩序正しく考える場合に最初に見つかる絶対に確実なものとして、それに特別の地位（すなわち「第一原理」としての地位）を与えます。

次いで、デカルトは、この「私」（ego エゴー）なるものを「心」すなわち「考えるもの」と捉えます。心というのはラテン語では mens（メーンス）です。我が国では「精神」

という訳語がよく用いられています（本書では、他の哲学者の思想との関連を考慮して、「心」という訳で通します）。この「私」が何であるかというと、これまでの懐疑の過程で、物体的なものはすべてその存在が認められなくなりましたよね。それなのに、それらの物体的なものが一切ないとしても絶対に疑うことができないものとして「私」の存在が確認されたのですから、その「私」がなんらかの物体であるというわけにはいきません。そこで、デカルトが思い至るのが、「心」としての「私」、言い換えれば「考えるもの」としての私です。

『省察』ではデカルトは繰り返しラテン語で res cogitans（レース・コーギターンス）という言葉を用います。res（レース）はラテン語で「もの」、cogitans（コーギターンス）はラテン語の cogito（コーギトー、「考える」）という動詞の現在分詞で、「考えている」といった形容詞的な意味を持ちます。ですから、res cogitans は「考えているもの」、もしくは「考えるもの」を意味します（ラテン語では、形容語は形容される名詞のあとに置かれるのがより自然です）。デカルト以後、例えばジョージ・バークリ（George Berkeley, 1685-1753）のような英語圏の人は盛んに心を thinking thing と言い換えますが、これはデカルトが「心」の言い換えとして用いている res cogitans（考えるもの）の英語版です。

ところで、デカルトは、「考える」（cogito）という動詞を非常に広い意味で用います。彼は「考えるもの」をさらに言い換えて、「疑い、理解し、肯定し、否定し、意志し、意志せず、想像し、感覚するもの」（AT-VII, p. 28）としています。この点は、十分に押さえておく必要があります。

†蜜蠟の話

さてここでデカルトは、「蜜蠟」（cera ケーラ）の話を挿入します。この話は、デカルトの第一哲学を論じるときに、よく取り上げられる話題の一つです。

ミツバチ（蜜蜂）の働きバチは、腹部にある蠟腺から蜜蠟を分泌し、これで巣を作ります。ヨーロッパではミツバチの巣を加熱して蜜蠟を採取し、ロウソクなどを作りました。デカルトはこの蜜蠟を例に挙げて、ここで物体について論じます。

なぜデカルトがここでこのような話をするのかと言いますと、それは、今までの話では、疑いようのない絶対に確かなものは、「私がある」ということであり、またその「私」は「心」であるということでしたよね。ところが、日常的には、「私」や「心」よりも、感覚によってじかに捉えることができる物体のほうがはるかに明確に知られるのではないかという見方があります。そこで、「すべてのもののうちで最も判明に理解される」（AT-VII, p. 30）と一般に思われている物体について、本当にそうなのかどうかを検討しようというのです。

デカルトは、蜂の巣から取り出されたばかりの蜜蠟を取り上げ、それがまだ蜜の味や花の匂いをいくらか残していて、色、形、大きさは明らかで、「固く、冷たく、容易に触れられる」という触覚的な特徴や、指先で叩けば音が出ることを、まずは確認します。ところが、この蜜蠟を火に近づけてみますと、味も匂いも失われ、色は変わり、形は崩れて大きさが増し、液化し、熱くなり、ほとんど触れることができず、叩いても音が出なくなります。

そこでデカルトは、「これでもまだ同じ蜜蠟なのか」と尋ねます。そして、「そうだと認めなければならない。誰もそれを否定することはなく、誰もそのようにしか考えない」(AT-VII, p. 30) と答えます。同じ蜜蠟だと言っても、ずいぶんと様子が違っていますよね。「味覚」や「嗅覚」や「視覚」や「触覚」や「聴覚」で感覚していたものが、今やすっかり変わってしまいました。でも、それでもやはり、そこにあるのは先ほどの蜜蠟には違いありません。同じ蜜蠟が、さっきまではこんなふうだったけど、今はこんな状態になっている、というわけです。

ここでデカルトは、物体の一つであるこの蜜蠟に関して、先ほどまで「判明に理解される」と思っていたものは一体何だったのかを自問します。感覚される蜜蠟の様子はすっかり変わっているのですから、感覚されるものが感覚の働きそのものによって「同じ物体」と解されていたわけではないと、デカルトは考えます。そして、明確に理解されていたのは、それがそのようにさまざまに変化しながら私に現れるなにものかであるということだと、デカルトは話を続けます。では、そうした変化するものをすべて取り去ってしまえばあとに何か残るのか。デカルトはそれを、「広がり〔延長〕を持った、しなやかで、変化しやすいあるもの」（AT-VII, p. 31）と表現します。

こうしてみると、ある物体について、感覚の働きが私たちに示すものは多様に変化するものの、にもかかわらずそれを「同じ物体」として捉える働きが私たちの心にはあって、その働きは、感覚の働きとはどうも別ものののようですよね。デカルトは、蜜蠟の議論によって、このことを少しずつ浮き彫りにしようとしているのです。

デカルトは、さらに次のように論を続けます。私は物体が「変化しやすい」ことを知っているが、それは、蜜蠟が丸い形から四角い形になったり、四角い形から三角になったりすることを「想像すること」なのか。そうではない。なぜかと言えば、私は蜜蠟が無数の変化を被るものであることを知っているにもかかわらず、想像力によってその変化のすべてをたどり尽くすことはできないからである。――確かに、形に関して言えば、想像力によってできるのは、異なる形を一つ一つ想像することでしかありません。それはいくら頑張っても、有限個の可能性を想像するにすぎません。にもかかわらず、私は蜜蠟が限りなくその形を変えることができるということを理解しています。とすると、限りない変化の可能性を理解する能力は、有限個の可能性しか想像できない想像の能力ではないと言わざるをえないようですよね。このようにして、デカルトは、感覚や想像の働きとは異なる私たちの心の働きに目を向けさせようとするのです。

先ほど、「広がり〔延長〕を持った、しなやかで、変化しやすいあるもの」という言い回しの中で、「広がり」(extensio エクステーンシオー)という言葉が出てきました。ここで言う「広がり」は、縦、横、高さの三つの次元で広がっているということです(本書では、「広がり」という訳語とともに、よく使われている「延長」という訳語も用います。同じことを意味します)。この広がりは、想像力を用いていろいろと変えてみることができますけれども、先ほど言いましたように、私が捉えている物体の変化には数限りない可能性があり、想像力ではその無限の可能性をすべて捉えることはできません。どれほど頑張ってみても、限られた時間の中で想像できる形や大きさは、有限個ですからね。にもかかわらず、私は物体を、そうした数限りない変化をなしうるものと理解しているのです。

ここからデカルトは、「この蜜蠟が何であるかを、私はけっして想像する(imaginor イマーギノル)のではなく、もっぱら心によって捉える(percipio ペルキピオー)」(AT-VII, p. 31)と言います。その心の働きは、「心の洞見(mentis inspectio メンティス・イーンスペクティオー)」(AT-VII, p. 31)とも言われます。そして、蜜蠟がそこにあるとき、私は色や形やさまざまなものをそこに感覚するものの、そのような感覚の働きがそれを「蜜蠟」として捉えているのではなく、それを「蜜蠟」として捉えているのは「私の心の中にある判断の能力」(judicandi facultas ユーディカンディー・ファクルタース)(AT-VII, p. 32)であると、デカルトは論じます。

デカルトは、このように論じたあとで、先ほどの問題に戻ります。蜜蠟の話に入る前に確認されていたのは、疑いようがないのは「私がある」ということであり、またその「私」は「心」であるということでした。ところが、日常的には、感覚によってじかに捉えることができる物体のほうがはるかに明確に知られるのではないかという思いが私たちにはあります。そこでデカルトは、「すべてのもののうちで最も判明に理解される」と一般に思われている物体について、物体の一つである蜜蠟を取り上げながら、本当にそうなのかを検討しようとしたんですね。で、その結果、同じ蜜蠟が存在すると捉えているのは、「私の心」の「判断の能力」であるということになりました。そこから、デカルトは、次のような結論を導きます。私が蜜蠟を見ることから、私自身もまた存在することが帰結し（なにしろ、見ているのは「私」ですからね）、しかもその場合、私が蜜蠟の存在について判断を誤るとしても（例えば、蜜蠟は存在していないのに存在していると判断するとしても）、判断しているのは「私」である以上、私の存在のほうが蜜蠟の存在よりも「いっそう明証的に帰結する」（AT-VII, p. 33）。蜜蠟が存在するという判断は間違っている可能性があるけれども、「私」がそう判断している以上、そう判断している「私」が存在しないということはありえない、と言うのです。私が見ているものが蜜蠟ではないということはありうることですが、私が蜜蠟を見ていると思うときに、こう思う私が存在しないということはありえないと、デカルトは考えるのです。

蜜蠟に関するこの一連の考察から、デカルトは一つの結論を導きます。はっきりと捉えられると思われていた物体よりも、それを捉えている心のほうがよりいっそう明証的に捉えられる。これが、その結論です。

ところで、この一連の議論の最後のところでデカルトは、「物体そのものは、本来は、感覚や想像力によってではなく、ひたすら知性（intellectus インテッレークトゥス）によってのみ捉えられる」（AT-VII, p. 34）と言い、「知性」という私たちの能力に言及しています。先ほどは「感覚」や「想像」の働きに「判断の能力」が対置されていましたが、ここでは「知性」が対置されています。「知性」というこの能力は、今後の議論でも繰り返し出てきます。ご留意いただければ幸いです。

†明証性の規則

デカルトは、このように、「第二省察」の最後で、「私の心ほど容易にかつ明証的に私によって捉えられるものはない」（AT-VII, p. 34）ということを確認します。そして、続く「第三省察」の最初のところでは、「私は自分が考えるものであることを確信している」ことから、私はそのことともに、「あることについて確信を抱くために何が必要かということも知っているのではないか」（AT-VII, p. 35）と話を続けます。デカルトによれば、心ないし考えるものとしての私が存在するという認識の中には、「明晰判明な把握」(clara & distincta perceptio クラーラ・エト・ディスティンクタ・ペルケプティオー)(AT-VII, p. 35)しかありません。そこからデカルトは、「私がきわめて明晰判明に把握するものはすべて真である」(AT-VII, p. 35)ということを、「一般的規則」(regula generalis レーグラ・ゲネラーリス)として立てようとします。

デカルトが「明晰に」(clare クラーレー)と言う場合には、明らかであるということが意味されています。また、「判明に」(distincte ディスティンクテー)と言う場合には、明らかであるとともに、他のものからはっきりと区別されているということが意味されています。そして、この「明晰」と「判明」を用いて表現される「私がきわめて明晰判明に把握するものはすべて真である」という右の一般的規則は、しばしば「明証性の規則」と呼ばれています。

因みに、デカルトは「明晰」、「判明」という言葉の意味を、『哲学の原理』第一部第四五節で説明しています。参考のため、その箇所を引用しておきましょう。

注意している心に現前し明示されている把握を、私は明晰な把握(perceptio clara ペルケプティオー・クラーラ)と呼ぶ。それはちょうど、直観している目に現前し、十分に強く明確に目を刺激するものを、われわれは明晰に見ると言うようなものである。そして、明晰であるとともに、他のすべてのものから分離され切り離され、そのうちに明晰なもののしか含まないような把握を、私は判明な把握（perceptio distincta ペルケプティオー・ディスティンクタ）と呼ぶ。（AT-VIII-1, p. 22.)

さて、明証性の規則が無条件に妥当するのであれば、ここからデカルトは、この規則のみに従って論を進めていけばいいですよね。ところが、デカルトがとる道はそうではないのです。

いったん明証性の規則を立てるかのように言いながら、デカルトはここで「観念」という言葉を持ち出し、観念の論理の基本形の一つを提示する方向へと進みます。

†「観念」の論理（1）

デカルトは、まず、「以前に私がまったく確かで明白であるとして受け入れていたことで、あとになって疑わしいとわかったことがたくさんある」（AT-VII, p. 35）という点を指摘します。ということは、単に「明証性の規則」にかなうというだけでは、またあとになって疑わしいとわかる可能性が残るのではないかというわけですよね。それで、デカルトはこの件にこだわって、次のように言うのです。そもそも、そうした事例において、自分は何を明晰に捉えていたのかと言えば、それは「言うまでもなく、そういったもの（例えば地や天や星など」の観念そのもの、すなわち思考そのものが、私の心に現れるということであった」(AT-VII, p. 35)と。しかも、「それらの観念が私の中にある」(AT-VII, p. 35)ということを、「私は〔……〕否定してはいない」(AT-VII, p. 35)と言うのです。

ここに導入される「観念」(ラテン語で idea〔イデア〕)というのは、古代ギリシャの ἰδέα(イデアー)にルーツを持つ言葉ですが、デカルトはこの言葉を心に現れ意識されるものすべてを表すのに使用します。例えば今、目の前の花を見ているとしますと、その色や形が見えていますよね。それは心に現れ意識されていますから、「観念」なんです。どこにあるのかというと、「私の中」、「心の中」です。

え、花なんですから、それが心の中にあるなんて、おかしい? ですよね。でも、デカルトは、すでにいわゆる「二重存在」説を認める立場をとっているのです。どういうことかと言いますと、今デカルトの論述の中では、物体はすべてその存在が否定されていますけれども、これが仮に普通に考えて、ある(存在する)としますと、その物体から私たちの感覚器官になんらかの刺激(影響)が与えられて、それで私たちに色や形が見えることになります。そうしますと、ある一連の因果的なプロセスを経て色や形が見えるという状態が成立していることになりますから、私たちの感覚器官を刺激する物体と、その刺激の結果私たちが感じる色や形は、別ものだということになります。日常的には、私たちは直接物を見たり物に触れたりしていると思っているのですが、西洋の科学史の中では、外に実在するものと私たちが感覚的に感じているものは、別のものとして扱われるのが、古代のギリシャ以来、常だったのです。

実在する物体と、それから刺激を受けて私たちが感じるなにかという二つの種類のものの存在を認める立場を、ジョージ・バークリの言葉を借りて「二重存在」(twofold existence)説と言うことにしますと(これについては、冨田『観念論の教室』ちくま新書、二〇一五年、第3章をあわせてご参照いただければ幸いです)、デカルトはこの二重存在説を当然のこととしているんですね。それで、彼は、私たちの心に現れ意識されているものを、先ほど言ったような仕方で「観念」と呼ぶのです。

注意が必要なのは、デカルトが「観念」と呼んで心の中に位置づけているものは、私たちが現に感じている色や音や形などの「感覚」、あるいはそれを記憶や想像力でもって心の中に淡く再現した「心像」だけではありません。私たちは例えば「神」について考えたり、自然数の単位としての「一」について考えたりすることができますよね。そのようなものは、それ自体を感覚したり、心像として心の中に描いたりすることはできません(神について言えば、正統派のキリスト教では、感覚されたり心像として心の中に描かれたりするものは物体でしかなく、神は物体ではありませんから、本来神は感覚や心像にはなりえないのです)。けれども、私たちは「神」について考えたり「一」について考えたりすることができます。そうした場合に、私たちは「神の概念」や「一の概念」を扱っているとか「神」や「一」

という言葉の「意味」を理解しているとか言ったりするのですが、ともかくそういう、私たちが感覚や心像ではなく思考の対象として考えているものについても、デカルトはそれを「観念」と呼びます（デカルトのこの「観念」の用法は、ロック［John Locke, 1632–1704］に引き継がれます。彼らの用法は、概念をも観念に含める点において、のちのバークリやヒューム［David Hume, 1711–1776］のそれとは異なりますので、注意が必要です）。

こうしたさまざまな観念が心の中に現れるとき、「観念が私の中にあること」は「明晰」で否定できないとデカルトは考えます。例えば今色が見えているとしますと、二重存在説を認めるデカルトにとっては、その見えている色は「心の中」の「観念」で、その観念は、心によって知覚されている限り、その存在を否定することはできないのです。

このように、デカルトにとって、心の中にある観念の存在は否定できないのですが、その観念について、「以前に私がまったく確かで明白であるとして受け入れていたことで、あとになって疑わしいとわかったこと」があると言うのですね。言い換えれば、自分が認めていたことのうちには、「明晰に捉えていると思い込んでいたものの、本当は捉えていなかったことがあった」（AT-VII, p. 35）と言うのです。デカルトによれば、それは「私の外にそれらの観念を生ぜしめたものがあり、しかもそれらの観念はそれを生ぜしめたものとまったく似ている」（AT-VII, p. 35）ということでした。

デカルトのこのあたりの議論は、これまでの私の説明からお察しいただけると思うのですが、当時の常識もしくは自然科学の考え方が使われています。けれども、それについてはまたのちほど（とりわけ第4章で）立ち入ることにして、デカルトの議論をもう少し追ってみましょう。彼は、心の中の観念と、心の外にあって観念を生ぜしめるものとを区別し、観念を生ぜしめるものの存在、および、それと観念との関係については、私は明晰に認知していないのだと言っているわけですよね。となると、その「明晰に捉え」ていないものをどうするかが問題になります。特に、観念を送り込むものがもし物体だとしますと、今物体の存在は否定されたままですよね。ところが、これを否定したままで第一哲学を終えるわけにはいきません。第一哲学は、自然学をはじめとする諸学の基礎学で、自然学は物体を扱う学ですから、デカルトとしては、第一哲学の中で物体を復活させるところまで話をつないでいかなければなりません。ですから、物体をどのようにして回復させるかが、デカルトにとってこれからの大きな課題なのだということが、おわかりいただけると思います。

†デカルトの今後の方針

いったん明証性の規則を立てるかに見えながら、デカルトはこのような理由から逡巡します。ところが、話はそれだけでは終わりません。「観念」と「観念を生ぜしめるもの」の話のあとで、デカルトは今度は先ほど話題にしていた「二に三を加えると五になる」という例をもう一度取り上げます。そして、あの「欺く神」（悪い霊）の想定によってそういったものですら間違っている可能性があるとしたことを、読者に思い出させます。

ここでデカルトは、自身の見解の揺れを表明しています。デカルトは、一方では「もし神がそうしたいと思うなら」、「私が心の目によってきわめて明証的に直観すると思うことにおいてさえ」、「私を誤らせることは神にはたやすいことである」（AT-VII, p. 36）と言い、「欺く神」の想定が持つ強い力を認めるのですが、そのすぐあとで、神がいくら私を欺こうとしても、私が自分をなにものかであると考えている間は、けっして私を無にすることはできないだろうし、二足す三が五ではないようにすることはけっしてできないだろう、なぜなら、そこに「私は明らかな矛盾を認める」（AT-VII, p. 36）からである、と言うのです。

ここには、「欺く神」の想定の持つ破壊力か、「私の明証的把握」の持つ明証性の強さかという、二項の間の綱引きがあります。

ところが、デカルトはその綱引きをあっさりとやめてしまい、神が存在するかどうかは不確かだし、その神が欺く神かどうかも明確ではないので、「欺く神」の想定に基づく疑いの理由は「きわめて薄弱」（AT-VII, p. 36）だと言うのです。ということは、結局のところ、この時点では、「私の把握」が持つ「明証性」の強さが、何が絶対に確かであるかの最終的根拠であって、あの「明証性の規則」だけでいいと言っているように見えますよね。

ところが、そう言いながらデカルトは、そんな薄弱な理由ですら「除去する」ために、「神がある〔存在する〕かどうか」(AT-VII, p. 36)、「もし神がある〔存在する〕とすれば、神が欺く者であるかどうか」(AT-VII, p. 36)を早急に検討しなければならないと、話を続けます。「このことが知られない限り、私は他のなにごとについてもまったく確信を持つわけにはいかない」(AT-VII, p. 36)と言うのです。

そんなわけで、懐疑の過程で想定した「欺く神」について、そもそも神が存在するかどうか、存在するとすればそれはわれわれを欺く悪い神であるかどうかを、以後順次検討することになります。

デカルトのこの神についての考察は、「明証性の規則」の是非に関わるだけでなく、物体の存在を証明するための布石という重要な役割を担っています。この点を念頭に置きつつ、話を先に進めましょう。

†誤りはどこにありうるか

しかし、デカルトはすぐに神の存在の証明にかかるわけではありません。彼はその前に、そもそも私が意識しているもののどういうところに真であるとか偽であるとかいったことがありうるのかを調べておかなければならないと言います。

私が意識しているもの、つまり、「観念」ですよね。あくまでこれが、デカルトにとっての考察の対象です。その私が意識しているもののうち「あるものはいわばものの像(rerum imagines レールム・イマーギネース〔イマーギネースは複数形で、単数形は imago イマーゴーです。英語の image の基になったラテン語です〕)であって、本来これにのみ、「観念」という名前があてはまる」(AT-VII, p. 37) とデカルトは言います。例としてデカルトは、「私が人間やキマイラや天や天使や神を考えるときのように」(AT-VII, p. 37) というのを挙げています。人間やキマイラ(頭はライオン、胴体は山羊、尻尾が蛇からなるギリシャ神話に出てくる怪物)や天や天使や神を考えるとき、私たちはなんらかの対象を心の中で考えていますよね。ですから、これらは意識の対象である限りにおいて、心の中の「観念」なのです。

そうした観念は、私があることをしようと意志したり、あることを恐れたり、あることを肯定したり、あることを否定したりするときにももちろん現れますが、意志するときには観念のほかに意志と呼ばれる心の働きが意識されますよね。また、恐れる場合にはその恐れの対象が観念として意識されるとともに、恐れという感情もまた意識されますよね。それから、肯定したり否定したりするときにも、その肯定・否定の対象となるものが観念として意識されるだけでなくて、(肯定・否定という) 判断を行っていることが、意識されますよね。こんなふうに、デカルトは意志 (voluntas ウォルンタース)、感情 (affectus アッフェクトゥス)、判断 (judicium ユーディキウム) というあり方を、それぞれにおいて現れる観念とは区別した上で、それらのどこに虚偽（間違い）の可能性があるかを調べていきます。

まず、デカルトは観念を取り上げ、単に観念を想像したり考えたりするだけでは、間違いはありえないことを確認します。単に想像したり考えたりしているだけですからね。架空の動物であるキマイラを考えようが、実在する山羊を考えようが、単に考えているだけでは偽ではありません。同様に、意志したり感情を抱いたりする場合でも、そのように意志したりそのような感情を抱いたりすること自体は真偽が問われるものではないとデカルトは考えます。それで、残るのは判断の場合です。

デカルトは、間違いが起こりうるのはこの判断においてであると考えます。そして、これについて彼は、次のように述べています。

判断のうちにある主要な最もよくある誤りは、私の中にある観念が、私の外にあるなにものかに似ている、あるいは合致している、と私が判断するところにある。（AT-VII, p. 37.）

ここでもデカルトはしっかりと「私の中にある観念」、「私の外にあるなにものか」という内と外の対比を当然視していて、古代からよく言われるように、心の中のものが心の外のものと合っているかどうかという観点から、誤りの可能性を考えています。

†観念の分類――生得観念・外来観念・作為観念

デカルトは、ここまで話を進めた上で、今度は観念の分類にかかります。彼は、ある観念は生まれながらにしてわれわれが持っている観念、つまり「生得観念」(idea innata イデア・インナータ)であると言います。また、あるものは外から来たもの、つまり「外来観念」(idea adventitia イデア・アドウェンティーティア)であると言います。そして、もう一つは、「私自身によって作り出されたもの」(idea a me ipso facta イデア・アー・メー・イプソー・ファクタ)(AT-VII, p. 38)あるいは「私が作ったもの」、つまり「作為観念」(idea facta イデア・ファクタ)です。「作為」というのは「わざと手を加えた」という意味ではなく、単に「私が作った」という意味でご理解ください。

おもしろいことに、デカルトは、自分は「もの」(res レース)や「真理」(veritas ウェーリタース)や「思考」(cogitatio コーギターティオー)がどういうものかを理解しているが、こういう理解は「私の本性そのものから得られる」(AT-VII, p. 38)としています。言い換えると、「もの」や「真理」や「思考」の観念は、とりあえず「生得観念」だと言うのです。これに対して、音を聞き、太陽を見、火を感じるとき、「私はこういった感覚を、なにか私の外にあるものから出てくるとこれまで判断してきた」(AT-VII, p. 38)と言います。

つまり、「音」や「太陽」や「火」の観念は、とりあえず「外来観念」だと言うのです。そして、最後に、「セイレーン」や「ヒッポグリュープス」の観念を、とりあえず「作為観念」としています。

セイレーンは、ギリシャ神話に出てくる上半身が人間の女性で下半身は鳥の姿をしている怪物で、のちに半人半魚の怪物とされてきたものです。また、ヒッポグリュープス（hippogryphus）は、フランス語でグリフォン（griffon）、英語でグリフィン（griffin）、ギリシャ語でグリュープス（γρύψ）、ラテン語でグリュープス（gryps もしくは gryphus）と言われている、鷲の翼と上半身、ライオンの下半身からなる伝説上の動物がいますが、これと雌馬との間に生まれた、上半身が鷲で下半身が馬の、架空の動物のことです。ローマの詩人ウェルギリウス（Publius Vergilius Maro, 70–19 B. C.）の『牧歌』（*Bucolica* ブーコリカ）の「牧歌八」（Ecloga VIII）に、Iungentur iam grypes equis（ユンゲントゥル・ヤム・グリューペス・エクィース「今やグリュープスは雌馬とつがうであろう」）という一節があり、この一節に示唆されたルネサンス期の詩人が考え出したものです（グリュープスが馬を憎みこれを食べることから、そもそも、「グリュープスと馬の交配」は、「ありえないこと」を意味していました。なお、ギリシャ語で馬を ἵππος（ヒッポス）と言います。「ヒッポグリュープス」の「ヒッポ」は、これに因んでいます）。ですから、こうしたものが「作為観念」であるというのは、いかにもそれらしいということになります。

けれども、デカルトはこのような分類を示しながらも、すぐに自分は「これらの観念の真の起源を明晰に見極めていない」(AT-VII, p. 38) として、まだすべての観念を「生得」と考えることも、すべての観念を「外来」と考えることも、あるいはすべての観念を「作為」と考えることもできると言い、先の分類を最終的なものとはしていません。

†外来観念の考察——似ているか似ていないか

デカルトはこうした暫定的分類に基づき、「私の外に存在するもの(res extra me existentes レース・エクストラー・メー・エクシステンテース)から取られたと私が見る観念」(AT-VII, p. 38) すなわち「外来観念」についての考察を続けます。デカルトが問題にするのは、こうした観念が外にあるものと似ていると私が考えるのはどうしてかということです。

デカルトは、これについて、例えば私は今熱を感じているが、この熱の感覚は私の意志には依存せずに感じられ、そのため私は「この感覚すなわち熱の観念」(AT-VII, p. 38) を、私とは別の、私のそばにある「火の熱」が、それ自身に似たもの(similitudo シミリトゥードー)を私の中にもたらしたものと考えるようになる、という説明を行います。けれども、デカルト自身は、外にあるものがそれ自身に似た観念を私たちに与えると考えるのには反対で、このような考えが妥当かどうか検討することを提案します。

この問題、先にも出てきましたよね。数節前のところで、私は次のように説明しました。

このように、デカルトにとって、心の中にある観念の存在は否定できないのですが、その観念について、「以前に私がまったく確かで明白であるとして受け入れていたことで、あとになって疑わしいとわかったこと」があると言うのですね。言い換えれば、自分が認めていたことのうちには、「明晰に捉えていると思い込んでいたものの、本当は捉えていなかったことがあった」(AT-VII, p. 35)と言うのです。デカルトによれば、それは「私の外にそれらの観念を生ぜしめたものがあり、しかもそれらの観念はそれを生ぜしめたものとまったく似ている」(AT-VII, p. 35)ということでした。

そうなんです。自分は「私の外にそれらの観念を生ぜしめたものがあり、しかもそれらの観念はそれを生ぜしめたものとまったく似ている」と思い込んでいたけれども、それは本当はちゃんと確認していなかったことなんだと言っているのです。デカルトがどうしてこのようなことにこだわっているのか、その理由はいずれ明確になります。ですから、今しばらくは、彼の論を続けて追っていくことにします。

†「自然の光」と「自然の衝動」

この考察を進めるにあたり、デカルトは、「自然の光」（lumen naturale ルーメン・ナートゥーラーレ）という言葉を持ち出します。「自然の光」というのは、人間に本来備わっている認識能力のことで、デカルトは例えば私は疑うということから私は存在するということが帰結するのは「自然の光」によるのであって、それは「けっして疑わしいものではありえない」（AT-VII, p. 38）と言います。これに対して、自分が外来観念と思っているものは外にあるものから送り込まれたそれに似たものであるという、自分が持っている見解は、自然の光によって明示されたものではないと言います。デカルトは、自然の光が示すものを「真ではないと教えることのできる能力はほかにはありえない」（AT-VII, pp. 38-39）とし、外来観念と思っているものは外にあるものから送り込まれたそれに似たものであると信じるもととなったものを「自然の衝動」（impetus naturalis インペトゥス・ナートゥーラーリス）と呼んで、「自然の衝動」に「信頼を置くべき理由はない」（AT-VII, p. 39）としています。

†考察の続き

デカルトが次に考察するのは、外来観念が私の意志に依存していないとしても、そうした観念が私の外にあるものから出てこなければならないとは限らないという点です。どういうことかと言いますと、そうした観念は、外にあるものが送り込んだのではなく、自分の中にまだ知られていない能力（facultas ファクルタース）があって、私がその能力を行使してそれらの観念を生み出している可能性があるということです。デカルトは、このように考える理由として、夢のことを挙げています。夢の場合には、「私が眠っているとき、外的なもの（res externa レース・エクステルナ）の助けを借りることなく、それらの観念が私の中に作られる」（AT-VII, p. 39）ことになります。そうだとしますと、覚醒していると思っている今も、そういう知られていない能力の働きによって、さまざまな外来観念が私の中に現れているということかもしれない、というわけですね。

そして、さらにもう一つ、仮にそれらの観念が私とは異なる外的なものから出てきたとしても、「それらの観念がそれらのものに似ていなければならないということは帰結しない」（AT-VII, p. 39）と言います。実際、自分は多くの場合に、観念と外的なものとが大きく異なっていると考えてきたと言うのです。

デカルトが例に挙げるのは、太陽の観念です。太陽の観念には二つあり、一つは、感覚からくみ取ったもので、その場合には「太陽は私にはきわめて小さく見え」（AT-VII, p. 39）ます。ところが、もう一つの、天文学の推論からとってこられた観念は、「地球よりも何倍も大きい」（AT-VII, p. 39）ものとされています。おもしろいことに、デカルトは、感覚から取られた前者の観念を「外来観念」の典型とするのですが、天文学の推論から取られた後者の観念のほうは、ある「生得観念」から引き出されたものであるか、別の仕方で私が作り出したものだと言うのです。（このあたりのデカルトの区別は重要で、ここでは立ち入りませんけれどもまるでカントなのですが、それはともかく）デカルトが言いたいのはこういうことです。まず、これら二つの観念のどちらもが外にある同一の太陽に似ていることはありえません。それはそうですよね。そして、「理性」（ratio ラティオー）の教えるところによれば、前者の観念、すなわち太陽そのものから出てきた「外来観念」と見ていいはずの観念こそが、太陽に「最も似ていない」（maxime dissimilis マクシメー・ディッシミリス）（AT-VII, p. 39）と言うのです。

デカルトのこの一連の考察は、外来観念とおぼしきものについて、私とは違ったもの（物体）が存在していて、それが私の感覚器官などを通じて自身に似た観念を私の中に送り込んでくるというのは確かなことではない、ということを示そうとするものです。（なお、注意しておきますが、この議論でデカルトは「天文学」のある見解を重要なファクターとして用いていますよね。先ほども、二重存在の考え方のことが話題になりましたけれども、このように、デカルトの第一哲学［形而上学］の中には、自然科学の見解が実はいくつも組み込まれているのです。この件については、いずれ立ち入って考察することにします。）

そもそも、外の世界の存在も含めてすべてを疑わしいとして否定した上で、デカルトがこれまで確認したのは、自分が存在すること、そして、その自分が「心」であり「考えるもの」であるということだけでした。ただし、デカルトは、その心の中に現れる観念については、その存在を否定することはしませんでした。その観念を梃子《てこ》にしてなんとかしようというのが、デカルトの方針なのです。そして、これまでの観念についての考察は、外的なものとの関係によって私の中に現れると思われる観念を取り上げ、これによって、単に私の心と心の中の観念というだけではなくて、外的なものと観念との関わりを確保する道があるかどうかを検討するものだったのですが、外来観念とおぼしきものと外的なものとの関係確保は、これまでのところはどうもうまくいかないというのが、彼のとりあえずの結論でした。

†次の手——観念が表現するもの

そこで、デカルトは次の手を打ちます。彼に使えるのは、心があるということ、そして、その心の中にさまざまな観念が現れるということでした。ここでデカルトは、自分がやろうとしていることを、「私がその観念を私の中に持つもののうち、なんらかのものが私の外に存在するかどうかを探究する」(AT-VII, p. 40) ことだと明言します。そして、そのための「別の道」(alia via アリア・ウィア) があると言います。そうなんです。もう一度確認しておきますけれども、デカルトは、かつて懐疑の過程を通じて(心と心の中の観念だけを残して）一切消去してしまった外の世界を問題にしているのです。観念を介して外の世界をなんらかの仕方で復活させることが、これからの彼の議論でさらに試みられることになります。

ではその「別の道」をとってどういう手を打つかというと、それは、「観念」が持つある性格を頼りとするものでした。

デカルトにとって、「観念」と呼ばれるさまざまな感覚や心像、概念といったものは、みな心の中に現れるものですから、いわば心のあり方ですよね。デカルトの言い方では、「思考様態」（modus cogitandi モドゥス・コーギタンディー）（AT-VII, p. 40）です。ですから、心のあり方という限りにおいては、「私はそれらの観念の間になんの違いも認めない」（AT-VII, p. 40）ということになります。それらはみな私の心のあり方ですから、その意味で「同じ仕方で私から出てくる」（AT-VII, p. 40）のです。ところが、その意味で同じように「観念」でありながら、例えば「天」の観念とか「地」の観念とか「人間」の観念とか「神」の観念とかいったように、それらはみななにものかの観念であって、その「なにものか」という点において互いに異なっていますよね。このことを、デカルトは、

ある観念はあるものを表現し（repraesentare レプラエセンターレ）、他の観念は他のものを表現している限り、それらが互いにきわめて異なっていることは明らかである（AT-

VII, p. 40)

と言います。同じく「観念」であるのに、それが表しているものが違うというのです。あとでわかりますように、この表しているものの違いが、デカルトの論にとって大きな役割を果たします。

†「観念」の論理（2）――表現的実在性

その違いを説明するために、デカルトはまず「実体」（substantia スブスタンティア）と「様態」（modus モドゥス）もしくは「偶有性」（accidens アッキデーンス）の違いを持ち出します。「実体」は、人や時代によって異なるニュアンスのもとに使われる言葉ですが、ここでは、（キリスト教の影響下での話ですから神が支えとなっているということは常にあるのですが、その点を別にしますと）存在するためにそれ自身以外のものを必要としないものを、「実体」と言います。そして、「様態」や「偶有性」というのは、そうした「実体」がどのようにあるかということだと考えておいてください。例えば人間ソクラテスが「実体」だとしますと、ソクラテスが背丈がいくらあるとかこんな風貌であるとかいったことは「様態」とか「偶有性」にあたります。背丈がいくらあるとかこんな風貌であるとかいったことは、そのあり方だけが存在するということはありませんよね。「実体」であるソクラテスが、そうしたあり方をするという仕方で、そうした「様態」や「偶有性」は存在しています。つまり、「様態」や「偶有性」は、「実体」があってはじめて現実に存在できるのであって、その意味で「実体」に依存しているのです。

このようなことを考えますと、「私に実体を示す（exhibere エクスヒベーレ）観念は、単に様態や偶有性を表現する観念よりも大きな観念である」（AT-VII, p. 40）とデカルトが言うのも、わかるような気がしますよね。偶有性は、実体に担われるのでなければ存在できませんが、実体はそれ自身で存在できるという点を考えますと、その意味で、実体の観念と偶有性の観念がそれぞれ表しているものを比較したとき、実体の観念の中身のほうが偶有性の観念の中身「よりも大きい」（majus マイユス）というわけです。このように、デカルトは、それぞれの観念が表しているものの中身について、その「大きさ」ないし卓越性の違いを考えようとします。

デカルトは、観念が表現するものの内容を、realitas objectiva（レアーリタース・オブイエクティーワ）と表現します。「表現的実在性」といった訳が用いられますが、この場合の「実在性」はどれくらいの内容を持つかということを意味しています。デカルトは先ほどの「私に実体を示す観念は、単に様態や偶有性を表現する観念よりも大きな観念である」という発言を、前者は後者よりも「より多くの（plus プルース）表現的実在性をそれ自身の中に含んでいる」（AT-VII, p. 40）というふうに言い直します。

しかも、同じ「実体」と言われるものの観念どうしの間でも、表現的実在性の多さに違いがあるとデカルトは考えます。例えば「神」の観念と「人間」の観念とを比べてみますと、神の観念が「永遠で、無限で、全知で、全能で、自分以外の一切のものの創造者」(AT-VII, p. 40) という内容を持つのに対して、「人間」の観念というのは同じ「実体」の観念でも「有限な実体」の観念ですよね。それで、デカルトは、

私がそれによって神を理解するところの観念〔……〕は、有限な実体を示す観念よりも確かにいっそう多くの表現的実在性をその中に持っている (AT-VII, p. 40)

と言います。

つまり、同じく「観念」と言われるものでも、偶有性の観念よりも実体の観念のほうがより多くの表現的実在性を持ち、また同じ実体の観念でも、無限の実体である神の観念のほうが、人間のような有限な実体の観念よりも多くの表現的実在性を持つと言うのです。観念は「思考様態」(心のあり方) という点では同じなのですが、観念間にはそれが表現しているものの「大きさ」、言い換えれば「表現的実在性」の「多さ」に違いがあり、この違いは、観念が表している (表現している、示している) ものを私たちがどのようなものとして「理解している」(intelligo インテッリゴー) かにかかっています。自分で存在でき

ない「様態」とか「偶有性」とかよりは、自分で存在できる「実体」のほうが大きく、実体でも「永遠で、無限で、全知で、全能で、自分以外の一切のものの創造者」である神のほうが、(人間みたいな)「有限な実体」よりも大きいと考えられ、それを反映して、実体の観念のほうが偶有性の観念よりも表現的実在性が多く、無限な実体の観念のほうが有限な実体の観念よりも表現的実在性が多いと言うのです。

先に見ましたように、デカルトは懐疑のプロセスを経て、一切のものの存在を否定するところまで進むのですが、そこで一転して、「私」(すなわち私の「心」)の存在は絶対に確実であるとし、また、心の中に現れる「観念」の存在も疑えないとしました。そして、観念をもとに外の世界への突破口を開こうとしているのですが、外にあるものから得られたと思われる「外来観念」とおぼしきものを足がかりにしようとしても、それを外にあるものから得ていると夢の中で思っているだけかもしれないという可能性があるので、そのやり方はとらず、それに代えて「別の道」を模索しようとします。この「別の道」で彼が拠り所にしようとしているのが、それぞれの観念が表現しているものの中身、つまり、観念の「表現的実在性」です。

†もう一つの論理――原因と結果の関係

デカルトは、この「別の道」において、「表現的実在性」に関する論理とともに、原因と結果の関係に関するある論法を用います。

「原因」と訳されるラテン語は causa（カウサ）です。英語の cause（コーズ）の基になった言葉です。古来、原因にはいくつかの種類があると考えられてきたのですが、そのうちの一つを causa efficiens（カウサ・エッフィキエーンス）と言います。「作用因」や「起動因」と訳されています。もとをただせば、アリストテレス（Ἀριστοτέλης, 384-322 B. C.）が物事を説明するのに考えられるとした四つの原因（「原因」はギリシャ語では αἴτιον［アイティオン］と言います）の一つです。

アリストテレスは、物事を説明する観点として、「その材料は何なのか」、「そもそもそれは何なのか」、「それは何によってそうなったのか」、「それは何のためのものなのか」の四つを挙げます。例えば家について、それは木でできているとか、それは家というものだとか、それは大工さんが作ったものだとか、それは雨露や暑さ寒さや強い日差しをしのいで住むためのものだとか説明することができますよね。そのそれぞれの説明の観点として取り上げられるのが、アリストテレスの言う四つの原因で、ラテン語では順に、causa materialis（カウサ・マーテリアーリス、質料因）、causa formalis（カウサ・フォールマーリス、形相因）、causa efficiens（カウサ・エッフィキエーンス、作用因）、causa finalis（カウサ・フィーナーリス、目的因）と言います。デカルトがここで取り上げるのは、このうちの三つ目、作用因です。

デカルトは、この「作用因」という意味での原因と、それによって引き起こされる結果とを比較したとき、原因となるものは結果として生じるものと同等の「実在性」(realitas レアーリタース)か、あるいはそれ以上の「実在性」、つまり、ものとしての同等のあり方か、あるいはそれ以上のあり方を、持っていなければならないと言います。デカルトは、「無」からはなにものも生じないということと、より不完全なものからより完全なものは生じないということを例に挙げています。「無」はなにもない、なんでもないというものですから、それからなにかが生じるというのはおかしいだろう、そして、不完全なものから完全なものが生じるというのもおかしいだろうというのです。この意味で、「作用因」としての原因は、結果と同等か、あるいは結果以上の「実在性」を持たなければならないと、デカルトは考えるのです。そして、先ほども出てきましたが、これは「自然の光」によって明らかであると彼は断言します。

†形相的実在性

原因が結果と同等かそれ以上の「実在性」を持たなければならないということは、観念についての話ではなくて、ものそのものについて、例えば「人間」とか「神」とか「物体」とかいった、広い意味での「もの」についての話です。

この場合のものそのものの持つ「実在性」、つまり、ものがどのようなものであるかというその内容のことを、デカルトは、先ほどの、観念が持つ実在性である「表現的実在性」と区別して、「形相的実在性」(realitas formalis レアーリタース・フォールマーリス)(AT-VII, p. 41)と言います。当時の専門用語が続いて恐縮ですけれども、ものとしてどうあるかが「形相的実在性」です。

そして、原因が結果と同等の「形相的実在性」を持つときには、原因は結果を「形相的に」(formaliter フォールマーリテル)(AT-VII, p. 41)含むと言い、原因が結果よりも多くの「形相的実在性」を持つときには、原因は結果を「優越的に」(eminenter エーミネンテル)(AT-VII, p. 41)含むと言います。

†観念の原因

こうして、デカルトは、原因は結果と同等か、あるいはそれ以上の実在性を持たなければならないということを、ものがどうあるかを意味する「形相的実在性」について確認します。そして、彼はこの確認事項を、「観念」にも適用するのです。

デカルトは、これを、石と熱の例を挙げて説明します。まず、石が存在し始めるときには、その石が持つことになるあり方のすべてを、「形相的に」、あるいは「優越的に」持っているものがそれを生み出すのでなければ、そういうことはありえないと言います。そして、同じように、以前は熱くなかったものが熱くなるときには、少なくともその熱さと同等か、それ以上のあり方をしているものによって、そのような状態にされるのでなければ、そういったことはありえないと言います。

これを確認した上で、デカルトは、同じことが観念についても言えると論を進めます。石の観念が私の中にあるが、その観念は、私がそれについて理解しているのと少なくとも同等の（あるいはそれ以上の）実在性（中身）を持つものがその原因でなければありえないと、デカルトは言います。同じように、私が持っている熱の観念も、私がそれについて理解していることと少なくとも同等の（あるいはそれ以上の）実在性を持つものがその原因でなければ、その観念が私の中にあることはありえないと言います。

観念の場合、観念の「ものとしての実在性」すなわち「形相的実在性」は、私の心の中にある観念であるということにすぎませんが、その観念は、同時に、ある事柄を表現しており、その意味で、「表現的実在性」（それが表していることの中身）を持っています。この、観念が表していること（表現的実在性）は、その中身と少なくとも同等の中身を持つようなものによってそれが送り込まれたのでなければありえないと、デカルトは考えるのです。

デカルトの方針、もしかしたら読めてきたかもしれませんね。そうなんです。デカルトは、自分の心と心の中の観念だけを認めるところまで行ったのですが、ではそれからどうするかと言うと、その観念の「原因」を考えることによって、自分の心の外に出て行く突破口を作ろうとしているのです。というわけで、さらにデカルトの論を追ってみましょう。

観念が特定の表現的実在性を含んでいることから、デカルトはその観念の表現的実在性（それが表していること）と同等か、もしくはそれ以上の実在性（あり方）を持つ原因によってその観念が存在せしめられているのでなければならないと言います。先ほど、ものどうしの原因・結果の関係について見たことが、今度は観念とその原因について言われます。つまり、ある内容を持つ観念は、その内容と同等あるいはそれ以上のあり方をする原因によって産出されなければならないと言うのです。

デカルトはこのことを、逆の言い方、すなわち、私の中にある観念が、その原因となるもとのものよりもいっそう大きくいっそう完全な内容（表現的実在性）を持つことはありえないという言い方で、確認します。

この確認は、実は神の存在証明の布石なんですよね。そのことは、やがてわかります。

†観念の別の分類

デカルトはここで観念の別の分類を提示します。それは、次の六つの項からなっています。

（1）私自身を私に示す観念（私の観念）

（2）神を表現する観念（神の観念）

(3) 物体的で生命のないものを表現する観念(物体的なものの観念)
(4) 天使を表現する観念(天使の観念)
(5) 動物を表現する観念(動物の観念)
(6) 他の私と同じような人間を表現する観念(他の人間の観念)

デカルトは、これらのうち、(4)と(5)と(6)については、それが表す天使や動物や他の人間が存在しないとしても、それらの観念を「私の観念」と「神の観念」と「物体的なものの観念」(つまり物体の観念)から合成できるとします。

そこで、デカルトは、(2)と(3)について、検討を始めます。

なぜ(2)と(3)かと言うと、それは、先ほども確認しましたように、デカルトがやろうとしているのは、自分が持っている観念の原因を探ることによって、心の外への突破口を開くことですよね。(4)と(5)と(6)については(1)と(2)と(3)から合成することができるとすれば、それらの原因が外にあるということは言いづらくなります。そこで、それらではなく、(1)と(2)と(3)に注目するのです。けれども、(1)は私の心の観念ですからね。これの原因を問題にしても、そこからその原因として心の外のなにかに至れるというのは、さしあたってはありそうにありません。そこで、(1)も外して、考察の対象は(2)と(3)に絞られることになります。

†物体の観念についての考察

考察は、（3）の、物体の観念から始まります。

先ほど、デカルトが蜜蠟を例にとって物体について論じるのを見ましたよね。デカルトは、ここでは蜜蠟を例にとることはしませんけれども、物体の観念を調べてみると、そこには「私が明晰判明に捉えるものはほんの少ししかないことに気づく」（AT-VII, p. 43）、と言います。デカルトが物体について明晰判明に捉えると言っているのは、「大きさ、すなわち、長さと幅と深さにおける延長」（AT-VII, p. 43）（つまり縦・横・高さの広がりのことですね）、それに、この延長が限定されることによって生じる「形」、それから、さまざまな形を持ったものが互いに占める「位置」、それに、そういった位置の変化としての「運動」です。デカルトは、それに、「実体」、「持続」、「数」を加えます。つまり、物体はそれ自身で存在することのできる「実体」であり、また、時間の経過の中で存続する「持続」を有し、いくつあるという「数」を持つというわけです。

とすると、私たちが日常「物体」について考えるときにそれが持っていると思っている色や味などはどうなるのでしょうか。デカルトは、先に挙げた以外の「残りのもの」、例えば、「光と色」、「音」、「匂い」、「味」、「熱さや冷たさなどの触覚的性質」については、これらは「私にはきわめて混乱した不明瞭な仕方でしか考えられない」（AT-VII, p. 43）とし、「これらが真なのか偽なのか」、「私がこれらについて持っている観念が、なんらかの実在するものの観念なのかそうでないのか」は、「私にはわからない」(AT-VII, p. 43)と言います。

この色とか音とか匂いとか味とか熱さとか冷たさとかについて、これを「きわめて混乱した不明瞭な仕方でしか考えられない」と言うのは、どういうことかなとお思いでしょうね。感覚機能に特に問題がなければ、身近にあるものは色がはっきりと見えますし、音もしっかり聞こえますし、味もちゃんとわかりますし、これらを「きわめて混乱した不明瞭な仕方でしか考えられない」と言うのはおかしいような気がするかもしれませんね。確かにそのとおりなんですが、デカルトは少し違う角度からこのことを言っているのです。

デカルトは、虚偽(誤り、間違い)を二つに分けています。一つは、判断を誤るということで、これをデカルトは「本来の意味での虚偽」、「形相的虚偽」(falsitas formalis ファルシタース・フォールマーリス)(AT-VII, p. 43)と呼びます。これに対して、「ある観念が存在しないものを存在するかのように表現している」(AT-VII, p. 43)というのをそれと区別して「質料的虚偽」(falsitas materialis ファルシタース・マーテリアーリス)(AT-VII, p. 43)と呼びます。そして、デカルトが色や味や匂いなどについて「きわめて混乱した不明瞭な仕方でしか考えられない」と言うのは、この後者の虚偽の意味においてなのです。これをデカルトは、「熱さ」と「冷たさ」を例に用いて、次のように説明します。

私が持っている熱さと冷たさの観念はほとんど明晰判明ではなく、冷たさが熱さの欠如にすぎないのか、それとも熱さが冷たさの欠如なのか、あるいは熱さも冷たさも実在する性質なのか、どちらもそうでないのかを、私はこれら二つの観念からは知ることができない。(AT-VII, pp. 43-44.)

この説明からしますと、私たちが感じている熱さや冷たさがぼんやりしていてはっきりしないという意味で「私にはきわめて混乱した不明瞭な仕方でしか考えられない」と言っているわけではなさそうです。感じられている熱さや冷たさは、ただ感じられているだけなのですが、その熱さ冷たさについて、熱さは冷たさの欠如なのか、冷たさは熱さの欠如なのか、熱さも冷たさもどちらも実在するのかどちらも実在しないのかを「知ることができない」ということなのです。つまり、そうした観念については、それが真に実在するものをあるがままに表現していない可能性がある、ということなのです。

いずれ章を改めて論じますけれども、デカルトの蜜蠟の議論も、観念の論理も、ここに出てくる物体の性質の区分(明晰判明に認知できるものとそうでないものの区分)も、実は彼が信じている自然科学における考え方をベースにしています。ですから、いずれそのことを論じなければなりませんが、ここではデカルトはこんな論じ方をするんだということを押さえておいていただいて、先へ進むことにしますね。

†物体の観念は私に由来すると考えることができる

デカルトは、「光と色」、「音」、「匂い」、「味」、「熱さや冷たさなどの触覚的性質」については、これらの観念は「私とは異なる作り手がいると見る必要はない」(AT-VII, p. 44)と言います。どうしてなのでしょう。

それらの観念が実在するものをあるがままに表しているかどうかは不明であるという先の見解を念頭に置きますと、それらの観念はその意味で「偽」、つまり、実在するものを表していない可能性があります。この場合、それらの観念は私に欠陥があるために私の中に出てきたものであって、それに対応するものをなにも持たないということですから、なぜ私の中にそのような観念があるかと言えば、私の不完全なありようによるということになります。

では、それらの観念が真である場合、すなわち、それらに対応するものをあるがままに表している場合はどうでしょうか。デカルトは、この場合にも、

それらは私にはごくわずかの実在性しか示さず、そのため、これを私は存在しないものと区別することができない(AT-VII, p. 44)

と言います。

ちょっとフォローしづらいかもしれませんね。それらの観念が実在するものを表していないのなら、それらは私に由来すると言うべきであろうし、仮にそれらが実在するものを表しているとしても、それが示す実在性はほんのわずかで、存在しないと言っていいくらいだというのは、別の理由が示されなければ納得というわけにはいかないでしょうね。科学史的に見ますと、ここでもまたデカルトは、自身の自然科学の見解に依存した議論をしているのです。

では、デカルトが物体について明晰判明に把握するとした観念はどうでしょうか。それらのうち、「実体」、「持続」、「数」については、そうした観念は「私自身の観念から借用できたと思われる」（AT-VII, p. 44）とデカルトは言います。つまり、私以外のものに由来するとする必要はないと言うのです。それは、デカルトによれば、私自身が「実体」であり、また「持続」的に存在することをよく知っており、それに、私の心の中でさまざまな考えが去来するとき、その「数」を理解しているので、「実体」と「持続」と「数」の観念は私自身の中で得ることができると考えるからです。つまり、物体の観念を構成する「実体」、「持続」、「数」の観念は、こうして自分の中で得た観念を物体に適用したものと考えられるので、それらの起源を私以外のものに求める必要はないというわけです。

けれども、物体の観念を構成しているものは、ほかにもありましたよね。「延長」、「形」、「位置」、「運動」です。これらについては、デカルトは実に簡単に話を済ませます。「私」は「心」であり「考えるもの」だから、私がそうしたあり方をしているわけではない。しかし、それらは「実体」の「様態」にすぎず、しかも私は実体なのだから、実体の様態である限りにおいて、それらは「私の中に含まれうる」(AT-VII, p. 45)と言うのです。デカルトが、私は「心」であって「物体」ではないから、延長するものではない、と考えていることを知ってしまいますと、デカルトの右の簡単な処理の仕方は疑問に思われてしかるべきなのでしょうが、ともかくデカルトは、右のように、物体の観念の原因を私以外のものに求めることを退けてしまい、神の話へと進みます。

†神の存在証明

繰り返しますけれども、デカルトは、心の中にある観念を足がかりとして、心の中から外へ出て行くための手立てを求めようとしています。ところが、私の観念も、物体の観念も、私以外のなにかに依拠しているとは思われず、それらを足がかりとすることはできません。そこでデカルトは、

残るのはただ神の観念だけであり、その観念のうちに、なにか私自身からは生じえなか

ったものがありはしないかを考察しなければならない（AT-VII, p. 45）

と言い、最後に残った選択肢である「神の観念」に向かおうとします。

デカルトは、この考察の最初のところで、結論をはやばやと示します。彼は自分が「神」という名で理解しているものを、

ある無限な、なにものにも依存しない、全知全能の、そして、私自身を、それにほかにも存在するものがあるとすれば、存在する限りでのそれらすべてを創造した、実体（AT-VII, p. 45）

と表現します。そして、神のそうしたもろもろの性質は、「私だけから出てきたとは思えず」（AT-VII, p. 45）、したがって「神は必然的に存在すると結論しなければならない」（AT-VII, p. 45）と言うのです。これが、デカルトが『省察』で行う神の存在証明の一つ目の基本線です。

デカルトによれば、私は実体なので、そのことから私が実体の観念を持つとしても不思議はないのですが、神の観念は、無限の実体の観念で、これに対して、私は実体ではあっても有限の実体なのですから、先ほどの原因と結果の関係に関する理屈で、無限の実体の

観念が有限の実体である私から出てきたとは言えません。したがって、それは実際に無限の実体であるものから出てこなければなりません。それで、無限の実体である神が存在するとしなければならない、ということになるのです。

しかし、無限なものを有限なものの否定として考えるとすればどうでしょう。それなら、無限なものの観念は、無限の実体であるものから出てこなければならないということにはならず、有限な私から出てくる有限な実体の観念を否定することだけでその観念は成立することになります。そのため、デカルトは、無限な実体というのは有限な実体の否定などではなく、「無限な実体の中には有限な実体よりも多くの実在性がある」(AT-VII, p. 45)こと、したがって、私の中では無限なものの把握は有限なものの把握よりも「先なるもの」(AT-VII, p. 45)であることを強調します。どうして無限なものの把握が有限なものの把握に先立つかと言うと、私が疑ったりなにかを欲したりすることを私が理解できるのは、私になにかが欠けていて私が完全ではないから、ですよね。自分の認識が完全なものであれば、疑ったりはしませんし、また自分が完全に満たされたものであれば、なにかを欲したりはしませんよね。ですから、自分が疑うこと、あるいは自分がなにかを欲していることがわかるということは、自分の中に、自分よりも完全なものの観念があって、それとの比較で自分の欠陥を認めることができるからだとデカルトは論じます。つまり、無限な実体の観念は、有限な実体を否定することによって出てくるようなものではなく、自分の有限性がわかるための先行条件なのだとデカルトは言うのです。では、その無限の実体の観念をどうして自分は持っているのか。デカルトの論法では、そんな無限の実体の観念を、有限な実体でしかない私が作ることはできません。そうすると、それはまさに無限な実体としての神から送り込まれたのだとするしかありません。それでつまり、神は存在するというわけです。

それから、デカルトは、神の観念が質料的に偽ではないかという点も検討します。つまり、神の観念に対応するようなものはないのに、そんな観念を私は持っているという可能性はないのかということですね。これについてデカルトは、神の観念は「なによりも明晰判明であり、他のどんな観念よりも多くの表現的実在性を含んでいる」（AT-VII, p. 46）ので、偽なる観念であるという疑いを容《い》れるものではないと主張します。

デカルトはこのような考察を積み上げて、結局先に述べた結論に達します。すなわち、私が持っている神の観念は、私が作ったものではありえない。したがって、それは、その内容（表現的実在性）と少なくとも同等の内容を持つものが実在して、それが私に持たせたのだと考えざるをえない。それゆえ、神は存在する。これが、デカルトが『省察』で行う、一つ目の神の存在証明です。

†もう一つの、神の存在証明

デカルトはこの「第三省察」で、右のタイプの神の存在証明に続けてもう一つの神の存在証明を行っています。それは、彼の時間の考え方に依存するものです。

デカルトによれば、私の一生の時間は無数の部分に分割でき、しかもそれぞれの部分は他の部分に少しも依存していません。ということは、私がすぐ前に存在したからといって、それによって今も私が存在しなければならないということは帰結しません。私が先の瞬間に続いて今この瞬間にも存在を続けるとしたら、その場合には「なんらかの原因が私をこの瞬間にいわばもう一度創造すること、言い換えれば、私を保存することがなければならない」(AT-VII. p. 49) とデカルトは言います。彼の考えによれば、保存と創造は同じことであって、私が各瞬間に保存されるためには、私はその都度創造されなければならないのです。

ところが、私自身はこのような創造の力を持ってはいません。とすると、私が存在し続けている以上、私とは異なるなにかが存在して、それが私を創造し続けていると考えるしかありません。

また、私を創造し続けてくれるそのなにかは、私が完全な神という観念を持っている以上、そうした観念をも私の中に含む私自身の原因なのですから、それ自身もまた完全なものでなければなりません。つまり、神が存在して、私を創造し続けるのでなければなりません。

大筋このような議論によって、デカルトは、私が存在するばかりでなく、その私が持つ神の観念を足がかりに、神もまた存在することが「このうえなく明証的に論証される」(AT-VII, p. 51) としています。

†神は欺く者ではない

デカルトは、これら二つのタイプの神の存在証明を提示したあとで、「第三省察」の最後のところで、ごく手短に、神が欺く者ではないと主張します。

あの懐疑の過程の最後のところで、もし神が欺く神であるとしたらという想定のもとに、(私を除く) 一切のものの存在が否定されるに至りましたよね。その想定を覆すことが、ここで行われるのです。

その議論は非常に短いもので、右に述べたような仕方でその存在が証明された神は「あらゆる完全性を備えており、いかなる欠陥も免れている」(AT-VII, p. 52) ということに依拠しています。欺くのは、なんらかの欠陥があるからであって、そのことは「自然の光」によって明白であるとデカルトは言います。としますと、完全で欠陥のない神がわれわれを欺くことはありえないのです。

第3章 『省察』を読む（II）
——第四省察～第六省察

†神の存在と善なる神

以上のように、「第一省察」から「第三省察」までの議論は、すべてを疑うことから始まって、それでも疑えない第一原理として「私」の存在を引き出します。そして、その私を「心」と認めた上で、その中に現れる観念のうち、神の観念を足がかりに、私以外のものの一つとして「神」の存在の証明が試みられます。そして、存在する神が完全なものである以上、神は欺く者ではありえないというところまで話は進みます。

神の存在証明と、神が欺く者ではないということ（神は善なる神であるということ）が、デカルトの第一哲学の後半部でどのような役割を果たすかが今後の見所なのですが、まずは、第四省察のはじめの議論を見ておきたいと思います。

†誤謬の原因——知性と意志

デカルトは、「第四省察」のはじめのところで、神の存在を証明したことと、その神が欺く者ではないということから、私と神以外の「そのほかのものの認識に至るある道」（AT-VII, p. 53）が見通せるようになったと言います。「そのほかのもの」というのは、主として「物体」と言われるもののことなのですが、そうすると、デカルトは最終的には物体の存在証明をするところまで行きそうだということになりますよね。

それはともかくとして、デカルトは、「神が私を欺くことはけっしてありえない」（AT-VII, p. 53）ということを、ここで再確認します。先ほども出てきましたように、偽ったり欺いたりするということはある種の不完全さによるとデカルトは考えます。そして、「欺くことができる」ということは、怜悧《れいり》さや力を持つことのように見えても、実は「悪意や弱さ」の現れでしかなく、「神にはふさわしくない」（AT-VII, p. 53）と言います。

次にデカルトは、自分の中にある「判断の能力」は、他のすべての能力同様、「神から授かったもの」（AT-VII, p. 54）であることを確認します。そして、神が私を欺こうと欲しない以上、神の与えた判断の能力を正しく用いるなら、私が誤ることなどありえないと結論します。

それではなぜ、私たちは間違いを犯すのでしょうか。デカルトはその理由を、私たちが持っている二つの能力、すなわち、「認識の能力」（facultas cognoscendi ファクルタース・コーグノースケンディー）と「選択の能力」（facultas eligendi ファクルタース・エーリゲンディー）（AT-VII, p. 56）が同時に働くことに求めます。ここで言う認識の能力は「知性」（intellectus インテッレークトゥス）のことで、「選択の能力」は「意志」（voluntas ウォルンタース）のことです。

デカルトによれば、私の「知性」には限界があるものの、それ自身は神によって与えられたものであって、正しく用いればそれによって間違えることはありません。また、デカルトによれば、「知性」が限界を持つのに対して、私の「意志」は限界を持ちません。デカルトは、理解の能力や記憶の能力等々については、私が持つそうした能力は限られていて、私が持っているよりも大きな能力を考えることができるのに、「意志」については、私が持っているよりも大きな意志は考えられず、私が神の似姿であるとすれば、主としてその意志においてそうなのだと考えます（ここで私が「神の似姿」と訳しているのはラテン語の imago Dei［イマーゴー・デイー］で、これは、『旧約聖書』創世記第一章の、神が自分にかたどって人間を創造したという一節を踏まえた表現です）。デカルトは、「意志」を、「あることを、することもできるししないこともできる」（AT-VII, p. 57）能力であるとしています。今問題にしている「私はなぜ間違えるのか」ということに関して言えば、意志は、肯定することも否定することも判断を控えることもできる能力です。

そうなんです。デカルトは、私たちが行う判断は、知性の働きに基づきつつも、最終的には意志の働きだと考えているのです。

私たちの知性は有限で、私たちがそれによって理解できることには限界があります。けれども、デカルトによれば、意志にはそうした限界がありません。もし意志が、私が十分に理解していることについてのみ肯定したり否定したりするのであれば、間違いは起きないはずだとデカルトは考えます。としますと、間違えるのは、私の意志が、「知性」が正しく働く範囲を超えたところで判断を下すからだということになります。

†神は欺かず、誤謬は意志の制限によって回避できる

デカルトは、「第四省察」の全体を通して、右のような考察を進め、「第三省察」の最後に提示した神は欺かないという見解を確認するとともに、私たちの間違い（誤謬）の原因を、知性が明晰判明に示していないものについて意志が判断を下してしまうことに求めます。

デカルトのこの考察が、あの懐疑の過程での議論と深く関わるものであることは、言うまでもありません。あの「欺く神」の想定は、『省察』のこの段階では捨てるべきことになります。ではなぜ私たちは間違えるのか。その解答が、「知性」と「意志」の連携の中で、私たちの意志の使い方の問題に求められるのです。

以上の確認を踏まえ、デカルトは、「第五省察」では、「物体」についてなにか確実なものを手に入れることができないかを検討します。

†物体の観念——その判明な部分

デカルトにとって、かつて懐疑の過程でその存在を否定した物体ないし物体の世界をどのようにして回復するかが、『省察』における最後の重要な課題でした。ですが、その前

に、まずもって、私が物体について持っている観念がどのようなものであるかを考察する必要がありました。

デカルトがまず明らかにしようとするのは、物体の観念の中で、どの部分が判明であるか（つまり、まったく明白であるばかりでなく、他のものとははっきりと区別されるか）ということでした。デカルトはそれを、量的に捉えられるものに見いだします（この考え方、先ほども出てきましたよね）。

物体は、長さ、幅、深さにおいて広がっています。つまり物体は、三次元的な「延長」を持つとされるのですが、この広がりが持つ量（これこれの長さであるとか、これこれの角度であるとかいった）については、これは判明であるとデカルトは考えます。これには、それがどういう「大きさ」を持つとか、どのような「形」をしているとか、どの「位置」にあるとか、どのように「運動」しているとか、その運動がどれくらい「持続」しているかとかいったことも含まれます。ですから、「延長」、「大きさ」、「形」、「位置」、「運動」、「持続」について、デカルトは、物体のそうした面は判明だと言うのです。

デカルトは、物体の観念のこの量的に捉えられる面について、そこになにかを発見するときも、それは、なにか新しいことを学ぶのではなくて、すでに前から知っていたことを想起するように、言い換えればすでに心の中にあったことに心の目を向けることであるかのように思うと言っています。

デカルトが考えていることは、彼が挙げる三角形の例でよくわかります。仮に物体が三角形であるとしましょう。そうだとしますと、そこから私たちは、その「内角の和が二直角である」とか、「その最大の角には最大の辺が対応する」とかいったことを論証することができますよね。そして、そこで考えられている三角形は、各辺は本当に直線で、角も丸みがあったりしないような、理想的な三角形ですよね。そういう三角形を扱っているのですから、デカルトは「おそらくそのような図形は私の思考の外にはどこにも存在しない」（AT-VII, p. 64）と言い、またそれは「不変」で「永遠」なものだと言います。

しかし、三角形の場合には、三角形をした物体を見たり触ったりして、その観念を得たのではないかと考えられるかもしれませんね。つまり、三角形の観念は、感覚を通して得られたのだと。ところが、デカルトはこのような見方を、きっぱりと退けます。その理由として、デカルトは、三角形以外の図形で、感覚を通して私の中に入ってきたとはまったく考えられないものを、私は「無数に考え出すことができる」（AT-VII, p. 64）ということ、しかもそうした図形について、それが持つさまざまな特性を「論証することができる」（AT-VII, pp. 64–65）ということを挙げています。

例えば、千角形を考えてみましょう（この例は、デカルトが「第六省察」で挙げています）。千角形の物体なんて、きっと見たことがありませんよね。けれども、私たちは、（多分、中学くらいでその方法を学ぶと思うのですが、）その内角の和がいくらであるかを、きちんと論証する（言い換えれば、明晰判明に認識する）ことができます。

デカルトは、このように、物体の観念を構成しているもののうち、数学的に処理できるものについては、それは感覚から得たものというよりはもともと私の中に備わっているものであって、そうしたものについては明証的な認識を得ることができると主張します。つまり、そうした数学的に扱うことのできる物体の特性については、それを外的な物体から感覚を通して学ぶのではなくて、私たちの心の中にすでに備わっているものを基に、間違いのない知識を得ることができると、デカルトは考えるのです。

†第三の、神の存在証明

「第五省察」の前半における物体の判明な特性に関するデカルトの考察は、まだ物体の存在を明らかにするものではありません。彼は、物体の観念を構成する数学的に処理することのできる部分につき、私たちはそれに関する疑えない認識を得ることができるということを主張したにすぎません。そして、この議論の続きは、最後の「第六省察」で行われます。

「第五省察」の後半部分では、私の中にある「物体の観念」から、その中の「純粋な抽象的な数学に属するもの」（AT-VII, p. 65）について、「最も確かな」「明証的」（AT-VII, p. 65）真理を私は得ることができるということをデカルトは確認し、そこからさらに、私の中にある「神の観念」から、「神の存在を証明する論証」（AT-VII, p. 65）が得られないかどうかを検討しようとします。つまり、三つ目の神の存在証明が、ここで試みられます。それは、次のように進みます。

まず、先ほどの物体の観念の話から引き継がれることなのですが、デカルトは、物体の観念のうちその判明な部分（つまり数学的に扱うことのできる部分）については、それは外的な物体から感覚を通して得たものではなくて、私の中にあるものを思い出して（想起して）いるようなものだとしていましたよね。神の観念も同じで、デカルトはそれを、私の中にあらかじめ神によって持ち込まれたものとみなします。そして、そのような、「私の思考から取り出すことのできる」観念の場合、「そのものに属すると私が明晰判明に捉えるもの」は、すべて「実際にそのものに属する」（AT-VII, p. 65）とデカルトは考えます。

三角形の観念の場合、その内角の和が二直角であるということを私たちは明晰判明に把握するわけですが、そうするとその特性は、実際の三角形にあてはまることになります。それと同様に、神の観念についても、そこにおいて明晰判明に把握される事柄のうちに神の存在が含まれるなら、そのことは実際に神にあてはまるはず。つまり、そうした手続きによって「神の存在を証明する論証」が得られるはずだとデカルトは考えるのです。

†最も完全なもの

デカルトはこの証明を、「最も完全なもの」（ens summe perfectum エーンス・スンメー・ペルフェクトゥム）（AT-VII, p. 65）という自身の神観念から始めます。デカルトはこの神の観念を、どのような「形」の観念、どのような「数」の観念にも劣らず、「私の中に見いだす」（AT-VII, p. 65）と言います。そして、この「最も完全なもの」という神の観念から、「常に存在することが神の本性に属する」（AT-VII, p. 65）ということを、即座に結論します。

どうしてそのような結論になるかというと、まず、神は「最も完全なもの」であるというのが前提です。そして、もしその神が存在しないとしたら、それはある完全性を欠いていることになります。存在しないというのは、存在というあり方を欠いていると考えられるんですね。それで、存在しないとしたら、完全ではない。でも、それだと、「最も完全」ということと「矛盾」します。ですから、神は、「最も完全なもの」である限り、存在しなければならないというわけです。

デカルトは、この証明を説明するにあたって、「神の本質から存在を分離することができない」（AT-VII, p. 66）という点に注意を向け、それを、「三角形の本質からその三つの角の和が二直角に等しいことを分離することができない」（AT-VII, p. 66）ということや

「山の観念から谷の観念を分離することができない」(AT-VII, p. 66) ということと比較し、「分離することができない」という点においてはいずれも同じだと主張します。つまり、神が最も完全なものであるということから神が存在するということを切り離せないのは、三角形であることからその内角の和が二直角であることを切り離せないとか、山の観念から谷の観念を切り離せないのと同じで、それをしようとすると「矛盾」に至る、つまり、存在しない神とか、内角の和が二直角ではない三角形(ユークリッド幾何学しかない時代であることにご留意ください)とか、谷のない山だけの山とかいうのは矛盾していると言うのです。

けれども、デカルトはこれについて、さらに慎重に、ある疑問を提出します。神を存在するものとして考えるのでなければ神を考えることができないというのは、山を谷なしに考えることができないのと同じだが、山を谷と一緒に考えたからといって、そこからある山が世界のどこかに存在することが帰結するわけではない。同じように、私が神を存在するものと考えるからといって、そこから神が存在するということが帰結するとは言えないのではないか。つまり、神は存在しないのに、頭の中だけで神と存在とを結びつけているだけではないか、という疑問です。

しかし、デカルトは、それを「詭弁」(sophisma ソピスマ)(AT-VII, p. 66) として退けます。確かに、山が谷なしには考えられないからといって、山と谷とを一緒に考えればそこからどこかに山と谷が存在することが帰結するわけではありません。しかし、私が神を存在するものとして考えるのでなければ神を考えることはできないということについては、そこから、神と存在とが切り離せないこと、すなわち神が実際に存在することが帰結すると、デカルトは言うのです。

しかもデカルトは、このことは、私がそう考えるから物事がそうでなければならないことになるということではない、と言います。つまり、私が神と存在とを切り離せないと考えるから神が必然的に存在することになるというのではない、と言うのです。そうではなくて、デカルトは、神と存在との必然的な結びつきが、私にそのように考えさせるのだと主張します。彼はこれを説明するのに、翼のある馬(ペガサス、ペーガソス)を例に挙げます。私は翼のある馬を想像することも翼のない馬を想像することもできるが、神については、存在する神も存在しない神も考えられるわけではないと言うのです。つまり、神としては、存在する神しか考えられず、それは私の自由になる事柄ではないと、彼は考えるのです。

こうした議論を積み重ねて、デカルトは、神の存在の必然性を論じます。そして、そのことから翻って、あらゆる知識の確実性と真理性が、この神の認識に依存していると主張します。神は完全なものであって、欺く者ではありませんから、この神が存在することから、自分が明晰判明に理解したことは、それを確実に真であると確信してよい、という結論に至るのです。

デカルトの神の存在証明については、読者のみなさまには、いろいろとお考えがあるかと思います。もともと、古代ギリシャから、さまざまな形の神の存在証明が試みられてきたのですが、デカルトの場合、心としての私と私の心の中にある観念だけから証明を進めなければなりませんでした。そのため、アリストテレス（Ἀριστοτέλης, 384–322 B. C.）やその信奉者だったトマス・アクィナス（Thomas Aquinas, c. 1225–1274）が行ったような、いわゆる「宇宙論的」証明は行えませんでした。宇宙論的証明の典型は、この世界の中に認められる原因と結果の関係を基にしたもので、原因の原因をずっとたどって無限に遡るような事態は認められず、第一原因もしくは自己原因としてのなにかがなければならない、それが神であるといった筋立てのものです。この証明では、この世界が存在することが大きな前提となっています。けれども、デカルトは世界の存在を否定した状況で神の存在を証明しようとするのですから、このようなタイプの証明を採用することはできませんでした。

右に説明した三つ目の存在証明は、神の定義である「最も完全なもの」を拠り所にしていますよね。こうしたタイプの証明は、一般に「存在論的証明」と呼ばれています。

いずれにしても、デカルトのそれに限らず、これまで歴史上行われてきた神の存在証明については、今日でもなお、多々議論がなされています。本書ではとりあえずデカルトの言い分を一応了解したことにして、話を先に進めますね。

†物体の存在証明へ

こうして、デカルトは、すべてを疑ったあと、心としての私の存在を第一原理として見いだし、それから、心の中にある神の観念をもとに神の存在を三つの仕方で証明し、神は完全な神である以上欺くことはなく、知性が教えること以上のことについて判断するのを控えれば誤りを回避できるということを確認します。そして、それを踏まえてデカルトがいよいよ行おうとするのは、「物体」の存在の証明です（これが「第六省察」前半部のテーマです）。

では、デカルトはどのようにしてこの証明を行おうとするのでしょうか。

彼はまず、「私が明晰判明に捉えることができるものは、すべて、神はこれを造り出すことができる」（AT-VII, p. 71）という、可能性の話をします。そして、その上で、想像の働きと知性の働きの違いを取り上げます。

私が明晰判明に認識することができるものを神は造り出すことが可能であるという話は……、そうなんです。すでにデカルトは物体について、そのうちのある性質を私は明晰判明に捉えることができるという議論をしていましたよね。だとすると、そうした性質を持つ物体については、それが存在する可能性は当然あるということになりますよね。でも、問題は、単なる可能性ではなくて、現実に存在するかどうかです。そのため、デカルトは、想像の働きと知性の働きの違いについての議論に入ります。

†想像することと理解することの区別から

デカルトは、想像の働きと知性の働きを区別するにあたって、三角形や五角形、千角形や万角形を例にとります。

私たちは三角形が三つの辺からなる図形であることを理解することができます。これは、千角形についても同じで、その場合にも、それが千の辺からなる図形であることを、私たちは理解することができます。けれども、三角形の場合にはその三つの辺を想像することができるのに、千角形の場合にはそれを正確に想像することはできません。確かにその場合にも、なんらかの漠然とした図形を思い浮かべることはできるでしょうが、デカルトによれば、それは私が万角形を想像するときに思い浮かべる図形と変わりません。ですから、千角形を他の多角形から区別するには、想像された図形はあてになりません。ところが、五角形の場合には、三角形の場合と同じように、私はその図形を想像の助けなしに理解することができるだけでなく、その図形を想像することもできます。

デカルトはこうした考察を経て、想像は、理解するときには用いないような「ある独特な心の緊張」(contentio　コンテンティオー)(AT-VII, p. 73)を要すると言います。そして、この心の緊張こそが、想像の働きと純粋な知性の働きの違いを明確にすると言うのです。

またデカルトは、想像する力は、「私自身の本質」(AT-VII, p. 73) にとっても「私の心の本質」(AT-VII, p. 73) にとっても必要ではないと言います。想像する力がなくても、私は相変わらず同じ私だと言うのです。これは必ずしも納得されることではないかもしれませんね。でも、デカルトが、そのように、想像する力は私の本質ではないと言うのは、当面の文脈では大いに意味のあることで、私が私であるために必要のない想像の働きが、実際に私にあるということは、その力が私とは異なったなにかに依存していることを示していると、彼は言いたいのです。

像を生み出す能力としての「想像」をデカルトが自然科学的文脈でどのように考えているかがはっきりしないと、ここから彼が次のように話を進めるのは違和感があるかなと思うのですが、ともかくデカルトはここで、私が物体を「想像する」という事態は、ある物体(身体)が存在していて、これがなんらかの仕方で心と結びついていて、心がそちらのほうに注意を向けることによって成立すると、当然のように主張します。デカルトが想像を身体との関係で考えていることについては、章を改めて言及することにします。ここでは、デカルトは自身が自然科学の分野での仕事の中で当然視している、想像は身体を含めた物体と心との関わりの中で成立するものだという考えを引き合いに出しているととりあえずご了解いただいで、彼の論旨を追っていただければと思います(実はこの件もまた、デカルトの「自然学」における見解が、形而上学の議論で使用されている事例なのです）。

さてそれで、「知性」の働きと「想像」の働きの違いについてですが、デカルトは、「知性」によって「理解」するときには、「心は言わば自分を自分自身に向け、心そのものに内在している観念のあるものを眺める」（AT-VII, p. 73）のであるが、「想像」するときには、心は自身を物体（身体）に向け、心自身によって理解された観念もしくは感覚によって知覚された観念に対応するものを、「物体のうちに直観する」（AT-VII, p. 73）と主張します。

もしデカルトの言うように、想像が成り立つためには物体（身体）に対するなんらかの仕方での依存が必要であるというのであれば、私たちに実際に想像の力があることから推測して、そこから物体（身体）の存在を蓋然的に結論することができそうです。ですが、デカルトは、その推測はあくまで推測であって、物体の観念から物体の存在を必然的に結論づけることはできないと言います。

†感覚・再説

物体の観念に関するこれまでのデカルトの議論の中で出てきましたように、デカルトが物体の本性と考えているのは、純粋数学で扱えるような、形や大きさのようなものだけでした。けれども、日常的には、物体と言えば、形や大きさなどを持っているだけでなく、色や味が付いており、叩けば音が出たりするものですよね。ところが、デカルトは、それらを「判明な」性質とはしませんでした。デカルトは次に、そうした判明でない色や味や音などを取り上げ、それらについて考察しようとします。色や味などは、感覚によって知覚されるものですよね。ですから、それらについて考察するには、感覚について論じなければなりません。

感覚は、あの懐疑の過程で、デカルトが最初に退けたものでした。感覚はときとしてわれわれを欺くので、今もわれわれは感覚によって欺かれ、ありもしないものをあると思っているかもしれないと言うのです。こうして退けられてしまった感覚を、デカルトはもう一度考察しようとします。

まず、懐疑以前にデカルトが感覚についてどう思っていたかです。懐疑以前には、自分は感覚によって手足をはじめとする身体を持っていることを知り、この身体をもって自分であると思っていたとデカルトは言います。また、自分の体は、ほかのたくさんの物体とともにあって、それらからさまざまな仕方で影響を受けることをも感覚によって知っていたし、都合のよい影響を受けるときにはある種の快感を得、都合の悪い影響を受けるときには苦痛を感じていたと言い、そこからさらには、自分がさまざまな感覚を持ち、それらの違いによって、天や地や海をはじめ、すべての物体を区別していたと言います。

デカルトはさらに、そうした場合にさまざまな感覚を鮮やかに感覚することから、自分は自分の意識とはまったく異なるもの、すなわちそれらの（感覚としての）観念の基になる物体を、感覚している気になったと言います。なぜかと言うと、そうした感覚としての観念は、なんらかの対象が感覚器官に現前しなければ感覚しようとしても感覚できないし、また反対に、物体が感覚器官に現前していれば感覚したくなくても感覚せざるをえないからです。

また、それらの感覚は、その鮮明さとそれなりの判明さから、私自身がそれらを生み出したとは考えられず、なにかほかのものから来たと考えるしかなかったと、デカルトは話を続けます。そして、そうした感覚を与えるものは、私が感覚しているものに似ていると思わざるをえなかったと言うのです。

デカルトは、このように議論を続けた上で、その後感覚に対する信頼が揺らいできたことに話を移します。例えば、遠くからは丸いと見えた塔が近寄ると四角だとわかったり、その塔の頂の巨大な彫像が地上から見るとそれほど大きく見えなかったりすることをたびたび経験したと言うのです。これはまさに、懐疑の過程で言われていた「感覚がときに欺く」事例です。そうした「外的感覚」（sensus externus セーンスス・エクステルヌス）（AT-VII, p. 76）だけでなく、「内的感覚」（sensus internus セーンスス・インテルヌス）（AT-VII, pp. 76–77）についても、そういう誤りがありうることを、デカルトは、足や腕を切断した人々がそのなくした部分に痛みを感じる気がするという話を挙げて、論じています。

そして、デカルトは次に、あの懐疑の過程をなぞって、夢と覚醒時の区別が明確でないこと、それから、あの「欺く神」の想定の話を、再度持ち出すのです。

†物体の存在証明

こうした過程をもう一度たどったあとで、デカルトは、自分がどういうものであるか、そして、自分の作者（神）がどういうものであるかをよりよく知るようになった今、感覚から得るものすべてに疑いをかけるべきではないと思うと論じます。

その議論は、まず、自分がどういうものであるかの確認から始まります。デカルトは、自分が明晰判明に理解するものは、すべて、自分が理解するとおりに神によって造られうることを知っているという、先に言及した指摘に戻り、そしてまた、あるものをそれとは別のものなしに明晰判明に理解できるのであれば、それだけでそれら二つが異なったものであることを確信できると言います。それは、「私」が物体（身体）とは別の存在であることを言うための布石です。これまでの議論で、デカルトは、自分が存在することと、自分が「考えるもの」(res cogitans レース・コーギターンス）であることを、明晰判明に理解したつもりです。そしてまた、「蜜蠟の話」等々で言われていましたように、物体は「延長するもの」(res extensa レース・エクステンサ）であって、考えるものではないこともまた、明晰判明に理解したつもりでいます。そこからデカルトは、「考えるもの」としての私の心は「延長するもの」としての物体（身体）なしに理解できるのだから、心と身体は別ものであり、心は身体なしに存在することができるという結論を引き出します。

こうした議論を続けたあとで、デカルトは物体の存在証明に入ります。その議論は、自分の中に、ある種の「受動的能力」（passiva facultas パッシーウァ・ファクルタース）（AT-VII, p. 79）がある、ということを出発点にします。それはつまり感覚する能力で、感覚によって捉えられる物の観念を受け入れる能力です。これは受動的な能力ですから、それが働くためには、それらの観念を生み出すなんらかの能動的な能力がなければなりません。しかし、そうした能動的な能力は、私の中にはありえません。なぜなら、感覚としての観念を生み出す能力は、私が持っている知性の働きをまったく前提していませんし、また、そうした観念は、私の協力なしに、またしばしば私の意に反して、生み出されるからです。

そうなりますと、そのような感覚としての観念を生み出す能力は、私とは異なる実体のうちになければならないことになります。しかも、ずっと以前に出てきましたように、それは私が持つ感覚としての観念の原因なのですから、その観念が持つ表現的実在性を、その私とは異なる当の実体が、形相的に、あるいは優越的に、持っていなければなりません。とすると、デカルトの分類からしますと、その能力を持つ実体は、物体か、神か、天使かのいずれかであるということになります（デカルトがキリスト教徒で天使の存在を認めていることは言うまでもありません）。

さてそこで、神は欺く神ではないというあの主張が登場します。私には、自分の感覚としての観念が神によって送り込まれるとか天使によって送り込まれるとかいったことを知る能力が与えられてはいないとデカルトは言います。むしろ、そうではなくて、神は私に、それらの観念が物体に由来すると信じる大きな傾向を与えていると言うのです。神が私にそのような傾向を与え、しかも神が私を欺いたりしないというのであれば、それらの観念を私の中に送り込む物体が存在するとしなければならない。これが、デカルトによる物体の存在証明の大筋です。

†物体について知られること

右のような物体の存在証明のあと、「第六省察」後半部では、私たちは、感覚を通して、物体について何を知ることができるかが論じられます。

デカルトが物体をどのようなものと見ているかについては、これまで、何度か見ていただく機会がありましたが、そこでは、数学的に捉えられる延長や形、大きさなどと、色や味などの感覚とが区別され、前者は知性によって明晰判明に把握されるけれども、感覚が与える後者の性質は、物体のあるがままをわれわれに示すものではないということが言われていました。ここでもまた、まずそのことが確認されます。

デカルトは、先の一連の議論のあとで「かくして、物体的なものは存在する」(AT-VII, p. 80)としたあと、「しかし、おそらく、そういったものはみな、私が感覚によって把握するようなものとして存在するのではないであろう」(AT-VII, p. 80)と言い、これに対して、「少なくとも私が明晰判明に理解するもの、言い換えれば、純粋数学の対象のうちで把握される、一般的に捉えられるものは、すべて、物体的なもののうちにある」(AT-VII, p. 80)としています。

今、「一般的に捉えられる」という言葉が出てきましたけれども、デカルトはこれに対して、「個別的なこと」として、太陽の大きさや形の例を挙げています。一般に三角形の形をしたものはこういう性質を持っているということとは違い、個々の物体がどのような形をし、どのような大きさを持っているかは、いろいろな工夫のもとに、感覚を頼りとしながら調べてみなければわかりませんよね。また、デカルトは色や味や匂いなどを、混乱した不明瞭なものとして扱っていましたよね。デカルトはこうしたものを、先ほどの純粋数学が扱うものとは区別し、それらが疑わしく不確かなものであっても、神が欺く者でない限り、そうしたものについてもそれなりに真理に到達できるのではないかと考えます。

†自然によって教えられること

デカルトは、こうしたものについては、純粋数学が扱うものと区別して、「自然によって教えられる」(doceor a naturâ ドケオル・アー・ナートゥーラー)(AT-VII, p. 81) という言い方をします。ここで「自然によって教えられる」と彼が言っているのは、具体的には、私が身体を持っているとか、私が痛みを感じるときには身体の具合が悪いとか、私が飢えや渇きを覚えるときには食べ物や飲み物が必要であるとかいったことです。デカルトは、こうしたことを疑ってはいけないと言います。

また、自然は、そのような苦痛や飢えや渇きの感覚によって、私と身体がきわめて密接に結合されていて一つになっているということをも私に教えるとデカルトは言います。苦痛や飢えや渇きは、心が体と一体になっていることによって起こる思考様態だと見るのです。

さらに、自然は、自分の身体の周りに他の物体があり、そのうちのあるものは私が求めるべきものであり、他のものは避けなければならないということも、私に教えると言います。加えて、私が感覚するさまざまな色、音、匂い、味、熱さ、固さなどから、そうした感覚を私に与える物体には、それらに似ていなくても、それらに対応しているあるあり方があるということも、自然は教えるとデカルトは述べています。

†軽率な判断に対して

しかし、デカルトは、その一方で、自然から教えられたかに見えるが本当は軽率な判断をしてしまう習性が私たちにはあって、これまで挙げた真なるものではなく、偽なるものを私たちは受け入れていると続けます。

デカルトがそうした軽率な判断によって私たちが受け入れている間違いの例として挙げているのは、私の感覚に刺激を与えるものがまったく見あたらない空間は空虚であるとか、熱い物体には私の中にある熱さの観念に似たものがあるとか、白い物体や緑の物体には私が感覚する通りの白色や緑色があるとか、苦い物体や甘い物体には私が感じているのと同じ苦みや甘さがあるとか、星や塔など遠くにある物体は私が見るとおりの大きさや形しか持っていないとかいったことです。

デカルトは、先に挙げた「自然によって教えられること」は、心と体が一つになった私に神が付与したもので、真なるものだけれども、この自然は、知性による吟味を待たずに私たちの外にあるものについてなにかを結論してよいと教えてはいないと言います。ですから、今挙げた私たちが受け入れている間違いの例は、知性による吟味を待たずに私たちが思い込んでいるにすぎないものなのです。

デカルトは、星の例について、なるほど星は小さな松明《たいまつ》の火ほどにも見えないが、だからといって星は松明ほども大きくないと信じていいわけではないと言い、また、火の例については、火に近づくと熱さを感じ、もっと近づくと痛みを感じるけれども、だからといって火の中にその熱さや痛みに似たものがあると信じてよいわけではなく、火には私たちのうちに熱さや痛みの感覚を生み出すものがあると信じてよいだけである、と言います。また、空虚については、空間のうちに感覚を刺激するものがなにもなくても、そこには物体がないということは帰結しないと言っています。

デカルトによれば、感覚は本来、心と体が合一した人間にとって、何が都合のいいものであり何が都合の悪いものであるかを知らせるものであって、外にある物体の本質を認識させるものではないのです。

†「誇張された懐疑」の停止

デカルトはこのように論じたあと、なぜわれわれは自分にとって都合のよいものと都合の悪いものの判断をときに誤るのかを考察します。というのも、これまでのデカルトの話では、私たちが知性によって慎重に考察する限り、自然によって教えられるものによって誤ることはないということになるのですが、それだけでは、例えば病気にかかっている人が自分が飲んだり食べたりしてはいけないものをなぜほしがるのかといった疑問が解消しないと考えるからです。

ここでは立ち入りませんが、デカルトは、人間の体が機械であって、脳のところで心とつながっているという基本的な考え方を概説し、それに基づいて、本人にとって本当は都合の悪いものを人はなぜほしがるようになっているのかを説明しようとします。ここのところの基本的な考え方は、没後に出版された『人間論』の考えに従っています。そして、そうした一連の試みのあと、デカルトは、私たちは感覚にときに欺かれることがあるものの、それは特殊な状況に限られていて、身体の状態が健全なときには、まず欺かれることはないと言います。そして、そこからさらに、「もはや私は、日々感覚が私に示すものが偽でありはしないかと恐れる必要はない」(AT-VII, p. 89) と言い、「数日来の誇張された懐疑 (hyperbolicae dubitationes ヒュペルボリカエ・ドゥビターティオーネース) を、笑うべきものとして一蹴しなければならない」(AT-VII, p. 89) として、懐疑そのものの機能を停止します。

†夢と覚醒の区別・再説

「第六省察」の終わりに至って、デカルトは右のように述べたあと、夢と覚醒時の区別が明確ではないというあの疑いの理由について、改めて見解を示します。「第一省察」での主張とは異なり、ここでデカルトは、覚醒と睡眠との間には「きわめて大きな違いがある」(AT-VII, p. 89) と言います。その違いは、覚醒時に現れることは人生の他のさまざまな出来事と整合的につなぎ合わせることが可能であるが、夢についてはそれができない、ということに求められます。そして、他のものと矛盾するようなことが認められないものについては、それが真であることを疑うべきではないと言うのです。ここでもまた、最後の拠り所は、神が欺く者ではないということに求められています。彼は言います。「というのも、神が欺く者ではないということから、そのようなものにおいて私が誤ることはないということが帰結するからだ」(AT-VII, p. 90) と。それでも実生活において私たちがしばしば間違えるのは、十分に吟味するだけの時間的余裕が与えられないからであり、ここに私たちの本性の弱さがあると、デカルトは『省察』本文を締めくくっています。

さて、章を改める前に、ここで一つだけ余計なことを申しますね。先にデカルトは、「質料的虚偽」ということを言っていましたよね。「ある観念が存在しないものを存在するかのように表現している」という(AT-VII, p. 43) 場合に、その観念は偽である、間違っているというのです。この場合には、観念と、観念が表すべき観念以外のなにかが比較され、両者が合っているかどうかが問題にされていますよね。言い換えれば、観念が観念でないなにかと「対応」しているかどうかという観点から、真偽が考察されています。これに対して、例えば「我あり」という判断の場合には、それがただひたすら「明証」的であるかどうかにその真偽がかかっていました。そして、今出てきた、覚醒と睡眠の違いの説明では、覚醒時に現れることは人生の他のさまざまな出来事と整合的につなぎ合わせることが可能であるが、夢についてはそれができないということが言われています。つまり、信じているほかのこととうまくつじつまが合うかどうか、「整合」的であるかどうかが、真であるための要件とみなされているのです。

このように、デカルトの第一哲学では、真偽の基準を捉える視点として、今日の真理論で言う「真理の対応説」、「真理の明証説」、「真理の整合説」にあたるものが、非常に興味深い形で顔をのぞかせています。真理の対応説は、すでに古代ギリシャ以来、例えばアリストテレスに典型的に認められ、超越論的観点を採用するカント（Immanuel Kant, 1724-1804）ですら、これを表明していました。また、「真理の整合説」は、最近ではドナルド・デイヴィドソン（Donald Davidson, 1917-2003）が、この立場を代表する見解を示していました。そして、デカルトについては、従来、「真理の明証説」が、彼の真理論として強調されてきました。ところが、デカルトの中では、「真理の明証説」以外の真理に関する考え方もまた、重要な役割を果たしているのです。このことは、記憶に留めておいていいと思います。

本書ではこの件についてはこれ以上立ち入りませんけれども、複数の真理論が顔を出すデカルトの思想を、この真理論の観点から整理し直すと、もしかしたら意外な相貌をデカルトの第一哲学は示すかもしれないのです。

第4章　形而上学を支える自然学
——物体の本性と観念の論理

†『省察』の中の自然学

デカルトの『省察』、いかがでしたか？

すべてを疑い、何一つ信じられるものがない状態に自らを置き、そこで「我あり」を絶対に疑えないものとして見いだし、その我を心と捉え、心の中にある観念を足がかりに心の外へ出て行こうとするデカルトの第一哲学、ある種のすさまじさがありますよね。

彼は結局、「神あり」を介して「物体あり」を証明し、最後には「大げさな懐疑はやめようね」ということになるのですが、元の木阿弥かというと、そうではありませんでした。懐疑から「我あり」、「神あり」、「物体あり」と進む過程の中で、「私」は「心」すなわち「考えるもの」でしかなく、また物体は体も含めて「延長するもの」でしかないということが説かれます。そして、心と物体（体も含めて）は、まったく違うということが確認されるとともに、物体は、色や味や匂いなどを持ってはおらず、ただひたすら、純粋数学で捉えられるような性質だけを持っているということが示されます。

おおよそこういったことが形而上学の分野で明らかにされますと、今度は、『哲学の原理』のフランス語版に寄せた仏訳者への手紙にあるように、その形而上学が自然学を支え、さらには、全学問を支えることになる、というわけでした。

デカルトの諸学の関係づけからすれば、本来、形而上学によって支えられるべき自然学が形而上学の議論の中に入り込み、形而上学の中で重要な役割を果たすというのは、おかしいことになります。けれども、前二章で見ていただきましたように、デカルトの形而上学の議論においては、彼が若い頃から自然科学者として培ってきた自然科学の見解が、何度かにわたって、議論の不可欠の要素として用いられていました。

それだけではありません。デカルトが近代的用法を確立したと言われる「観念」という言葉の使い方についても、実はその基盤をなしていたのが、デカルトの自然科学のある見解でした。

要するに、デカルトの形而上学の議論においては、そのいくつかの重要な要素を、彼の自然科学的見解が占めているのです。

この点を押さえておくことは、デカルトを理解する上で大変重要です。彼の自然科学的知見を知らないまま『省察』を理解しようとしますと、その論理に何度かついて行けなくなるのが世の常です。あからさまにそうだとは言われないまま、彼の自然科学の分野での仕事の成果が反映している部分。そこを読み解くことが、『省察』読解の一つの鍵となっています。

実は、「第六省察」で一箇所、「自然学が私に教えたことからすれば」(docuit me Physica ドクイト・メー・ピュシカ)(AT-VII, p. 87) という言葉が出てきます。そう明記されているのは、デカルトが神経系について述べているところです。しかし、こうした言い方は、ほ学」的見解）をいささかなりとも見ておく必要があるのです。

哲学（形而上学）をよりよく理解しようとしますと、デカルトの自然科学的見解（「自然

かのところではあからさまには出てきません。そのようなわけですから、デカルトの第一

†『哲学の原理』第二部

第1章でお話ししましたように、デカルトはもともと、最初に『世界論』を公にするつもりでした。けれども、ガリレオの一件のため、その出版を断念し、代わりに、『方法序説』とともに三つの試論を公刊します。しかし、デカルトはその後も『世界論』に代わるものを出版する必要性を感じ、それが、一六四四年に『哲学の原理』第二部以下として公刊されることになります。

本章では、まず、『哲学の原理』第二部を取り上げ、デカルトがどのような自然観を持っていたかを見ることにします。そして、その上で、デカルトの自然学的見解がどのような仕方で彼の第一哲学（形而上学）を支えていたかを考察することにします。

『哲学の原理』第二部は、『省察』の「第六省察」で論じられた物体の存在証明から始まります。そこのところは、前章と話が重なるのですが、その分だけ、形而上学と自然学の接続がどのようになっているかがよくわかると思いますので、そこから話を始めることにします。

†物体の存在の確かさ

私たちが日常あたりまえのように確信している物体の存在が、どうして知られるのでしょうか。デカルトはその理由を求めて、私たちの感覚が私たちの思い通りにはならないことを指摘し、それはなぜかと言えば、感覚が私たちの感覚器官を刺激するものに依存しているからだと言います。彼は実際、次のように述べています。

われわれが感覚するものは、それがなんであろうと、なにかわれわれの心（mens メーンス）とは異なるものからやってくることは疑いない。というのも、われわれが他のものではなくこのものを感覚することは、われわれの自由になることではなく、われわれの感覚器官（sensus センスス）を刺激するものに明らかに依存しているからである。（AT-VIII-1, p. 40.）

デカルトは、ここで、私たちの日常経験を引き合いに出しています。彼の議論は、私たちが何を感覚するかは私たちの自由にはならないという感覚に関する事実から、なにか外的なものがあってそれが私たちの感覚器官を刺激しているに違いないという方向に向かおうとする、いわば内から外への論法を使っているかに一見見えなくはありません。けれども、実際には、「われわれが何を感覚するかは感覚器官を刺激するなんらかの外的なものに依存している」という、日常私たちが折に触れて当然視していることを再確認しているにすぎません。ですが、そうした詮索はさておき、デカルトは、物体の存在を「誰もが十分に確信している」(AT-VIII-1, p. 40)とし、その理由をともかくも、感覚がわれわれの自由にならず、なんらかのものが感覚器官を刺激することに依存しているということに求めます。

ところで、今「感覚器官を刺激する」と言いましたが、私がここで「刺激する」と訳しているのは afficio(アッフィキオー)というラテン語の動詞です。この動詞は、英語に入ると affect(アフェクト)となり、ドイツ語に入ると affizieren(アフィツィーレン)となります。affect は、ジョン・ロック(John Locke, 1632-1704)が、『人間知性論』において、「物そのもの」(Things themselves)が感覚器官を刺激すると言うときに使います。affizieren のほうは、イマヌエル・カント(Immanuel Kant, 1724-1804)が、「物自体」(Dinge an sich)が感官や心を刺激すると言うときに使います。カント学者は一般にこれを「触発する」と訳しますので、私も、カントを訳したり、カントのことを念頭においてロックを訳したりするときには、「触発する」という訳語を使いますが、大学などで説明するときには、よく「刺激する」という言葉を使います。いきなり「触発」ではなんのことかわかりませんからね。ともかく、ロックやカントが使っている言葉のもとのラテン語が、デカルトによってこんなふうに使われているということは、十分に注意しておく必要があります（ロックのaffectの用法については、冨田『ロック入門講義』ちくま学芸文庫、二〇一七年、一〇一〜一〇二ページ、冨田『カント哲学の奇妙な歪み』岩波現代全書、二〇一七年、四九〜五〇ページを、カントのaffizierenの用法については、冨田『カント入門講義』ちくま学芸文庫、二〇一七年、九二〜九三ページをあわせてご参照いただければ幸いです）。

話を戻して、デカルトがそれでどのように言うかといいますと、その基本は先ほど前章で見たとおりです。もし物体の観念を私たちに送り込むのが物体（もしくは物質）ではなくて、例えば神が直接私たちにそれを送り込んでいるとするなら、それは私たちが日頃確信していることに反することになり、神が私たちを欺いていることになります。しかし、神が欺く者でないことは、すでに神の完全性から証明されたことになっています。ですから、物体もしくは物質なるものが存在していて、それが私たちの感覚器官を刺激し、それによって私たちが物体の観念を持つようになっているのだと考えるしかない、と言うのです。

†物体の性質

では、その物体は、どのような性質を持っているのでしょうか。

すでに『省察』でも、私たちが実際に明晰判明に知覚している物体の特性は数量的なもの（数学的に扱えるもの）に限られるという議論をデカルトは行っていました。ですから、広がり（延長）や、形や大きさ、位置や運動や数量や持続については明晰判明な観念を持つことができるけれども、私たちが日常物体の性質だと信じている色や味や感じられる熱さ・冷たさなどはそうではなく、そのためデカルトは、そうした色や味などを物体の性質から外し、それらを物体にはなく私たちが感覚するだけのものとして扱います。この『哲学の原理』第二部のはじめ（第一節）でも、デカルトはそのことを念頭において、次のように言っています。

> しかし、われわれは、長さ、幅、深さにおいて広がり〔延長〕を持つある物質（materia マーテリア）――その物質のさまざまな部分は、さまざまな形（figura フィグーラ）を持ち、さまざまな運動（motus モートゥス）をなし、色（color コロル）や匂い（odor オドル）や痛み（dolor ドロル）などのさまざまな感覚をわれわれが持つように作用する――を感覚し、あるいはむしろ、感覚にせき立てられて、明晰かつ判明に捉えるのであるから、もし神が、直接自分自身で、その延長する物質の観念をわれわれの心に示すとすれば、あるいは単に、延長（extensio エクステンシオー）も形も運動も持たないあるものによってそうした観念が示されるように働きかけるにすぎないとすれば、神を欺く者（deceptor デーケプトル）と考えざるをえないことになる。（AT-VIII-1, pp. 40-41.）

『省察』で見たのと同じように、ここでもまた、物質ないし物体について明晰判明な観念が得られるのはその延長に関してであることが示唆されています。そしてまた、「色や匂いや痛みなどのさまざまな感覚」と、感覚器官を「触発」してそうした感覚を私たちに持たせるように作用する「物質」ないし物体が、明確に区別されています。物質ないし物体が持つのは、延長や形や運動であって、色や匂いなどはそれが感覚器官に作用して心の中に引き起こす感覚にすぎないとされているのです。

†ロックの「一次性質」と「二次性質」の区別の先取り

ここで少し立ち止まって、右の引用箇所にあるデカルトの言葉についてもう少し考えておきたいと思います。

まず、デカルトは、物質を、「長さ、幅、深さにおいて広がり〔延長〕を持つ」ものとしています。しかもそれは、「さまざまな形を持ち、さまざまな運動をな〔す〕」と言われています。そして、そうした物質は、「色や匂いや痛みなどのさまざまな感覚をわれわれが持つように作用する」のです。つまり、デカルトによれば、物質（もしくは物体）は、広がり、形、運動のような性質のみを持ち、私たちの感覚器官に「作用」し、その結果、私たちは広がりや形や運動だけでなく、物質が持っていない「色や匂いや痛みなどのさまざまな感覚」を持つ、というのです。

一七世紀後半に活躍したロックは、一六六〇年代に、師ロバート・ボイル（Robert Boyle, 1627–1691）の影響下に、デカルトを熱心に研究しています。ボイルもロックも古代ギリシャの原子論の近代の復活形態である粒子仮説を採用していますから、真空を認めるか認めないかの点ではデカルトと大きく異なるものの（デカルトは真空を認めませんでした）、物質ないし物体の性質に関する考え方においてデカルトのそれときわめて近い線を進むのは、当然と言えば当然のことでした。ロックは、「物そのもの」（デカルトの言う「物質」ないし「物体」）が持つ性質を延長や形などに限定してこれを「一次性質」（primary Quality）と呼び、またそうした一次性質のみを持つ物そのものが私たちの感覚器官に働きかけて私たちに物そのものが持っていない色や味や匂いや熱さや冷たさなどを感じさせる「能力」を、「二次性質」（secondary Quality）と呼びました。その一次性質と二次性質の区別が、デカルトのこうした議論の中に、しっかりと出てくるのです。

ただし、二点、注意すべきことがあります。

一つは、先ほど言いましたようにデカルトは真空を認めませんから広がりがあるところには必ず物体があり、トリチェッリ（Evangelista Torricelli, 1608–1647）の水銀柱の実験で水銀柱の上の部分にできる空いた部分にも、「微細な物質」があると主張しました。これに対して、ロックは空間中の真空部分と物体がある部分とを区別し、物体がある部分には

「固性」(Solidity)があるが物体のない真空部分には「固性」がないとしました。「固性」というのは、物体が今占めている場所から移動しない限り他の物体がその場所を占めることを許さない性質のことです。ですから、ロックの「一次性質」には形や大きさや運動などに加えて「固性」が数えられるのですが、デカルトの場合には基本的に形や大きさや位置や運動だけが物体の性質とみなされます。

もう一つは、ロックの言う「二次性質」というのは、それが私たちの感覚器官を触発して感覚させる、物そのものが持たない色や味などのことではなくて、そうした色や味などを感じさせる能力のことです。しかし、物そのものの存在を否定したジョージ・バークリ(George Berkeley, 1685–1753)は、私たちが感覚しているもののうち、形や大きさなどを「一次性質」、色や味などのことを「二次性質」と呼び、以後、科学史に十分な注意を払わない人々が、このバークリ流の「一次性質」と「二次性質」の区別をロックのそれと混同するという歴史が最近まで続きました。繰り返しますが、ロックの場合、色や味などはあくまで私たちの感覚であって、それをロックが「二次性質」と呼んでいるわけではなく、二次性質はそうした感覚を私たちに起こさせる、物そのものが持つ「能力」の一種で、それ自体が色や味などであるわけではありません。私たちが感じている色や味などは、二次性質の作用によって私たちが感じる感覚、つまり観念なので、ロックは色や味などを「二次性質の観念」と呼びます。

デカルトの場合、真空と固性に関する考え方においてロックの考え方との違いはあるものの、物体はロック流に言えば「一次性質」しか持たず、色や味などは私たちが感じているもの(感覚)にすぎないとするわけですから、彼のその区別は、明らかにロックの一次性質/二次性質の区別の先駆であると言わなければなりません。

†話を戻して

話をもとに戻して確認しますと、『哲学の原理』第二部第一節でのデカルトの論の進め方は、「第六省察」のそれと基本的に同じです。私たちがこのような考えを持っているのに、本当はそれとは違うということになれば、神が私たちを欺いていることになるが、神が欺く者でない以上それは矛盾であるという、背理法ないし帰謬法を用いています。こうして、神の存在証明と、善なる神であることの確認が、デカルトの議論にとって大きな役割を果たすことがわかるのですが、その一方で、それに劣らず重要な役割を果たしているのが、延長等のみを有する物質ないし物体と、それが私たちの感覚器官に働きかけることによって心の中に生み出される感覚(としての観念)の区別です。そして、この後者の考え方は、本章後半で立ち入ってお話ししますが、科学史的には、まさしく近代始めに復活する古代の知恵の、一つの復活形態と見られるものなのです。

この点を念頭におき、『哲学の原理』第二部のデカルトの議論を、さらに追うことにします。

†身体と心の結びつき

すでにお話ししましたように、デカルトは、私たちの心（mens メーンス）を「考えるもの」（res cogitans レース・コーギターンス）と捉え、私たちの身体を含む物体（corpus コルプス）を「延長するもの」（広がりを持つもの res extensa レース・エクステンサ）と捉えて、両者はまったくそのあり方を異にすると考えます。しかも、それぞれは互いに他を必要とせずに存在するとし、その意味で「実体」（substantia スブスタンティア）であるとします。神の存在を認めるデカルトにとっては、存在するのに他のものを要しないという意味で「実体」と言えるのは、本当は神だけです。心も物体も神によって造られ維持されていると考えているからです。けれども、そのことを別にすれば、心と物体はまったく別物で、それぞれが存在するために他を必要としないと考えますから、条件つきではありますが、心も物体もそれぞれ「実体」と言われるのです。

英語の body もそうですが、ラテン語の corpus（コルプス）は、物体一般を表すのに使われる言葉であるとともに、私たちの身体をも表します。その意味で、身体は物体の一種であり、物質の一種です。

この身体が、私たちの心としっかりと結びついている――このことを、次にデカルトは説明しようとします。『哲学の原理』第二部第二節のテーマは「また、人間の身体がどのようにして心としっかりと結合していることが認識されるのか」で、そこで彼は次のように言っています。

同じ理由により、痛みをはじめとする感覚が不意にわれわれにやってくることをわれわれは明らかに観察することから、われわれの心にはある物体〔corpus コルプス。ここでは身体〕が他のすべての物体よりも密接に結びついていると結論することができる。というのも、痛みをはじめとする感覚は心それ自身だけから出てくるのではないということ、そして、それらが心に至りうるのは、心が考えるものであるからというだけでなく、人間の身体（corpus humanum コルプス・フーマーヌム）と呼ばれる、延長し運動することのできるほかのあるものと結びついているからだということを、心は意識しているからである。（AT-VIII-1, p. 41.）

このように、デカルトは心と体の結合を明らかにしようとするときにも、神の存在と善性を暗黙の支えとして（それがあるからこそ、自分が強く信じていることが真でないとしたら、神が「欺く者」となり、矛盾を来すことになるのです）、結局のところは、自分が信じている「心」と「身体」の結合を、当然視するのです。

†物体の本性――重さや固さや色などではなく、延長のみ

続く「第三節」では、デカルトは、感覚が外にある物体のあり方をあるがままに知らせるのではなく、ただ私たちにとって有益か有害かを知らせるだけであるとし、これを布石として、「第四節」では、物体固有の性質には重さや固さや色などは属さないことを主張し、すでに「第一節」で示唆していたことを確認します。

まずは彼の主張を見てみましょう。彼は次のように述べています。

〔感覚の偏見を捨て、知性（intellectus インテッレークトゥス）だけを用いるなら、〕物質すなわち一般的な意味での物体の本性が、固さや重さや色を持つもの、あるいはなんらかの別の仕方で感覚器官を触発するものであることにあるのではなく、ひたすら長さ、幅、深さにおいて延長を持つものであるということのみにあることが、わかるであろう。

（AT-VIII-1, p. 42.）

どうしてそうなのかを説明するのにデカルトが挙げる例は、固さです。彼が言うには、固さというのは、固い物体が私たちの手に当たったとき、その当たった部分が手の動きに抵抗するということですが、このような抵抗は、もし手の動きに合わせて当の物体も同じ

速さで動いてしまえば、感じることができません。つまり、その場合には固さは感じられないというのです。ということは、私たちの感じる固さが物体の固有の性質だとしますと、私たちがそのような仕方で固さを感じないときには、物体にはその性質がないということになり、物体が状況に応じて本来の性質を失うというおかしなことになります。

このように、状況に応じて感じられたり感じられなかったりするものをそのまま物体の本性とするのはおかしいという考えから、デカルトは、重さや色等々の、物体において感覚されるそうした性質のすべてについて、それらがなくても物体は物体のままであるはずであり、物体の本性はそれらには依存しないと結論します。

この論法は、今日「相対性からの議論」(argument from relativity)と言われているものの一種です。私たちが物体について感覚する性質が状況によって異なって感じられるとしたら、その異なって感じられるもののどれがその物体の本当の性質を表していると言えるのかという議論です。これについては、古代ギリシャの原子論者の一人であるデモクリトス(Δημόκριτος, c. 420 B. C. 生没年が明確でない人の場合には四〇歳頃の年を一つ挙げるという慣例に従って、ここでは一つだけ年を挙げておきます)の指摘が今日まで伝えられています。状況によって異なる(つまり状況に対して相対的な現れ方をする)性質のいずれかのあり方をもって物の本当の性質とするわけにはいかないという理由から、相対的な現れ方をする性質を原子から外すことになりました。それで、相対性の度合いの高い、色や味や匂いや感じられる熱さ・冷たさなどは、原子の性質とはされなかったのです。

因みに、ずっとのちのバークリが『ハイラスとフィロ一ナスの三つの対話』(George Berkeley, *Three Dialogues between Hylas and Philonous* [1713]) の第一対話で言うように、形や大きさや運動などもまた、相対的なあり方を示します。例えば、物の大きさは、離れて見るか近くから見るかで違って見えますよね。そのようなことを考えますと、形や大きさなどを特別扱いする理由は、「相対性からの議論」による限り、なさそうなのですが、でも、デカルトが考えているように、形や大きさといったものは、数学的に処理することができそうですよね。古代のもう一人の原子論者、レウキッポス (Λεύκιππος, c. 435 B. C.) や、先のデモクリトスが、原子の性質として形や大きさといったものだけを考えた理由の一つは、それらが単に視覚で捉えられるだけでなく、触覚でも捉えられるというところにあるのですが、それはともかく、古代の原子論者は、形や大きさを真に存在する原子の性質と仮定し、色や味や熱さや冷たさなどを、私たちが外から刺激を受けたとき、そのような感覚を持つように造られているのでそのように感じられるだけのものとして説明しました。こうした歴史的経緯を見ますと、デカルトの右の区別は、それまで主流になっていなかった古くからの原子論的な発想を(彼は先に触れましたように空虚な空間の存在を認めませんでしたから原子論者ではないのですが) 再興する役割を果たしていることになるのです。

注意しなければならないのは、形や大きさなどと色や匂いなどとを区別し、一方は物体の本当の性質だが他方は物体からの触発（刺激）によってわれわれが感じているだけのものだとするデカルトの見解そのものは、「感覚」に惑わされずに「知性」のみを用いれば受け入れるしかないものだとデカルトは言うのですが、バークリの話をまつまでもなく、科学史的にはそれはもともと仮説的に（そう考えるとなにかとうまくいきそうだということで）導入されたものでした。しかし、デカルトはそれを絶対に確実なものとして論じようとする強い傾向を持っていました。そして、彼はこうした考えを支えるのに、「神は欺く者ではない」という、神の存在証明の延長線上に出てくる見解を用いたのです。もしこのような論の進め方が妥当であるとすれば、私たちは自分が強く信じる物質観ないし物体観に、「神は欺く者ではない」という支えを付与することによって、その物質観ないし物体観を確実視することができることになります。この点は、デカルトを理解しようとするときに念頭に置いておく必要があるのですが、とにもかくにも、デカルトは、先のような議論を通して、自身の物体観をわれわれに提示していきます。

†真空の否定

これまで私は「真空」という言い方をしばしばしてきましたが、古代の原子論ではこれを「空虚」（ギリシャ語で κενόν ケノン）と言います。デカルトが使っているラテン語では vacuum（ワクウム）です。vacuum は英語に入って「ヴァキューム」もしくは「ヴァキュアム」と発音されます。そう、「真空」です。

デカルトは次のような仕方で、真空を否定します。

> 哲学的な〔＝学問的な〕仕方で受け取られた空虚（vacuum）、すなわちその中にいかなる実体もまったく存在していない空虚がありえないことは、空間（spatium スパティウム）の延長〔……〕が物体の延長と異なるものではないということから、明らかである。というのも、無になんらかの延長があるというのはまったく矛盾しているので、物体が長さ、幅、深さにおいて延長するということだけから、それが実体であることをわれわれは正しく結論するのであるが、そうであるなら、空虚と想定されている空間についても同じことを結論しなければならないからである。すなわち、空虚と想定されている空間に延長がある以上、その空間にも実体があると結論しなければならないのである。
> （AT-VIII-1, p. 49.）

その昔、エレア派という知識人グループがギリシャにあって、当時のギリシャの自然科学者たちにショックを与え、結果的に原子論の形成に寄与します。エレア派というのは、パルメニデス（Παρμενίδης, c. 475 B. C.）に始まり、エレアのゼノン（Ζήνων, c. 450 B. C.）、メリッソス（Μέλισσος, c. 441 B. C.）に至るグループで、この三人目のメリッソスが、「空虚」

は無であるので存在しえないと主張しました。原子論は、この点に関しては、空虚は無であるにもかかわらず存在するのだと仮説的に考えるところに成り立ちます。デカルトの空虚否定の論理は、このメリッソスの論を逆転させる一つのやり方のように見えます。「空虚」と言われているものは明らかに広がりを持っているではないか。それなら、無ではありえず、実体でなければならないが、それは心という実体ではない以上、物体という実体でなければならない。そんな論の進め方をしているのですね。

このように、デカルトは空虚を認めませんから、彼の場合、広がりを持つ空間はすべて物体で充満していることになります。

デカルトは一六二八年からオランダに住んでいますが、その間、三度（一六四四年、一六四七年、一六四八年に）フランスに戻っています。二度目の一六四七年にフランスに戻ったとき、彼はパリでパスカル（Blaise Pascal, 1623-1662）を訪ねています。同年九月二三日と二四日のことでした。パスカルはあのトリチェッリの実験で水銀柱の上の部分にできる空隙を真空としたのですが、先に触れましたように、デカルトはそこに「微細な物質」（ラテン語では materia subtilis マーテリア・スブティーリス、フランス語では matiere subtile マチエール・シュプティール［デカルトは matiere にアクサンを付けていません。今日的には matière です］）があるとします。

†原子の否定

このように、デカルトは真空(空虚)を認めませんから、原子論者ではありません。しかも、彼は、原子を否定します。となると、デカルトの考え方が原子論に近いというのはどういうことかとお思いでしょうね。そこで、どのような意味でデカルトが原子を否定するかを、見ておきましょう。『哲学の原理』第二部第二〇節に、その議論が出てきます。彼は、空虚の否定に続けて、次のように言っています。

われわれは、原子といったもの、その本性上分割不可能な物質部分といったものが存在することはありえないということをも認識する。というのも、もしそういうものが存在するとすれば、それがどれほど小さいと想定されようとも、それらは必然的に延長〔広がり〕を持っていなければならないので、どの一つをとってみても、われわれはさらにそれを思考の上では二つもしくはもっと多くのより小さいものに分割することができ、したがって分割可能であると認識することができるからである。(AT-VIII-1, p. 51.)

「原子」と訳されるギリシャ語 ἄτομον(アトモン)は、もともと「分割できないもの」を意味しています。デカルトはこのような、それ以上に分割できないものの存在を否定しているのです。物体（物質）はどれほど小さくても広がりを持つのだからさらに分割することができるはずだというのです。

このように、デカルトは、空虚を否定し、それ以上に分割できないものとしての「原子」をも否定するのですが、それでもデカルトは、先に確認しましたように、物体に量的な性質しか認めず、色や味などを、物体が感覚器官を触発した結果私たちが感じているものと捉え、しかも、さまざまな現象を、次にお話しします「微小部分」（粒子）を想定して説明しようとします。そういったところに、彼の思考法は、しっかりと原子論的伝統との重なりを持っているのです。

†物質は限りのない微小部分に分割される

では、そのデカルトの「微小部分」（粒子）についての考え方は、どのようなものなのでしょうか。

デカルトは『哲学の原理』第二部第三四節で、これについて論じています。彼は、「物質は真に限りのない微小部分に分割される」（AT-VIII-1, p. 59）と言います。ここに言う「微小部分」は、ラテン語では particula です。

ラテン語で部分のことを pars（パルス）と言います。この言葉は、pars（パルス「部分は」）、partis（パルティス「部分の」）、parti（パルティー「部分に」）、partem（パルテム「部分を」）、……といった具合に格変化します。つまり、主格での pars の最後の s が、属格や与格や対格などでは t になっています。それで、その言葉が英語に入るときには part という形をとります。つまり、英語では「パート」です。

そうなんです。だから pars は「部分」だということが、ご理解いただけると思います。

さてそれで、その名詞に -cula（クラ）という接尾辞がつきます。pars に -cula が付くとき、s が t に代わり、さらに i が付いて、particula（パルティクラ）となります。-cula（クラ）という接尾辞は、「小さい」という意味を持ちます。そこで、particula（パルティクラ）は、「小さい部分」を意味します。つまり、「微小部分」です。ところが、デカルトはその「微小部分」をしばしば粒子の形で考えています。ですから、この「微小部分」は、「粒子」と訳していいことになります。

粒子と訳せるラテン語の言葉には、ほかに corpusculum（コルプスクルム）というのがあります。この言葉は、corpus（コルプス）つまり「物体」という言葉に -culum（クルム）が付いたものです（-culum は -cula と同じ働きをする接尾辞です）。このコルプスクルムは、英語に入ると、corpuscle（コーパスル）となります。これは、原子論の近代の復活形態である「粒子仮説」（corpuscularian hypothesis もしくは corpuscular hypothesis）で「粒子」を表す英語の代表的な名詞ですが、粒子仮説では、これとともに、particle（パーティクル）という言葉も使われます。これは、デカルトが言う「微小部分」（particula パルティクラ）の英語版です。

さて、デカルトは物体ないし物質はどこまでも分割可能であって、分割不可能な「原子」というものは存在しないと考えます。そして、デカルトが「物質は真に限りのない微小部分に分割される」（AT-VIII-1, p. 59）と言うとき、彼はその理由を、物質の間を真空を作らず充たすことは、間を充たす物質が「無数の大きさに自分の形を適合させる」（AT-VIII-1, p. 60）のでなければ不可能だという点に求めます。デカルトにとって、物質（ないし物体）の存在しない空間はありえませんから、物質の隙間を埋める物質はいくらでも分割されて隙間に入り込まなければなりません。デカルトはこのことを強調していて、だから原子というそれ以上に分割できない物質といったものは存在しないと言うのです。

†運動の第一原因

こうした基本的な見解を提示したあと、デカルトは運動の原因について語ります。運動の原因には二つあって、一つは「普遍的第一原因」（causa universalis & primaria カウサ・ウーニウェルサーリス・エト・プリーマーリア）（AT-VIII-1, p. 61）と言われるものです。要するに、世界の中にある運動の全体が、いったい何によって始まっているかということで、その原因は、神に求められます。この普遍的第一原因によって世界に運動が導入されますと、今度は三つの自然法則が、個々の運動の原因となります。

デカルトは、世界の運動の最初の原因である神がこの世界を創造したときにこの世界に与えた運動の総量は、その後も神によって保たれているので、運動の総量は一定不変であると主張します。つまり、「神は宇宙（universum ウーニウェルスム）の中に常に同じ運動量を保存する」（AT-VIII-1, p. 61）と言うのです。

こうした説明のあと、デカルトは三つの自然法則の話に入ります。

†慣性の法則

デカルトが挙げる三つの自然法則は、いずれも、神は世界を創造したときとまったく同じ仕方で物質全体を保存しているという意味での「神の不変性」（immutabilitas Dei インムータービリタース・デイー）（AT-VIII-1, p. 62）から出てくると、デカルトは考えています。

その一つ、「第一の自然法則」（prima lex naturæ プリーマ・レークス・ナートゥーラエ）と呼ばれているものは、「いかなるものも、可能な限り、いつまでも同じ状態を保持する」（AT-VIII-1, p. 62）、言い換えれば、「いったん動かされると、いつまでも動き続ける」（AT-VIII-1, p. 62）というものです。つまりこれは、「慣性の法則」です。

今挙げた「第一の自然法則」の定式は、『哲学の原理』第二部第三七節の見出しに出てくるもので、この法則は、本文中では、次のように表現されています。

いかなるものも、それが単一で分割されない限り、可能な限りいつまでも同じ状態を維持し、外的原因によってでなければけっして変化することはない。(AT-VIII-1, p. 62.)

因みに、のちのニュートン(Isaac Newton, 1642–1727)は、デカルトの『哲学の原理』を熱心に研究し、デカルトに倣《なら》って、慣性の法則を運動の第一法則としています。

†自然学の数学的原理

ここでは立ち入ることはしませんが、「第二の自然法則」は、「すべての運動はそれ自身としては直線運動である」とするもので、「第三の自然法則」は、物体の衝突に関する法則です。そして、この物体の衝突について、デカルトは七つの規則を挙げ、そのあと、個体の場合、流体の場合へと話を進め、『哲学の原理』第二部の最後の節である第六四節では、自然学の原理として、自分は数学的な原理しか要請しないと宣言します。

そして、物体の性質としては、

幾何学者たちが量(quantitas クァンティタース)と呼んで彼らの論証の対象としている、あらゆる仕方で分割し、形を与え、運動させることのできるものしか認めない(AT-VIII-1, pp. 78–79)

と言い、「あらゆる自然現象」(omnia Naturæ Phænomena オムニア・ナートゥーラエ・パエノメナ)は、「分割・形・運動」に関する数学的原理で説明できる(AT-VIII-1, p. 79)として、この第二部を終えています。

†形而上学の中の自然学

『哲学の原理』としては、さらに宇宙の構造から地球の諸現象へと話は続いていくのですが、以上に紹介しました「第二部」の概要で、デカルトの自然科学的姿勢を十分に感じ取っていただけると思います。「第二部」の最後に言われていますように、デカルトは全自然現象を数学的に捉えようとします。そのことの重要なきっかけとなったのは、第1章でお話ししました、オランダのブレダでの、あのイサーク・ベークマンとの出会いでした。以来デカルトは、自らの数学の能力を駆使しつつ、さまざまな自然現象の中に数学的法則を見いだそうとします。第1章で触れた屈折の法則もそうですが、『方法序説』とともに公にされた三試論の中のもう一つの論文「気象学」でも、虹や雲などさまざまな気象現象を、物質の形や大きさなど量的な観点から捉えようとします。

デカルトにとってみれば、そうした自身のさまざまな発見ないし知見は、大変高い確かさを持つものでした。その根底をなす、自然は数学的に扱えるという考えに対する確信、そして、物体の持つそうした数学的処理を許す量的な性質の明瞭さは、デカルトが日々確認していたものでした。ですから、自然学の研究における最も基本的な視点が形而上学の議論の中で用いられ、あるいは暗黙裡に想定されるとしても、それは不思議なことではありませんでした。

しかし、形而上学の中に現れる自然学的な考え方は、物体の量的性質の特別視だけではありません。実のところ、デカルトが心の中にあるとして疑わなかった「観念」というものについての考え方そのものが、彼の形而上学における自然学的見解のもう一つの表現形態だったのです。

†「観念」登場

そこで、次に、デカルトが「観念」をどのようなものと考えていたかを見ておきましょう。そもそも、「観念」という言葉は、公刊されたデカルトの著書の中で、どのような仕方で登場するでしょうか。

まずは『方法序説』ですが、そこでは、まず第二部に idée（イデ）という言葉が出てきますけれども、これはいわゆる「観念」という用法とは異なります。デカルトがこの言葉(idée)を典型的な「観念」を意味する言葉として用いるのは、形而上学を説いた第四部においてです。彼は次のように言っています。

しかし、私の存在よりも完全な存在の観念(idée)については、同じようにはいかない。というのも、その観念を無から得るのはまったく不可能なことだったからである。(AT-VI, p. 34.)

デカルトはidée(観念)という言葉をあらかじめ説明することなく、いきなりこのような仕方で使用しています。

「観念」のこうした唐突な登場は、『省察』においては、少々状況が異なります。というのも、一つには、『省察』で「観念」(idea イデア)という言葉が最初に現れるのは「読者への序文」においてですが、そこでは先に公刊した『方法序説』への言及がそれに先行しているのです。ですから、もしかしたらデカルトにとっては、「観念」はフランス語においてではありますけれどもすでに『方法序説』で使用している言葉ですから、特に断ることなく使用してよいという意識があったのかもしれません。けれども、この言葉は、当時としては専門用語であって、場合によっては説明が必要なものでした。そして実際、その「読者への序文」の中の、「観念」という言葉が最初に出てくる段落で、彼は次のようにそれを説明しています。

しかし、私は次のように答える。この場合、観念という言葉のうちには、二つの意味が潜んでいる。すなわち、この言葉は、一方では質料的に（materialiter マーテリアーリテル）、知性の働き（operatio intellectus オペラーティオー・インテッレークトゥース）と解することができ、この意味においては、それは私よりも完全であるとは言えないが、他方では表現的に（objective オブイェクティーウェー）、その働きによって表現されたもの（res per istam operationem repraesentata レース・ペル・イスタム・オペラーティオーネム・レプラエセンタータ）と解することができ、そのものは、知性の外に存在すると想定されてはいなくても、それでもなお、その本質からして、私よりも完全でありうるのである。（AT-VII, p. 8.）

この一節は、私よりも完全なものについての観念を私が持っていることからは、その観念が私よりも完全なものであるとか、その観念が表現しているものが存在するとかいったことは帰結しないという反論に対するものです。ここでもデカルトは、観念はそれ自体としては私の知性の働きで、その意味でそれは「私よりも完全であるとは言えない」けれども、「その働きによって表現されたもの」と解する場合には、それは「私よりも完全でありうる」としていて、第2章で説明したあの「表現的実在性」に着目した議論の骨子を確認しているのです。

デカルトは、「観念」について、それが持つこうした二面性の説明はするのですが、そもそも観念が私たちの心の中にあるという、観念にとってより基本的な事柄については、特に説明をすることはありません。

実際、『省察』の本文の中で「観念」という言葉がはじめて出てくるのは「第三省察」の次の箇所においてですが、そこでもデカルトは、観念が心の中にあるなにかであるということを、立ち入って説明してはいません。

とはいうものの、以前に私がまったく確かで明白であるとして受け入れていたことで、あとになって疑わしいとわかったことがたくさんある。それでは、どのようなものがそれであったか。もとより、地や天や星、そのほか、感覚によって捉えたすべてのものがそうであった。しかし、それらのものについて、私は何を明晰に捉えていたのか。言うまでもなく、そういったものの観念そのもの、すなわち思考（cogitatio コーギターティオー）そのものが、私の心に現れるということであった。けれども、それらの観念が私の中にあるということなら、今も私はそれを否定してはいないのである。（AT-VII, p. 35.）

繰り返しますけれども、ここでデカルトは、「観念」が何であるかを説明せず、それをただ「思考」(cogitatio) と言い換え、また文脈的にそれが「私の心に現れる」、あるいは「私の中にある」ことを示すにすぎません。

†自然学的基盤

ところが、興味深いことに、デカルトは、この箇所に続けて、さらに次のように言っています。

しかし、これとは別に、私が肯定していて、しかも、信じがちな習性から私が明晰に捉えていると思い込んでいたものの、本当は捉えていなかったことがあった。すなわち、私の外にそれらの観念を生ぜしめたものがあり、しかもそれらの観念はそれを生ぜしめたものとまったく似ている、というのがそれである。(AT-VII, p. 35.)

ここでは相変わらず、「地や天や星、そのほか、感覚によって捉えたすべてのもの」の「観念」が問題になっているのですが、右の言い方からすれば、そうした観念に対応するものが外にあることはともかくとして、観念と外にあるものとが「似ている」と考えることが間違いだったと言われているのです。

先ほども言いましたように、デカルトは「そもそも自分が「観念」と言っているものはこういうもののことなのだ」と説明はしませんけれども、文脈からしますと、それが心の中にあるということはわかりますし、「思考」(cogitatio)と言い換えていいこともわかります。けれども、右の引用箇所にあるような、「観念」とそれに対応する外のものが似ていると考えるのは間違いだということは、なんらかの立ち入った「理屈」ないし「理論」なしには、明晰判明に認識できるというわけにはいきません。要するに、「地や天や星は、あなたがそう思っているようなものではありません」と言うのですから、なぜそうなのかについて、本当は多々議論があるはずですし、その考察対象である「地や天や星」ということからすれば、それは当時の言い方では「自然学」、今日の通常の言い方では「自然科学」に属する議論であることは、間違いありません。

ですから、デカルトの右の引用箇所における「観念」についての論述が「自然学」的考察を基盤としたものであることは、明らかだと言わなければなりません。

†「第二答弁」に付された説明から

しかし、自分の「観念」についての考え方が自然学的考察を基盤としていることを、デカルト本人が公式に認めるわけではありません。また、先述のように、デカルトは『省察』本文では「観念」についてその「表現的実在性」等の説明はしますけれども、そもそも観念とはどういうものかについて説明することはありません。ところが、おもしろいことに、『省察』の「第二答弁」に、「神の存在と、霊魂の物体からの区別を証明する、幾何学的様式で配列された根拠」というのが付いていて、そこに「観念」の「定義」が出てきます。それは、次のようになっています。

観念という名称によって私が理解するのは、任意の思考の形相であり、この形相を直接捉えることによって、私は当の思考そのものを意識する。したがって、私がなにかを言葉によって表現し、自分が言っていることを理解することができるためには、私が理解しているというそのことから、その言葉が表しているものの観念が私の中にあるということが確かでなければならない。したがってまた、私は〔感覚や想像〕の中で描かれた像（imago　イマーゴー）のみを観念と呼ぶわけではない。それどころか、私はここでは、像を、それが〔……〕脳（cerebrum　ケレーブルム）のある部分に描かれたものである限り、観念と呼ぶことはけっしてなく、像が、脳のその部分へと向かう心そのものに形を与える限りにおいてのみ、それを観念と呼ぶのである。（AT-VII, pp. 160-161.）

デカルトのこの「定義」は、観念がいわゆる「感覚」や「心像」だけに限られず、私たちが言葉によって理解していることをも観念と呼ぶことを示しています。デカルトの観念がいわば「概念」とか言葉の「意味」とかにあたるものをも表すことは、第2章でも触れたとおりですが、今重要なのは、ここでデカルトが「観念」の説明を、私たちの身体（物体）の一部である「脳」との関係において行っているという点です。

デカルトが、「観念」を読者に理解させるため脳に言及しているということは、デカルトの「観念」を理解するためにとても重要です。脳という身体の一部に、私たちが知覚する「感覚」や「心像」に対応するなにかが「像」として形成され、それとの対応において私たちは感覚や心像を知覚するという自然学的知見が、この定義において用いられているのです。そして実際私たちは、『世界論』の最後の章として意図され遺稿として出版された『人間論』の中に、彼の具体的な見解を見ることができます。

†『人間論』に見られる「観念」の用法

『世界論』と『人間論』は、遺稿として出版されたものでありながら、デカルト理解には欠かせません。デカルトが形而上学と並行して進めていた自然学の出版を、ガリレオの一件で断念したとき、彼がどのような考え方を持っていたか。それを知ることが、単に彼の自然科学的見解だけでなく、彼の形而上学を理解する上でも、重要な役割を果たします。『人間論』には、「観念」という言葉のおもしろい用法を見ることができます。

先ほどの『省察』からの引用箇所で、デカルトは脳の中の「像」について語っていましたよね。当時のデカルトの考えでは、私たちの神経は管になっていて、その中に神経繊維

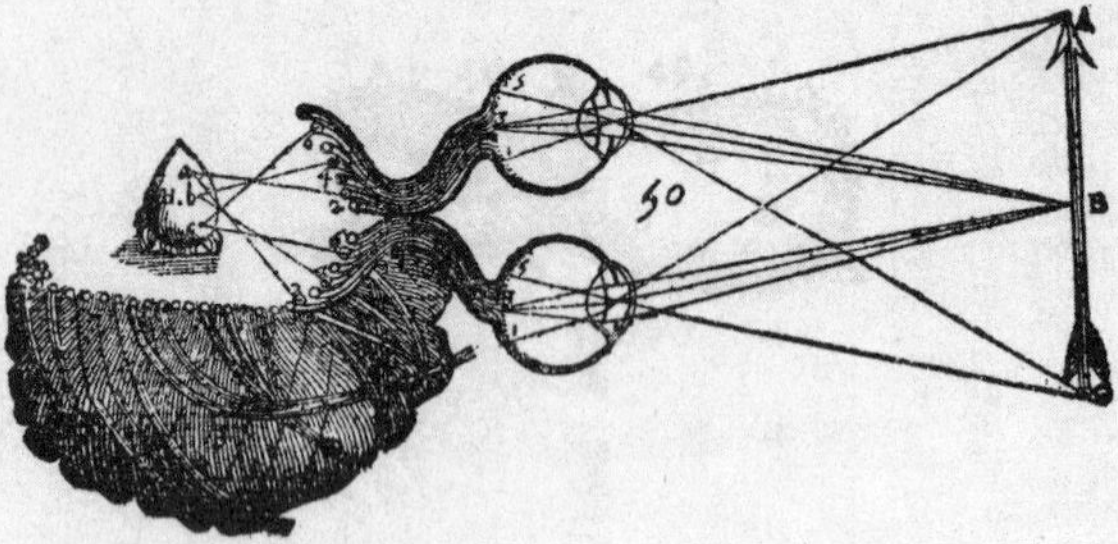

【図 39】『人間論』の「図 29」(Fig. 29) より

があり、その神経繊維を取り巻くように、「動物精気」と呼ばれる微細な物質が神経管を充たしていました。この神経管が、感覚器官と脳とをつないでいます。そして、感覚器官に外の物体から刺激が与えられますと、その刺激は、デカルトの場合、感覚器官を押したり引いたりするような仕方で与えられると考えられるのですが、それによって神経繊維が引っ張られたり緩んだりし、その結果、神経繊維がつながっている脳のある部位に、外の物体の刺激に合わせて、ある形が形成されます。

視覚の場合、網膜に配列された視神経をそこに到達した光線が圧迫するのですが、網膜のどの神経が圧迫されるかは、外にある物体の形に対応して決まります。そして、網膜から脳につながっている多数の神経繊維が、その圧迫の仕方に対応した仕方で動き、その動きによって、それらの神経繊維がつながっている脳の部位に、外にある物体の形に応じたある形が作られると

デカルトは考えます。デカルトはこのことを、

これらの光線が〔眼底の各点〕を圧迫するさまざまな仕方に応じて、眼底に、対象〔……〕の形（figure フィギュール）に対応する形が描かれるのと同じように、〔……〕脳の内側の表面にもまたその形が描かれるにちがいない〔……〕（AT-XI, p. 175）

と表現しています。そして、この「形」は、さらにある過程を経て、松果腺の表面にも描かれることになります。

松果腺（今日では「松果体」とも呼ばれています）は、脳の中央部分にある内分泌器で、左右に分かれている大脳半球の間に位置します。デカルトはこの松果腺を、心と体をつなぐものと考えました。そのようなわけで、外にある対象の形は、眼底、脳の内側の表面、そして最後には松果腺の表面に描かれるというプロセスを、デカルトは、私たちがものを見るときに身体の側で起こっていることと考えます。電磁気理論のない時代の話ですから、きわめて即物的な説明ではあるのですが、ともかく、外にある対象の形に対応する形が、ある過程を経て、脳に位置する松果腺という器官に描かれるのです。

そして、このような説明に続けて、デカルトは次のような興味深い発言を行います。

私はこの「形」によって、単にいわば対象の線と表面の位置を表すものだけでなく、〔……〕心に運動や大きさや距離や色や音や匂いなどの性質を感じさせるきっかけ(occasion オカジオン、機会)を与えることができるもの〔……〕をも意味している。(AT-XI, p. 176.)

単に「形」と言うと、対象の文字通りの形だけに対応しているようにとられかねませんので、それだけではなく、外にある対象のあり方に対応して脳内に描かれる「形」は、心がそれをきっかけ(機会)として、対象の形だけでなく、運動や大きさや距離や色や音や匂いなどの性質を感じることになるようなものでもあると言っているのです。

デカルトによれば、心と(体を含む)物体は、まったく異なるものでした。ですから、人間の場合、心と体が一つになっているといっても、体のあるあり方(ここでは外にある対象のあり方に応じて脳の中に描かれる「形」)が直接原因となって、心に形や大きさや色や味などを感じさせることはできないと考えるんですね。デカルトの場合、心と体は直接的な因果関係を取り結べないのです。けれども、それでもデカルトは、心と体の間にきわめて密接な関わりがあると考えますので、今の視覚の例のように、外にある対象を見ているとき、脳の中にそれに対応するある変化が生じるけれども、それは心が形や色を感覚する直接的な原因ではなく、心がそれらを感覚するきっかけ(機会)となる、と考えます。デカルトのこうした考え方は、のちの「機会原因論」のもとになっています。

右に説明したのは、視覚を例にとった、感覚の成立過程です。その場合、身体過程としては、最終的に松果腺の表面に描かれる「形」が、心が視覚的な感覚を持つための「機会」となります。そうしますと、外になんらかの物体があって、目でそれを見て、その結果松果腺に「形」が描かれるというのではなくて、脳内のなんらかの別の原因で、同じように松果腺に「形」が描かれても、心はそれを「機会」としてなんらかの感覚的なものを感じることがありそうですよね。そうなんです。デカルトは、私たちの「想像力」の働きを、このように、外に対象がないのにある仕方で松果腺に「形」が描かれることによって起こるものと考えています。

さて、これで準備は整いました。以上にお話ししたことを念頭に置いて、デカルトの次の言葉をご覧いただきたいと思います。

> ところで、これらの形のうち、観念〔……〕とみなさなければならないのは、外部感覚の器官や脳の内側の表面に刻まれる形ではなく、想像力と共通感覚の座である〔松果〕腺の表面に〔……〕描かれる形だけである。(AT-XI, p. 176.)

ここでデカルトは、感覚（と想像）のきっかけ（機会）となる松果腺の表面に描かれる形のことを、「観念」(idée) と呼んでいます。デカルトの「観念」の用法には、このように、身体(物体)のあるあり方を「観念」と呼ぶ場合もあったのです。

先ほどの、「第二答弁」に続く箇所での観念の定義の中に、「私はここでは、像を、それが〔……〕脳のある部分に描かれたものである限り、観念と呼ぶことはけっしてなく」という言葉がありましたけれども、それは、『人間論』では、「脳のある部分に描かれた」「像」を「観念」と呼んだが、そうしたものをもはや「観念」と呼ぶことはけっしてしないという宣言でもあったのです。

†「観念」の自然学的論理空間

このように見ていただきますと、デカルトの『省察』における「観念」の用法が、彼の自然学的見解と密接に結びつくものであったことが、ご理解いただけると思います。そして、この「観念」と呼ばれるものが、彼の自然学の中で、しばしば外的物体との関係においてその意義が捉えられていたことが、おわかりいただけたのではないでしょうか。

章を改める前に、最後に、デカルトの『世界論』の中で、例の「二重存在」説がどのように表明されていたかを見ておきましょう。次に引用するのは、『世界論』の冒頭部分です。

ここで光について論じるにあたり、最初に注意しておきたいのは、われわれが光について持つ感覚、すなわちわれわれの目を介して〔……〕形成される観念（idée）と、われわれの中にこの感覚を生み出す対象の中にあるもの〔……〕との間には、違いがありうるということである。というのも、誰でも普通は、われわれが心の中に持っている観念は、それを生み出す対象にまったく似ていると確信しているが、それにもかかわらず、そうであるとわれわれに保証してくれる理由を、私は知らない。逆に、多くの経験から、われわれがそれを疑わなければならないことに、私は気づいている。（AT-XI, pp. 3-4.）

ここでも、私たちの心の中にある観念と、それを引き起こす外的物体とが明確に区別されるとともに、両者が似ていることを疑わなければならない理由があるとされています。デカルトが「二重存在」説をとっているのは明らかです。そして、「多くの経験」から、二重に存在するものどうしが似ていることを疑わなければならないとデカルトは言います。その「多くの経験」と、そこからの結論は、まさに自然学に属するものです。そうだとしたら、デカルトは形而上学と自然学とを区別しながら、存外その境界については緩やかな考え方しかしていなかったことになります。そして、先に見ましたように、現にデカルトは、重要な自然学的知見を、形而上学の中で繰り返し使っていたのです。

第5章　デカルトの「循環」？
——「自然の光」だけを頼りとして

†デカルトの学問観・再説

さて、それでは、次の話に入ります。

第1章で、デカルトがある特徴的な学問観を持っていることを確認しましたよね。それをここでもう一度思い起こしていただければと思います。

『哲学の原理』のフランス語版に付された「この書の訳者に宛てた、著者からの手紙」は、デカルトの学問観が典型的な形で語られるものの一つでした。彼はその中で、次のように語っていました。

哲学（Philosophie フィロゾフィ）という言葉は、知恵（Sagesse サジェス）の研究を意味します。知恵は、単に実生活における分別を指すだけでなく、自分の生活を導くためにも、健康を維持しあらゆる技術を発明するためにも役立つような、人間が知ることのできるすべてのことについての完全な知識をも指しています。そして、この知識がそういったものであるためには、それは第一原因（premieres causes プルミエール・コーズ）から導き出され〔演繹され〕なければならず、したがって、そうした知識の獲得に努めるためには、これが本来哲学する（philosopher フィロゾフェ）ということなのですが、それらの第一原因すなわち原理（principes プランシップ）の探究から始めなければなりません。そして、これらの原理は、二つの条件を備えていなければなりません。一つは、人間の心がそれらを注意深く考察するときには、それらが真であることを疑うことができないほど、それらは明晰で明証的であるという条件です。もう一つは、ほかのものの知識はそれらの原理に依存しており、したがって、原理はほかのもの〔の知識〕をまたずに知られるが、逆に、ほかのものはこれらの原理なしには知られないという条件です。そして、そのあと、それらの原理からそれらに依存しているものの知識を導き出す〔演繹する〕ことになるのですが、その導出〔演繹〕の過程のどこにおいても、きわめて明白でないものは一つもないように努めなければなりません。（AT-IX-2, p. 2）

先にも触れましたように、もともと「哲学」と訳される言葉は、古代ギリシャのφιλοσοφία（ピロソピアー）、もしくはそれに由来する各国の言葉で、ここで出てくるフランス語の philosophie（フィロゾフィ）もその一つです。φιλοσοφία というもとのギリシャ語は、「知恵」を表す σοφία（ソピアー）という名詞に「愛する」、「求める」を意味する φιλο-（ピロ）という接頭辞が付いたもので、知恵を愛すること、知恵を求めることを意味していました。我が国では西周《にしあまね》（1829-1897）がこれを最初は「希哲学」と訳しました。「希」は「こいもとめる」、「哲」は「さといこと」、「かしこいこと」、「知恵があること」を意味しますから、西周はギリシャ語由来のもとの言葉の意味に忠実な訳を試みたわけです。のちに「希」が取れて、単に「哲学」と言われるようになりました。

こうしたことからもおわかりいただけると思うのですが、「哲学」というのはもともと学問の総称でした。のちに、とりわけカント（Immanuel Kant, 1724-1804）の影響で、「哲学」と言えばさまざまな学問と並ぶ、ある特殊な学問を指すことになりましたが、歴史の中ではそれはごく最近の出来事でした。

ただ、先にお話ししましたように、アリストテレス（Ἀριστοτέλης, 384-322 B. C.）は、のちの人々が「形而上学」と呼ぶようになったある分野のことを、「第一哲学」（πρώτη φιλοσοφία プローテー・ピロソピアー）と呼んで、他の学問と区別していました。それは存在するものを一般的に（それから、優れて存在すると考えられる神を）研究する分野で、つまりは諸学の基礎学と見られたわけで、デカルトもこのような伝統的な第一哲学の考え方を踏襲して、自らの基礎的な考察を『第一哲学についての省察』と名付けました。そして、『哲学の原理』では、この「第一哲学」もしくは「形而上学」が、その第一部で語られたのでした。

ですが、先に再度引用した箇所でデカルトが「哲学」（Philosophie フィロゾフィ）と呼んでいるのは、「第一哲学」という限定された学問分野のことだけではありません。彼はそこでは学問全体のことを考えています。その学問全体が、彼によれば、「第一原因すなわち原理」に基づき、そこから一つ一つの真理が引き出されて全体をなすことが求められます。そして、その原理は、そうしたきわめて重要な役割を担うのですから、「人間の心がそれらを注意深く考察するときには、それらが真であることを疑うことができないほど、それらは明晰で明証的である」という条件と、「原理はほかのもの（の知識）をまたずに知られるが、逆に、ほかのものはこれらの原理なしには知られない」という条件を満たさなければならないと言われます。そして、ここではその「第一原因すなわち原理」という言葉は複数形になっていますから、学問全体を支える原理は複数考えられていることになります。

実際、『方法序説』で「第一原理」と呼ばれたのは、「我思う、ゆえに我あり」でした。ですから、それは、「原理」の中で第一に見いだされるもの、第一に挙げられるべきものということで、ほかにも原理がいろいろあるということですよね。今『省察』で考えますと、デカルトは、そこでの議論の中で、何度か、ある事柄について、それは、疑うことのできない、確かなことであるという言い方をしました。そのように言われているものが原理にあたると、とりあえずは考えることができそうです。そして、そうした原理にあたるものを提示するときに彼がしばしば用いたのが、「自然の光」という言葉でした。

本章では、この言葉の用法を見ることから始めて、「デカルトの循環」と言われてきた古くからの疑問を考察し、『省察』におけるデカルトの論の進め方が持つ大きな特徴の一つを確認することにします。

†「自然の光」の用法

デカルトは、『省察』の要所要所で、「自然の光」(lumen naturale ルーメン・ナートゥーラーレ)という言葉を使用しています。

『省察』でこの言葉がはじめて出てくるのは、本論の前に付された「以下の六つの省察の概要」(Synopsis sex sequentium meditationum シュノプシス・セクス・セクェンティウム・メディタ―ティオーヌム。本書第1章で「六つの省察の概要」としていたものです。以下では「概要」と言うことにします)の中で、「第四省察」の内容を手短に紹介する箇所です。そこでは、「第四省察では、われわれが明晰かつ判明に捉えるものはすべて真であることが証明される」(AT-VII, p. 15)とした上で、そこで考察される真理が信仰や実生活に関わるものではなく、「自然の光」の力だけによって知られるものであることが確認されています。つまり、聖書や先人の権威や、日常私たちが当然視しているものではなく、自身の知的能力だけで知られる理論的真理を対象とすると言っているのです。

「自然の光」という言葉が次に出てくるのは、「第三省察」の、外来観念と彼がみなす観念を論じた箇所です。デカルトは、私が外来観念とみなすものが私の外にあるものに似ていると考えるのはどうしてかという問題を提起したあと、「自然によってそう教えられたと思われるからである」(AT-VII, p. 38)と言うのですが、その次の段落では、この「自然によって教えられる」ということは、なんらかの「自発的衝動」（spontaneus impetus スポンターネウス・インペトゥス。これはやがて「自然の衝動」と言い換えられます）によって信じるようになるということであって、「なんらかの自然の光によって私に真であることが明示されるということではない」（AT-VII, p. 38）と主張します。つまり、「自然の光」が働くときには、単にそのように思われるというのではなくて、それが真であることが明らかになる、と言うのです。別の言い方をすれば、ある事柄が、蓋然的である（ありそうだ）というのではなく、明証的である場合、そこにデカルトは「自然の光」の機能を見るのです。実際デカルトは、続けて次のように言っています。

自然の光によって私に明示されること、例えば、私が疑うことから私があるということが帰結するとか、それに似たことは、みな、けっして疑わしいものではありえない。(AT-VII, p. 38.)

つまり、「私がある」ということと同等のレベルの明晰判明に知られることは、けっして疑えないという点で共通しており、こういう場合に「自然の光によって明示される」という言い方が適用可能であるとデカルトは見ているのです。

「第三省察」には、ほかにも次のような箇所が見られます。

作用的でありかつ全体的である原因の中には、その原因の結果の中にあるものと少なくとも同等のものがなければならないということは、自然の光によって明らかである。

(AT-VII, p. 40.)

デカルトは、あの「第三省察」で、観念が持つ表現的実在性という考え方を持ち出し、原因は結果と同等かそれ以上の内実を持たなければならないと主張することによって、神の存在を証明しようとしました。ここではその「原因は少なくとも結果と同等の内実を持たなければならない」ということが、「我あり」と同等の確実性を持つ真理であるとされ、そのことが、「自然の光によって明らかである」という表現によって示されています。同様に、その少し先の箇所では、今度は「私の中にある観念」が、もとのものの完全性を失うのはたやすいものの、もとのもの以上のいっそう完全な内容を含むことはけっしてできないと言い、それもまた「自然の光によって明白である」(AT-VII, p. 42) としています。

このように、デカルトは、自分の議論の中で特に重要な役割を果たす発言において、しばしば「自然の光」という言葉を使用します。

そのことは、物体の観念のうち私が明晰判明に認知するのは大きさや形や位置や運動のようなものだけであり、色や音や匂いや熱さ・冷たさなどは混乱したものであって、後者の作者は私にほかならず、私の不完全さによるものだ、と言う場合にも認められます。色や音や匂いや熱さ・冷たさのような観念はそれに似たものが外の物にはなく、したがってその意味で「偽」であるとデカルトは考えるのですが、それが今言いましたように、「ひたすら私の本性がまったく完全ではないために、私の中にある」（AT-VII, p. 44）と表現され、そのことは「自然の光によって私に知られている」（AT-VII, p. 44）と言うのです。「自然の光」という言葉は、次の箇所にも見られます。

確かに、これらすべてのうちには、慎重に注意を払う者にとって自然の光によって明らかでないものはなにもない。しかし、私があまり注意を払わず、感覚可能なものの像（rerum sensibilium imagines レールム・セーンシビリウム・イマーギネース）が心を鈍らせると、私は、私よりも完全な存在者の観念が、なぜ実際に私よりも完全ななんらかの存在者から出てこなければならないのかを、それほど容易には思い出さない〔……〕。（AT-VII, p. 47.）

これは、「第三省察」でなされる一つ目の神の存在証明のあとに出てくる言葉です。「これらすべてのうちには、慎重に注意を払う者にとって自然の光によって明らかでないものはなにもない」と、デカルトは言っています。ということは、デカルトにとって、第一の神の存在証明で用いたさまざまな考えは「自然の光」によって明らかなものであり、その確実さは「我あり」に匹敵するというわけです。

二つ目の神の存在証明においても、「自然の光」という言葉が使われています。そこでは、神が私たちを創造しただけでなく、常に私たちを保存しているということが重要な論点なのですが、保存と創造が同じことであるということの確かさを主張する際に、彼はこの言葉を次のように使用しています。

実際、どんなものもそれが持続する個々の瞬間において保存されるためには、それがまだ存在していなかったときにそれを新たに創造するのに要するのとまったく同じ力と働きを要するということは、時間の本性に注意を払う者には明白である。したがって、保存と創造はただ見方が異なるだけであるということもまた、自然の光によって明らかな事柄の一つである。(AT-VII, p. 49.)

このようにデカルトは、第二の存在証明の要となる事柄についても、「自然の光」によって明らかだとしています。

「第三省察」には、もう一箇所、最後から二つ目の段落の最後に、「自然の光」という言葉が使われています。

私が神と言っているものは、その観念が私の中にあるその神、すなわち、私は把握することができないもののなんらかの仕方で思考によって触れることのできる、すべての完全性を持ち、いかなる欠陥（defectus デーフェクトゥス）をも免れている神である。これらのことから、彼が欺く（fallax ファッラークス）者ではありえないことは十分に明らかである。というのも、奸計（fraus フラウス）や欺瞞（deceptio デーケプティオー）がなんらかの欠陥に基づくものであることは、自然の光によって明らかだからである。（AT-VII, p. 52.）

神の完全性から神が人を欺く者ではないということが帰結することをデカルトは繰り返し強調するのですが、ここでは欺くことが「なんらかの欠陥に基づく」ということに対して、「自然の光」という言葉が使われています。つまり、ここでもデカルトは自分の議論の要のところにこれを用いて、その見解が「我あり」と同等の確実さ、疑いのなさを持つことを示しているのです。

「自然の光」という表現は、「第四省察」にも見ることができます。

何が真であるかを十分明晰判明に捉えていない場合に私が判断を下すのを控えるなら、私が正しくことをなし、誤っていないことは確かである。しかし、〔その場合に〕私が肯定したり否定したりするなら、そのとき私は意志の自由を正しく用いてはいない。そして、もし偽である側に私が向かうなら、明らかに私は誤る。しかし、もし別の側を摑むとするなら、なるほど私はたまたま真理に行きあたってはいるものの、だからといって私に非がないというわけにはいかないだろう。というのも、意志の決定には常に知性の把握が先行しなければならないということは、自然の光によって明らかだからである。

（AT-VII, pp. 59–60.）

「意志の決定には常に知性の把握が先行しなければならない」ということは、「第四省察」の核をなすテーゼですけれども、まさしくそのテーゼに対してデカルトは、「自然の光によって明らかだ」という表現を用いているのです。

「第四省察」では、続けて次の段落でも、「自然の光」という言葉が使われています。そこでは、自分の持っている理解力が「自然の光」と言われていることがわかります。彼は次のように言っています。

私は、神が私に〔実際に〕与えてくれたよりももっと大きな理解力（vis intelligendi ウィース・インテッリゲンディー)、すなわちもっと大きな自然の光を与えてくれなかったと不平を言う理由を少しも持ち合わせてはいない。というのも、多くを理解しないということは、有限な知性(intellectus finitus インテッレークトゥス・フィーニートゥス)にふさわしいことであって、有限であるということは、創造された知性にふさわしいことだからである。(AT-VII, p. 60.)

ここでは、「理解力」が「自然の光」と言い換えられていて、しかもその直後にその理解力の別名が「知性」(intellectus インテッレークトゥス)であることが示唆されています。「理解する」という動詞が intelligo (インテッリゴー) もしくは intellego (インテッレゴー) であり、その名詞形の一つが intellectus であることからすれば、これは当然の成り行きであると言わなければなりません。

さて、『省察』本文には、もう一箇所、「自然の光」が出てくるところがあります。「第六省察」の次の一節です。そこでは、先ほど出てきました「自然によって教えられる」というときの「自然」の意味が考察されるのですが、そのときデカルトは、「自然の光によって知られること」(AT-VII, p. 82) を問題にしているのではないと言います。そして、その「自然の光によって知られること」の例として、「なされたことをなされなかったことにすることはできないということを私は把握する」(AT-VII, p. 82) というのを挙げています。

†方法の適用

『省察』の「概要」と本文に出てくる「自然の光」という言葉の使い方は、これまで見たように、デカルトのある考え方を明確に示しています。

まずデカルトは、「自然の光」を、『省察』の主要な議論の要となる考え方に対して適用しています。彼は繰り返し、「……は自然の光によって明らかである」と言い、それによって自身の議論を構成する一つ一つの主張が「我あり」と同程度の確実さを持ち、疑いを容《い》れないものであることを読者に印象づけます。しかも、その「自然の光」というのは、自身が持つ「理解力」のことであり、それはまた「知性」と言い換えられます。つまり、デカルトは、自身の第一哲学（形而上学）は、自然の光によって明らかな主張を順次組み合わせていくことによって成立しているもので、その意味でほぼすべてが疑いのないものとなっている、と考えているのです。

もしかしたら、『省察』の彼の議論は、『方法序説』でデカルトが提示した方法（四つの規則）の適応事例ではないかと、気づかれたかもしれませんね。そうなんです。実際、そのとおりです。

結果的にデカルトが『省察』で確認したことは、何だったでしょう。それは、まず、

「我あり」。それから、「神あり」。そして、神が「善なる神」であることから、「物体あり」、と話は進んでいきます。そして、そうした一連の結論の連鎖の中で、「我」は「心」であり、「物体」とはまったく異なるものであること、そして、にもかかわらず私たち人間の場合には両者が合一していること、しかも、物体は、純粋数学が扱う量的な性質しか持っていないこと、こうしたことが、順次確認されていきます。

デカルトが『方法序説』において方法として重視したことの一つは、次のようなものでした。

第一に、いかなるものも、それが真であることを私が明証的に知るのでなければ、けっして真なるものとして受け入れないこと。つまり、即断や先入観を注意深く避けること。そして、疑いを持ちえないほど明晰判明に私の心に現れるものしか判断に含めないこと。(AT-VI, p. 18)

つまり、明証的なことしか受け入れないということでした。この点については、彼は基本的に「明晰判明に知られること」しか認めようとしませんでしたよね。言い換えれば「明証的なことしか認めない」、もう一度言い換えれば、「自然の光によって明らかなことしか認めない」というわけです。このことは、右に見ましたように「自然の光」という言葉をたどることによって確認されるだけでなく、「明晰判明」と「明証的」がどのような文脈で使われているかを検討することによって、しっかりと確認することができます。

それでは、規則の二つ目はどうでしょうか。

第二に、検討する問題の各々を、できるだけ、しかもそれらをよりよく解決するのに必要なだけ、小さな部分に分割すること。(AT-VI, p. 18.)

『省察』では、「さあこれから吟味する問題の各々を、できるだけ多くの部分に分割しましょうね」とは言っていません。けれども、彼は、「方法的懐疑」によって、これまで自分が信じてきたものを一切排除するところから始めましたよね。そのようにして彼はいわば心のブレーカーを全部落とした上で、今度は一つ一つ、復活できる、あるいは認めてよいものを挙げていくという、そういうやり方を取っています。そして、そのときに、「我あり」の確認という「最も容易に知られる対象から始めて」、先へ先へと進んでいきました。ですから、その意味で、デカルトは、あの『方法序説』の第二の規則だけでなく、次の第三の規則にも従っているのです。

第三に、最も単純で最も容易に知られる対象から始めて、少しずつ階段を上るように最も複雑なものの知識まで昇っていき、本性上互いに優先することのない対象の間にさえ順序を想定することによって、私の思考を順序に従って導くこと。(AT-VI, pp. 18-19.)

そして、『方法序説』の最後の規則は、

最後に、なにも見落としていないと確信できるほど、完璧な枚挙と全体にわたる点検を、あらゆるところで行うこと。(AT-VI, p. 19)

というものでしたが、先に見ていただきましたように、彼は議論の途中でも何度かこれまでの議論を振り返り、見落としなくやっていること(すべての枚挙を完璧に行い、通覧を網羅的に行っていること)を読者に知らしめているのです。

†「自然の光」と「神の恩寵」

ところで、「自然の光」という言葉の実際の使い方の確認は、まだ『省察』本文にとどまっていますけれども、「反論」と「答弁」においても、デカルトは何度かにわたってこの言葉を使っています。その中で、特に興味深いものの一つに、デカルトが「自然の光」を「神の恩寵」と対比させている、というのがあります。それは、「第二答弁」に出てきます。彼は次のように言っています。

われわれの意志を動かして同意に至らしめる明晰さ（claritas クラーリタース）ないし明白さ（perspicuitas ペルスピクイタース）は二重であることに注意しなければならない。すなわち、一つは自然の光によるものであり、もう一つは神の恩寵（gratia divina グラーティア・ディーウィーナ）によるものである。（AT-VII, pp. 147-148.）

この対比からしますと、デカルトが、神の恩寵を頼りとせず、自然の光に従って論を進めようとしていることは、明らかであろうと思います。つまり彼は、『省察』において、最大限自分の知性を頼りとして、確かなことだけから論の全体を構築しようと努めている、ということになります。

†「明晰判明」

本章でのこれまでの話は、もっぱら「自然の光」というデカルトの言葉遣いの実際に基づいてのものですが、ここで先ほども触れました、彼の「明晰判明」という言葉の用法を見ておきたいと思います。

「概要」は別として（これについてはのちほどお話しすることにします）、『省察』本文で

「明晰判明に」(clare & distincte クラーレ・エト・ディスティンクテー)という言葉がはじめて出てくるのは、「第三省察」の次の箇所です。

私は自分が考えるものであることを確信している。それなら、私は、あることについて確信を抱くために何が必要かということも知っているのではないか。実際、この第一の認識の中には、私が肯定することについてのある明晰判明な把握(clara & distincta perceptio クラーラ・エト・ディスティンクタ・ペルケプティオー)しかない。しかるに、もし私がそのように明晰判明に把握するものが偽だというようなことがいつか起こりうるとすれば、確かにその把握は、事柄が真であることを私に確信させるのに十分ではないことになろう。したがって、今や私は、私がきわめて明晰判明に把握するものはすべて真であるということを、一般的規則(regula generalis レーグラ・ゲネラーリス)として確立することができるように思われる。(AT-VII, p. 35.)

第2章でお話ししましたように、この箇所は、『省察』を理解する上で、とても重要です。というのも、ここでデカルトは、「私がきわめて明晰判明に把握するものはすべて真である」という一般的規則を、いったん立てようとするんですよね。ところが、これまでまったく確実だと思っていたのにあとで疑わしいと気づいたものがたくさんあったとか、神が欺いているかもしれないとか、そういった理由を持ち出して、いったん立てようとした規則を棚上げにしてしまいます。そして、神の存在を証明し、神が欺く者ではないことが明らかになった段階で、その一般的規則を復活させるのです。

このことは、デカルト自身が、「概要」で確認しています。彼がどのように言っているか、見ておきましょう。彼はまず、次のように述べています。

またわれわれが明晰判明に理解するものはすべて、われわれが理解するとおりに真であるということを知る必要があるが、これは第四省察に進むまで証明することができなかった。(AT-VII, p. 13.)

そして、その二段落あとで、次のように述べています。

第四省察では、われわれが明晰判明に把握するものはすべて真であるということが証明され、同時にまた虚偽の根拠がどこにあるかが解明される。それらは、これまでの議論を強化するためにも、これからの議論を理解するためにも、必ず知らなければならないことである。(AT-VII, p. 15.)

「われわれが明晰判明に把握するものはすべて真である」ことの証明と、「虚偽の根拠がどこにあるか」の解明が、なぜ、「これまでの議論を強化するためにも、これからの議論を理解するためにも、必ず知らなければならないこと」になるのでしょうか。それはもとより、神が私を欺く者ではないことが明らかになり、虚偽は知性が物事をよく理解する前に意志が判断を下すことによることがわかれば、よくわからないまま判断を下すのを避け明晰判明に把握することに努めれば、誤りを避けることができるからです。

ということは、デカルトにとっては、先の「一般的規則」の真の樹立のためには、どうしても神の存在証明と神の善性（神が欺く者ではありえないこと）の証明が必要だったんですね。

†デカルトの「循環」

ところが、そうなると、ここになにか釈然としないものを感じるとしても、不思議はありません。

というのも、明晰判明に把握するものが真であることが神の存在とその善性に基づいて確認されるのに、当の神の存在とその善性の証明は、明晰判明に把握するものを積み重ねることによって行われているように見えるからです。

この問題は、すでに『省察』に付された「反論」において指摘されていました。それは、メルセンヌを中心とした神学者たちによる「第二反論」と、アントワーヌ・アルノー（Antoine Arnauld, 1612-1694）による「第四反論」に見られます。そこで、その指摘がどのようなものであるかを見ておくことにします。

†「第二反論」での指摘とデカルトの答弁

「第二反論」の中に、次のような一節があります。

第三に、あなたはまだ神のあの存在については確信しておられないのに、それにもかかわらず、ご自身があらかじめ神が存在することを確実かつ明晰に知るのでなければ、物事を確信したり、明晰判明になにかを認識することができないとおっしゃるのですから、あなたはご自身が考えるものであるということを、いまだ明晰判明に知ってはおられないということになります。というのも、あなたのおっしゃることからすれば、この認識は、存在する神の明晰な認識に依存しているのですが、あなたがある〔存在する〕ということをあなたが明晰に知ると結論しているその箇所では、あなたはその〔存在する神の〕認識を、いまだ証明してはいないからです。（AT-VII, pp. 124-125.）

神の存在の確信がなければ明晰判明な認識ができないというのなら、神の存在証明以前の議論、特に「我あり」を第一原理とする議論は、明晰判明な認識によるものとは言えないではないかというわけです。

この反論に対してデカルトはどのように答えているでしょうか。彼の答弁は次のとおりです。

第三に、「もしわれわれが神が存在することをあらかじめ認識していないとしたら、われわれはなにも確実に知ること（scire スキーレ）ができない」と私は言いましたが、その箇所において、私は明確な言葉で、次のことを証言しておきました。すなわち、「私がある根拠（rationes ラティオーネース）から結論（conclusio コンクルーシオー）を導き出した〔演繹した〕場合、私がもはやそれらの根拠に注意を払っていないときに、その結論の記憶が戻ってくることがありうる」が、私が語っているのは〔まさしく〕そういった場合の結論についての知識（scientia スキエンティア）についてだけであるということです。というのも、弁証家〔論理学者〕は、一般に、原理を直知すること（notitia ノーティティア）を知識とは呼ばないからです。しかし、われわれは考えるものであるということにわれわれが注意を向けるときには、それはいかなる三段論法〔推論〕からも結論されることのない、ある第一の直知（notio ノーティオー）であり、また、誰かが「私は考える、ゆえに私はある、すなわち私は存在する」と言うとき、その人は〔自分の〕

存在を思考から三段論法〔推論〕によって導き出す〔演繹する〕のではなく、いわば心の単純な直視（intuitus イントゥイトゥス）によって自ずから直知されるものを認知するのです。それは、もし存在を三段論法〔推論〕によって導き出す〔演繹する〕と言うのなら、あらかじめその大前提として、「すべての考えるものは、ある、すなわち存在する」ということを知っていなければならなかったであろうということから、明らかです。しかし、そうではなくて、その人は、自分が存在するのでなければ自分が考えることはありえないということを、自分自身のうちで経験することから、自分の存在を学び知るのです。なぜなら、一般的な命題を特殊なものの認識から形成することが、われわれの心の本性だからです。（AT-VII, pp. 140-141.）

デカルトのこの答弁は、古くから注目されてきました。

†前提と結論

「三段論法」（syllogismus シュッロギスムス）というのは推論の一種で、今その基本形であるバルバラ（barbara）型（三つの全称肯定命題、すなわち、「すべての」から始まる三つの肯定命題からなる推論の形で、「第一格第一式」とも言います）を例にとりますと、次のような形になります。

すべての人間は、動物である・・・(大前提)
すべてのギリシャ人は、人間である・・・(小前提)
ゆえに、すべてのギリシャ人は、動物である・・・(結論)

おわかりのように、この推論では、二つの前提から、「ゆえに」を介して、一つの結論が導き出されて(演繹されて)います。一つ目の前提を、「大前提」、二つ目の前提を「小前提」と言います。この例の場合、「すべての人間は、動物である」が大前提、「すべてのギリシャ人は、人間である」が小前提です。そして、「すべてのギリシャ人は、動物である」が結論です。

この例の場合、例えば大前提の「すべての人間は、動物である」という命題もまた、なんらかの推論によって導き出されたものと考えられるかもしれませんよね。でも、こうした推論をずっと遡っていきますと、いつか、それ自体が推論の結果出てくるものではないような前提に行きあたらなければ、どこまでも推論が続くだけということになりそうですよね。昔から西洋ではこういう考え方が一般的であって、私たちが知っていることには、推論の結論として出てくるものと、それ自体もはや推論の結論ではないようなものがあると考えられていたのです。

†スキオー系の言葉とノースコー系の言葉

デカルトも、この路線でものを考えています。彼は、ラテン語の「スキエンティア」(scientia)という言葉を、この答弁の中ではそうした推論によって導き出されるものを表すのに使っています(右の引用箇所では、この「スキエンティア」を「知識」と訳しています)。このスキエンティア、英語に入ると「サイエンス」(science)になる言葉なのですが、この言葉は、ある動詞から派生した名詞です。もとの動詞は、先ほどの引用箇所では能動相の不定詞の形、スキーレ(scire)として出てきました。辞書で引くときは、スキオー(scio)の形で引きます(ラテン語の辞書では動詞は不定詞の形で引くのではなく、一般に、「私」を主語とした場合の現在形のごく普通の形、文法用語では「直説法能動相現在一人称単数形」を見出しに用います)。スキオーは「知る」を意味する動詞で、「スキエンティア」(知識)は、この「スキオー」(知る)という動詞の名詞形です。

これに対して、それに近い意味を持つ動詞として、「ノースコー」(nosco)というのがあります。これも「知る」を意味するには違いありません。けれども、どちらかと言えば、見知る、(推論によってではなくて)直接知る(直知する)のような意味を持ちます。そこで、デカルトは、このノースコー(nosco)から派生した名詞である「ノーティティア」(notitia)や「ノーティオー」(notio)を、「スキエンティア」と対比させて用いています。「スキエンティア」は推論（三段論法）の結論として知られるもの、「ノーティティア」や「ノーティオー」は、推論によらず直接的に知られるものを表すのに用いているのです。

†デカルトの答弁

以上を念頭に置いていただきますと、デカルトの先ほどの答弁の趣旨は、十分おわかりいただけるのではないでしょうか。

まず、彼が答えようとしている「反論」ですが、この反論は、神の存在と神の善性（欺く者ではないということ）がわかってはじめて明晰判明に把握されるものが真だと言えるとするデカルトに対して、それなら神の存在とその善性が確認される前に言われたことはどうなるのか、それらは神の存在と善性が知られる前に言われていることだから、まだ確実に真ではないことになりそうだが、デカルトは神の存在と善性が知られる以前のそうしたさまざまな主張（確認事項）を組み立てて、神の存在と善性の確認に至っているではないか、これはおかしいではないか、というものです。

先ほど見ていただきましたように、第二反論の当該箇所で「循環」という言葉が使われているわけではないのですが、デカルトのそうした議論の仕方はつまりは循環ではないかということで、のちのちまで議論の的になりました。

ところが、デカルトはこれに対して、推論の結論として出てくるものと、直接知られるものとを区別せよ、自分がそこで問題にしていたのは、推論の結論として出てくる命題群であって、直接知られるもののことではない、と言うのです。推論の結果知られるものの例としては、デカルトも『省察』で取り上げる「三角形の内角の和は二直角である」(デカルトは正確には「三角形の三つの角は二直角に等しい」と言っています)が、多分わかりやすいと思いますので、今これを用いることにしますと、推論の結果知られるものは、その前提にいちいち注意を向けず、単に結論を記憶しているだけ、ということがありますよね。どのような前提からどのような推論によって「三角形の内角の和は二直角である」を導き出したかにいちいち注意を向けなくても、結論は覚えていて、それを使うというのが普通ですよね。デカルトは、こうした場合を念頭に置いて、

「私がある根拠(rationes ラティオーネース)から結論(conclusio コンクルーシオー)を導き出した〔演繹した〕場合、私がもはやそれらの根拠に注意を払っていないときに、その結論の記憶が戻ってくることがありうる」が、私が語っているのは〔まさしく〕そういった場合の結論についての知識(scientia スキエンティア)についてだけである(AT-VII, p. 140)

と言っているのです。ここに言う「根拠」(単数形は ratio〔ラティオー〕、複数形は rationes

［ラティオーネース］で、ここでは複数形で出てきます）とは、前提のことです。「もはやそれらの根拠に注意を払っていないときに」というのは、「前提をいちいち意識していないときに」ということです。それでも「その結論の記憶が戻ってくることがありうる」と言うのです。むしろ、「ありうる」というよりも、先に言いましたように、普通はその結論の記憶だけを頼りに、それを使って、さらになにかを証明したり計算したりするんですけどね。

そうした推論においては、その推論を進めているときには、一つ一つの前提を慎重に確認し、そこから論理の飛躍なしに推論を続けようと私たちは努めますよね。でも、いったん結論が出ますと、今度は、記憶だけを頼りにそれを使うのが普通で、そうするとそこになにか間違いの可能性が出てきそうです。そういう場合には、単に記憶に間違いが生じるとかいったことだけではなく、そもそも、その推論の過程で、私たちが間違うように神が私たちを造っていたらという、あの欺く神の想定が効力を持つ可能性がありそうです。デカルトが神の存在とその善性の確認が必要だと言っているのは、そんな場合を念頭に置いてのことなのです。

ところが、直接知られるものはそれとは違うと、デカルトは考えます。彼は先ほどの箇所で、次のように言っていました。

しかし、われわれは考えるものであるということにわれわれが注意を向けるときには、それはいかなる三段論法〔推論〕からも結論されることのない、ある第一の直知（notio ノーティオー）であり、また、誰かが「私は考える、ゆえに私はある、すなわち私は存在する」と言うとき、その人は〔自分の〕存在を思考から三段論法〔推論〕によって導き出す〔演繹する〕のではなく、いわば心の単純な直視（intuitus イントゥイトゥス）によって自ずから直知されるものを認知するのです。（AT-VII, p. 140.）

ここで実際に挙がっている例は、あの「第一原理」である「私は考える、ゆえに私はある」です。これは、推論によって演繹されるのではなく、「いわば心の単純な直視によって自ずから直知される」と言われています。また、先ほどの箇所では、「自分が存在するのでなければ自分が考えることはありえないということを、自分自身のうちで経験する」とも言われていましたよね。このように「我思う、ゆえに我あり」は、推論の結果ではなくて、その都度自分自身のうちで直接的に経験され確認されることとして、特別視されているのです。そして、先の「第二反論」に対する「第二答弁」では、「我思う、ゆえに我あり」のその特殊な性格のため、神の存在とその善性の確認を要することなくそれが真であることが知られるのだとデカルトは答えているのです。

†「第四反論」での指摘とデカルトの答弁

しかし、問題はまだ十分には片付いていません。というのも、仮にデカルトが言うように、「我思う、ゆえに我あり」はその都度直接的に知られることであって、それが真であることは神の存在やその善性の確認なしに言えることであるとしても、デカルトが神の存在を証明し、その善性を確認するまでに、彼はさまざまな主張を組み立てていますよね。ですから、単に「我思う、ゆえに我あり」だけではなくて、神の存在を証明するのに使ったさまざまな主張もみな、それを直接知られると言って済ませられるかどうか、確認しなければなりません。ですが、この件を考察する前に、デカルトの「循環」を指摘するもう一つの反論を見ておくのがなにかと便利です。アントワーヌ・アルノーが「第四反論」で行った「循環」ではないかとの指摘は、次のようになっています。

私には一つの疑問が残っています。「われわれが明晰判明に把握するものは真であるということがわれわれにとって確実なのは、神がある〔存在する〕からということによってのみである」と著者が言うとき、著者はどのようにして循環（circulus キルクルス）を犯さずにいるのでしょうか。

しかし、神があるということは、われわれが神があることを明晰かつ明証的に把握するからというのでなければ、われわれにとって確実ではありえません。したがって、神があることがわれわれにとって確実である前に、われわれが明晰かつ明証的に把握するものはみな真であるということが、われわれにとって確実でなければなりません。

(AT-VII, p. 214.)

アルノーのこの言い方は、先ほどの「第二反論」の表現よりも、問題をよりいっそう明確に提示していると思われます。

それに対するデカルトの答弁は、次のとおりです。

最後に、「明晰判明に把握されるものは真であるということがわれわれにとって確実なのは、神があるということによってのみである。そして、神があるということがわれわれにとって確実なのは、それが明晰に把握されるからということによってのみである」と私が言ったとき、私は循環を犯してはおりません。そのことは、第二反論の答弁の第三項と第四項で、すでに十分に説明しました。すなわち、われわれが物事それ自身から明晰に把握するものを、われわれが以前に明晰に把握したと記憶しているものから区別することによって、説明したのです。というのも、神が存在することが最初にわれわれわれに確実になるのは、それを証明する根拠（rationes ラティオーネース）にわれわれが注意を向けるからなのですが、あとになって、あるものが真であることをわれわれが確信するためには、われわれがそのものをかつて明晰に把握したことを想起することで十分なのですが、もし神があって欺かないということをわれわれが知らないとすれば、それで十分というわけにはいかないのです。（AT-VII, pp. 245-246.）

ここでもやはりデカルトは、私たちがいわば「現場で」明晰に把握するものと、そうした把握を行ったと記憶されているものとを区別しています。そして、後者について、「神があって欺かないということをわれわれが知らないとすれば、それで十分というわけにはいかない」と言い、記憶によるものにのみ善なる神の支えが必要だと主張し、自身の見解が「循環」ではないとしているのです。

†第二答弁第四項から

ところで、右に引用した箇所で、デカルトは「私は循環を犯してはおりません。そのことは、第二反論の答弁の第三項と第四項で、すでに十分に説明しました」と言っていましたよね。先ほど見ていただいた第二答弁からの箇所は、第二反論の第三項に対する、答弁の第三項だったのですが、デカルトはここで、答弁の第四項も挙げていますよね。

そうなんです。実は、第二反論の第三項だけでなく第四項に対する答弁（つまり第二答弁第四項）においても、デカルトはこのアルノーの言う「循環」の問題に対して、答弁を行っているのです。そこで今度は、その第二答弁第四項の該当箇所を見ることにします。少し長い引用になりますが、大事なところなので、該当箇所を全文引用します。

こうして、神が存在することが認識されたあとは、われわれが明晰判明に把握するものに疑いを向けようと思うなら、神は欺く者であると想定しなければならず、また、神を欺く者と想定することは不可能なので、われわれが明晰判明に把握するものはすべて、真でありかつ確かなものとして受け入れなければならないということを、おわかりいただけると思います。

しかし、あなたがたはまだ、私が第一省察で提示し、続くいくつかの省察において十分に注意深く排除したと思っていた疑いにこだわっておられるようですので、人間が手にしうるすべての確かさの基になっていると思われる基礎（fundamentum フンダーメントゥム）を、ここでもう一度、説明しておきましょう。

まず、われわれは、自分がなにかを正しく把握していると思うやいなや、自ずとそれが真であることを確信します。しかし、われわれがそのように確信するものについてそれを疑ういかなる理由をも持ちえないほどその確信が堅固であれば、われわれにはそれ以上調べるべきものはありません。われわれは、根拠をもって求めるべきものをすべて手にしているのです。というのも、それが真であることをわれわれがそれほど堅固に確信したものが、それ自身、神や天使には偽に見え、したがって、絶対的な言い方をすれば、偽であると想定するとしても、われわれにとってそれが何だというのでしょう。われわれはその絶対的な偽をけっして信じてはいませんし、少しでもそういうものを考えてみることはないのですから、われわれはけっして取り除くことのできないほどの堅固な確信を想定しているからです。したがって、その確信は、最も完全な確かさ（certitudo ケルティトゥードー）とまったく同じものなのです。

しかし、なんらかのそうした確かさ、すなわち堅固で変わることのない確信をわれわれが持っているかどうかは、疑うことができます。

実際、少しでも不明瞭に（obscure オブスクーレー）、あるいは混乱した仕方で（confuse コーンフーセー）われわれが把握するものについては、そうした確信（もしくは確かさ）が持たれないのは明白です。というのも、そうした不明瞭さ（obscuritas オブスクーリタース）は、それがどのようなものであろうとも、われわれがそれら自身を疑う十分な理由となります。また、どれほど明晰にではあっても、感覚だけで把握されるものについては、そうした確信は得られません。というのも、何度も申しましたように、水腫病の患者が渇きを覚え、黄疸患者には雪が黄色く見えるといったように、感覚には誤りが見いだされる可能性があるからです。というのも、われわれには雪が明晰判明に白く見えるように、黄疸患者にはそれが明晰判明に黄色く見えるからです。こうして、もしあの確信〔もしくは確かさ〕が持たれるとすれば、それは知性が明晰に把握するものに限られるということになります。

しかし、これらのうちのあるものは、きわめて明快であると同時にきわめて単純であって、それらについて考えるなら、それらが真であると信じないわけにはいきません。例えば、私は考えている間は存在するとか、一度なされたことはなされなかったことにはできないとかがそれであり、それらがあの確かさを持つことは明らかです。というのも、われわれはそれらについて考えることなしにはそれらに疑いを抱くことはできないのですが、すでに認めましたように、それらについて考えるのなら、同時にそれらが真であると信じないわけにはいかず、したがって、同時にそれらが真であると信じることなしには、それらに疑いを抱くことはできず、つまりは、それらをけっして疑うことができないということになるからです。

また、「われわれは、他の人々が太陽〔の光〕よりも明晰に自分は知っていると信じていたことが実は間違いであったということを、しばしば経験している」ということも、反論にはなりません。というのも、自分の把握の明晰性をひたすら知性だけから求めた人々にそういうことが起こったということを、われわれはけっして見たことがありませんし、誰かがそれを見ることもありえないからです。そうしたことは、感覚か、なんらかの誤った先入観からその明晰性を得た人々にだけ起こったことにすぎないのです。また、誰かがそれらは神や天使には偽に見えると想定しても、これもまた反論にはなりません。なぜなら、われわれの把握の明証性は、そのようなことを想定する人に耳を貸すことを許さないからです。

ほかにも、実際また、それ自身の認識が依存している根拠にわれわれが十分注意しているときには、われわれの知性によってきわめて明晰に把握され、したがって、その時点ではわれわれはそれを疑うことができないようなものがあります。しかし、そうした根拠を忘れてしまい、その間はそれらの根拠から導き出された〔演繹された〕結論〔だけ〕を思い出すということがわれわれにはありえますから、これらの結論についても、堅固で変わることのない確信を持つかどうかが、それらの結論が明証的な原理から導き出された〔演繹された〕ものであることをわれわれが思い出す限りにおいて、問われることになります。というのも、結論を言うことができるためには、そのことを思い出すことが予想されなければならないからです。そして、私の答えは、次のとおりです。神をよく知っていて、神によって彼ら自身に与えられた理解の能力が真なるものへと向かわないことはありえないとわかっている人々は、その〔堅固で変わることのない〕確信を持ちます。しかし、他の人々がそれを持つことはありません。このことは、第五省察の最後できわめて明晰に説明しておきましたから、ここで付け加えることはなにもなさそうです。(AT-VII, pp. 144-146.)

本当に、長い引用で恐縮です。でも、これで、しばしば問題になっているデカルトの「循環」の基本資料をかなり立ち入って見たことになりますから、その件についてお考えになるときには、きっとことが進めやすくなっていると思います。

†デカルトの言うとおりであるとすれば

もとの問題に戻りましょう。神の存在証明が明晰判明に把握されたものから成り立っているのに、神の存在証明によってはじめて、明晰判明に把握されたものが真であることが保証されるというのは、「循環」ではないかということでした。

これに対してデカルトは、神の存在証明と神の善性の証明によって保証しようとしたのは、直観的にその都度それが真であることが捉えられるようなものではなくて、推論の結果出てくるもので、しかも推論の結果だけが記憶されているものに対してであるから、これは循環ではないと主張しました。

私は本人が言うことを一応受け入れようと思います。長い推論を続けていると(私など、短い推論でもそうなのですが、あはは）前提や、それと結論とのつながり方を、忘れてしまうことがありますよね。実はデカルトの「第一哲学」自体も、そういう推論が次々と展開されていきます。ですから、そのように薄れていく記憶に対して、その都度慎重に確認し推論した結果については、神がついているから信頼を置いていいというのが、「明証性の規則」に対する神の存在証明とその善性の証明の関わり方だったと、一応考えておきたいと私は思っています。

私が「デカルトの循環」に対してそのような立場をとるのは、「本人がそう言っているんだから」ということもあるのですが、デカルトの弁解の仕方に、さほどの違和感を感じないのです。

というのも、一つには、デカルトの第一哲学の議論は、要所要所で「自然の光」が登場します。この言葉は、それだけでは単なる呪文みたいなものです。デカルトが言いたいのは、「自然の光によって明らか」と自分が言っているものは、慎重に検討した結果、明晰判明に把握され、疑いの余地がないと確信しているもののことだということです。神の存在証明も、デカルトにとってみれば、そうした「自然の光によって明らか」、つまりデカルト的には「間違いがない」、「確かだ」、「疑いようがない」というものを積み重ねて、その証明を進めているつもりなんですよね。ですから、本当のところを言えば、「明証性の規則」が原理として本当に大丈夫かどうかなんて、実際にデカルトがやっていることからすれば、結果的にはどうでもよいことになっているんです。「明証性の規則」が妥当するかどうかとは関わりなく、彼は、自分が真であると確信しているものをどんどん積み上げて、神の存在証明をするのです。

しかも、その神の存在証明は、神の善性（つまり、神は欺く者ではないということ）を証明するためのもので、この手続きは、物体の存在を回復するために、きわめて重要な役割を果たしましたよね。私自身は、デカルトの第一哲学の論理としては、そちらのほうがはるかに重要だと思っているのです。

けれども、そしたらそれで万々歳なのかというと、前章で見ましたように、そういうわけにはいきません。デカルトは、その物体の存在証明においても、彼自身の自然学的知見を用いますし、そもそも第一哲学全編において重要な役割を果たす「観念」という概念が、自然学的基盤のもとで形成され機能するものだったのです。ですから、デカルトが公式的に形而上学（第一哲学）と自然学とを峻別しようとする限り、彼はそれを徹底することがそもそも根底からできていないと言わざるをえないというのが、私の見方です。

†クワインの先駆？

結局デカルトは、『省察』の一つ一つのステップにおいて、自分がこれは確かだと思うことを確認しつつ積み上げて、一つのシステムを構築したのでした。そして、そこには、形而上学とは異なるとしなければならない自然学に属する、デカルトにとってきわめて重要な知見が、盛り込まれていました。この意味で、彼は、本章の最初のところで再確認した、すべてを第一原理を土台として構築するということには成功していません。その都度、自分がこれは確かだと思うことを、自然学の分野からも引き出しながら、論を進めているからです。

私自身は、デカルトのこの意味での失敗を、実はたいしたことだとは思っていません。問題なのは、すべてを原理から始めなければならないという彼の学問観のほうなのであって、実際にデカルトが試みたようなことを私たちが始めれば、結局デカルトがやったように、私たちが強い確信を持っているものを分野を問わず援用して、論を進めるしかないのです。

かつてハーバード大学の名物教授であったクワイン（Willard Van Orman Quine, 1908-2000）は、哲学と自然科学を峻別することに異議を唱えました。これに対して、その哲学が自然科学の可能性や範囲を明らかにするといったカント風の問題提起を行った場合、科学について考察するのに科学を用いるという「循環」になるではないかという「異議申し立て」が行われることになりました。「なりました」というよりも、クワインよりもずっと以前から、哲学するのに自然科学の成果を用いることに対して、このような異議申し立てが行われてきたのです。クワインが可笑しいのは、それを循環だと思うのは、知的臆病さのゆえなのだと、一笑に付するところです（W. V. Quine, *The Roots of Reference* [La Salle, Ill.: Open Court, 1974], p. 2）。私にとって、クワインのその発言との出会いは、実に爽快な経験でした。

デカルト哲学の実際は、彼の公式のメタ哲学的な「基礎づけ主義的」信念とは別に、人間がこれまでになした大きな試みの一つとして、そこから学ぶことが多い企てであったと私は思います。

†明晰判明でないものが支えとなって

しかも、彼のその企ては、自分の心の大掃除のために、明晰判明に把握されたものではない、「自然の光によって明らか」とは言えないものを支えにしていたことにも、私たちは目を向けなければなりません。

デカルトは、その大掃除のために、「感覚はときとして欺く」とか、「夢と覚醒時の区別が明らかではない」とか、「数学でも誤ったことがある」とかいった、私たちが日常経験したり、そういえばそういうこともあるなあといったことを、重要なステップとして用いましたよね。「我あり」が第一原理として見つかったら、あとはそこからやっていけばいいというのは、大掃除に使った道具たちに対して、あまりに失礼ですよね。しかも、「我あり」が見つかったら、あとはそこからどんどん進んで「神あり」、「物体あり」に至れたかと言えば、何度も申しておりますように、デカルトは自然科学的確信事項を持ち出したりなど、いろいろしましたよね。デカルトのあのおもしろいシステムは、実はそのように、明証的で明晰判明で、疑えない確実なものだけで構築されていたものではないのです。そもそも懐疑の理由として使われた蓋然的にそうだと思っているものがなければ、懐疑すら成り立たなかったのですからね。

ですから、そのように見直してみますと、かつてよく「基礎づけ主義者」が言ったように、デカルトの哲学の中にある不純物を取り除いて、その核心部分からわれわれは学ぶべきだという主張は、私にはあまりにもあまりな、事態をわきまえない主張に見えてしまいます。デカルトのシステムの中では、さまざまなものが支え合っています。その支え合いの中で、なにか魅力的なものを見つけることができるかどうか。それがデカルト哲学の思想としての力だと私は思います。

そこで、最後に、デカルトの形而上学がどれくらいの威力とインパクトを持つものだったのか、そのことをお話ししたいと思います。その話は、デカルトの「我思う、ゆえに我あり」と、アウグスティヌス（Aurelius Augustinus, 354-430）のある発言との関係についての話から始まります。

第6章　主観主義の伝統と分析哲学の起点
——デカルト哲学の射程

†デカルトとアウグスティヌス——もう一つ、古くから言われてきたこと

もう一つ、「デカルトの循環」と並んで、古くからときに疑問視されてきたことがあります。デカルトの「我思う、ゆえに我あり」は、アウグスティヌスのある考えを借用したものではないかという疑問です。

ことの発端となったのは、これもまたアントワーヌ・アルノー（Antoine Arnauld, 1612-1694）が『省察』の「第四反論」で行った、次の発言でした。

ここでまず驚きますのは、尊敬に値する著者が、自身の全哲学の原理として、神学的な事柄だけでなく哲学的な事柄においても驚嘆に値する、最も鋭い精神を持つ神のようなアウグスティヌスが打ち立てたのと同じものを打ち立てることです。というのも、『自由意志論』（*De libero arbitrio*）第二巻第三章において、アリピウスがエウォディウスと議論し、神が存在することを証明しようとして、次のように言っているからです。「まず、われわれが、最も明らかなものについて端緒を捉えるため、君に尋ねる。君自身はあるのか、あるいは、君はもしかしたら、この質問において間違えることを恐れているのではないか。というのも、いずれにしても、もし君があるのでなければ、君が誤ることはまったくありえないからである。」われわれの著者の次の言葉は、これに似ていま

す。「しかし、誰か知らないが、きわめて有能で、きわめて狡猾な欺く者がいて、故意にいつも私を欺いている。もしその欺く者が私を欺くのなら、まったく疑う余地なく、やはり私はある。」(AT-VII, pp. 197–198.)

アルノーが「我思う、ゆえに我あり」について、アウグスティヌスとの類似性を指摘した箇所は、以上です。

これに対して、デカルトが「第四答弁」において述べていることは、ごく僅かです。彼は次のように言っています。

ここで私が尊敬に値する方〔=アルノー〕に感謝を述べるまでもないことですが、その方は、神のようなアウグスティヌスの権威によって私を援護してくださり、また、私が根拠としているものを、他の人々にさほど強固とは見えないことを危惧しておられるかのように、表明してくださいました。(AT-VII, p. 219.)

デカルトの『省察』における答弁での発言がこれだけにとどまっていますので、この件に関するデカルトとアウグスティヌスの関係が、その後も取り沙汰されることになりました。

†一六三七年に戻って

「我あり」の考え方がアウグスティヌスと似ているとのアルノーの指摘に対する右のデカルトのそっけない対応には、理由があります。実は、この件については、一六三七年にまで遡る、ある経緯があるのです。

一六三七年六月八日に、『方法序説』が出版されます。それとちょうど同じ頃に書かれたと推定されるデカルトからメルセンヌに宛てた手紙が残っていて、そこにすでにアウグスティヌスへの言及があります。デカルトはその手紙の中でそのことに触れて、次のように述べています。

私はあなたがこの前の手紙でおっしゃってくださった小包を、先日すべて受け取りました。しかし、どこに印刷の間違いがあったかを書いたメモについては、まったくお知らせしませんでした。というのも、それらはすでに印刷されていたからです。また、聖アウグスティヌスの一節についても、お知らせしませんでした。というのも、その一節は、私が使うのと同じ仕方で使われているとは思われないからです。(AT-I, p. 376.)

この「聖アウグスティヌスの一節」がどこを指すのか、この手紙には明記されてはいません。けれども、それから一年半近く経った一六三八年一一月一五日付けのメルセンヌ宛ての手紙に、もう一度アウグスティヌスのことが出てきます。そこでは、次のように言われています。

あなたが聖アウグスティヌスの一節を引用してくださった手紙を捜しましたが、まだ見つかっておらず、あなたがお知らせくださったことを見ようとしても、この聖人の著作集をまだ手に入れてはおりません。とは言え、感謝申し上げます。(AT-II, p. 435.)

この一節から、先の手紙にもあったアウグスティヌスの一節のことは、一六三七年の段階ですでにメルセンヌによって知らされていたことがわかります。しかも、こうした文面からしますと、デカルトがアウグスティヌスの一節を参考にして「我思う、ゆえに我あり」を第一原理としたとは考えづらいことがわかります。そのためデカルトは、「第四答弁」の中で、先のように、自分が知らなかったアウグスティヌスの言葉を引き合いに出して自説を援護してくれたと、アルノーの言葉を感謝をもって受け取っていると考えられるのです。

†『神の国』第一一巻第二六章

ところで、右の手紙からの引用の中に出てくる「聖アウグスティヌスの一節」が、アルノーの指摘した『自由意志論』のそれではなく、『神の国』(*De civitate Dei contra paganos*) 第一一巻第二六章の一節を指すことは、のちにデカルトがメルセンヌに宛てて書いた一六四〇年一二月の手紙で確認することができます。その手紙の中で、デカルトは、メルセンヌがアウグスティヌスの一節をかつて二度にわたって知らせてくれたことに触れ、それが「『神の国』の第一一巻第二六章にある」(AT-III, p. 261) ことをメルセンヌに知らせています。

その『神の国』第一一巻第二六章で、アウグスティヌスは次のように語っています。

私は、〔……〕私があること、そして私がそのことを知っており、またそのことを愛していることを、この上なく確かだと思っている。これらの真なることについては、私は、「もしあなたが欺かれているとしたらどうなのか」と言う学者の議論を、少しも気にかけてはいない。なぜなら、もし私が欺かれている (fallor ファッロル) のなら、私はある (sum スム) からである。というのも、ないものは、なんといっても欺かれることはありえず、またもし私が欺かれているのなら、この理由により、私はあるからである。したがって、もし私が欺かれているのなら、私はあるのだから、どうして私は、私があるということにおいて、欺かれていると言えるのか。というのも、もし私が欺かれているのなら、私はあるということは確かだからである。したがって、欺かれている私は、欺かれているとしてもあるのだから、私があると知っていることにおいて私が欺かれていないことには疑問の余地はない。(Aurelius Augstinus, *De civitate Dei contra paganos*, Liber XI, Caput 26; Augustine, *City of God*, Books 8–11 [Loeb Classical Library, 413; Cambridge, Mass. and London: Harvard University Press, 1968], p. 532.)

「私が欺かれているのなら、私はある」(si fallor, sum シー・ファッロル・スム) ということのアウグスティヌスの言葉は、先ほどの「第四反論」からの引用箇所の中でアルノーが引用していた「第二省察」のデカルトの言葉、

しかし、誰か知らないが、きわめて有能で、きわめて狡猾な欺く者がいて、故意にいつも私を欺いている。もしその欺く者が私を欺くのなら、まったく疑う余地なく、やはり私はある。(AT-VII, p. 25)

と、内容的にきわめて近いものであるのは事実です。

†デカルトの説明

しかし、この件についてデカルトは、先ほどのメルセンヌ宛ての手紙の少し前、一六四〇年一一月にある人に宛てた手紙で、アウグスティヌスと自分とでは目的が違うということを、次のように説明しています。

私の「我思う、ゆえに我あり」といささか関係のある聖アウグスティヌスの一節をお知らせいただき、ありがとうございます。今日、この町の図書館で、その一節を読みました。そして、私が紛れもなく見いだしましたのは、聖アウグスティヌスがその言葉を用いたのは、私たちの存在の確かさを証明するためであり、さらには、私たちがあること、私たちは自分があることを知っていること、そして私たちは自分があることとそれを知っていることを愛していることから、私たちの中に三位一体に似たものがあることを示すためであるということでした。けれども、私がそれを用いたのは、この考える私が、非物質的実体であり、物体的なところが少しもないことを示すためです。(AT-III, p. 247.)

このように、デカルト自身は、アウグスティヌスと彼自身が(ほぼ)同じことを言っていながら、それによってなそうとしていること（目的）が異なるということを強調しています。

アウグスティヌスは、北アフリカのタガステの生まれで、情熱に任せての放蕩生活ののちキリスト教に回心し、以後キリスト教を擁護する活動を続けた人です。これに対して、デカルトは、アリストテレス的伝統に抗して、この大自然を数学的に捉えるよう学問の世界を塗り替えようとしたいわば知的革命家です。そのことを考えますと、デカルトが右の手紙で言う、その目的が異なるというのは、しごくもっともな話です。

しかも、この手紙の続きのところでデカルトは、「聖アウグスティヌスと一致するところがあった」ことによって、当の原理に異議を申し立てようとする「偏狭な人々」を黙らせることになるとすれば、それだけでも「喜ばしいことである」（AT-III, p. 248）と言い、アルノーに言ったのとほぼ同じ趣旨のことを述べています。

こうした経緯を見ますと、はじめに述べた、デカルトの「我思う、ゆえに我あり」はアウグスティヌスのある思想をモデルにしているのではないかという疑問に対しては、それを証拠立てることはできそうにないと言わざるをえないように思います。

感想めいたことを申し上げてよければ、デカルトはすべてを自らの能力（自然の光）で切り開こうとする強力な個性を若い頃から発揮していました。そのため、尊敬していたベークマンに献呈した『音楽提要』をめぐって、のちにベークマンがあれは自分がデカルトに教えてやったのだという趣旨のことをメルセンヌに言ったことが露見したとき、デカルトはそういう不誠実さを許すことができず、ベークマンと決別することになりました。また、デカルトはメルセンヌをはじめ多くの聖職者と関わりを持ち、加えて、批判や意見を自分から求めるような人でしたから、仮にデカルトがアウグスティヌスの考えを転用しながらそのことに触れずに『省察』本文を書いたとしたら、いずれそれを指摘されるのは目に見えています。そんな愚かなことをデカルトがするとは、私には到底思えないのです。デカルトは確かにアウグスティヌスの『神の国』や『自由意志論』の発言を知らなかったようで、でも、それを知らなかったことを恥とする気持ちは彼にはなく、むしろ自分の考えが――その使用目的は異なっても――偉大な聖アウグスティヌスと重なることを、誇りとしたようなところがあります。

デカルトの「屈折光学」に出てくる屈折の法則についても、先にお話ししましたように、内容的にはスネルが先に考えていたことはよく知られていますけれども、スネルがそれを公にしなかった間にデカルトが自分でその法則を見いだした以上、ときに見られるその点でのデカルトのオリジナリティーに対する疑念に対しては、私たちは異議を唱えなければならないと思います。ですから、一般に「スネルの法則」と言われているものがフランスでは「デカルトの法則」とか「スネル＝デカルトの法則」とか言われても、けっしておかしなことではありません。アウグスティヌスとの符合についても、そのこと自体としては、屈折の法則の場合と同じようなものだと、私には思えるのです。

†デカルトのネットワーク

さてそのデカルトの目的なのですが、デカルトは、明証的に知られる「第一原因」もしくは「原理」から始まり、論理の飛躍なしに他の全体が順次導出されるような、そんな学問のイメージを持っていました。しかし、実際に彼が第一哲学で行ったのは、明証的とは言えないものや、自然学の分野の仕事の中で彼が強い確信を抱くに至ったものを必要に応じて用いながら、「我あり」、「神あり」、「物体あり」を順次確認し、それと並行して心と物体がまったく異なるあり方をすること、物体は数学的に扱えるものがその本質をなすこと、そして、人間の場合には心と物体（身体）が合一していることを、明らかにしようとすることでした。デカルトが、一切を疑問に付していったんすべて廃棄し、「我あり」という第一原理から始める公式的路線をとりながら、その背面では、蓋然的なもの、他分野で獲得されたものを言わば縦横に組み込むという仕方で、彼の形而上学は成り立っていました。厳しい言い方をすれば、彼の第一哲学は、その強烈な学問観にもかかわらず、実際にはそれとは異なるある信念のネットワークを提示したという点で、そのもくろみに関する限り、破綻しています。

デカルトが提示したような学問観は、学問の全体は絶対に確かな知識を土台として建築ブロックを順次積み上げていくようなものだという意味で、「建築ブロック説」と言われます。また、基礎の基礎をどこまでも追求して絶対に確かな基礎から全体を組み立てていくという意味で、「基礎づけ主義」とも呼ばれます。しかし、もしデカルトがこうした学問観を取り下げるのであれば、彼の第一哲学は右に述べた意味で「破綻」しているということはなくなり、代わりにそれは、非常におもしろい見解を提示してみせたことになります。

人類の歴史を見ますと、ときどきデカルトのような斬新な思想を提示する人がいて、その思想が時代を牽引していきます。デカルトのあと、スピノザ（Baruch de Spinoza, 1632-1677）やライプニッツ（Gottfried Wilhelm Leibniz, 1646-1716）は彼の強い影響下に自らの思想を練り上げていきましたし、ロック（John Locke, 1632-1704）は、デカルトから多くを学び、デカルトを批判しながらも、その影響の跡を、『人間知性論』（*An Essay Concerning Human Understanding* [1690]）のさまざまなところに残すことになりました。ずっとのちの一九二九年に、フッサール（Edmund Husserl, 1859-1938）が『デカルト的省察』（*Cartesianische Meditationen*）のもとになる講義をソルボンヌで行ったときにも、彼はデカルトの『省察』の精神を現象学において引き継ごうとします（この件についてのフッサールの言葉を、本書の最後に引用しておきます）。

私自身はデカルトに典型的に見られるような「建築ブロック説」的、「基礎づけ主義」

的な考え方を是とすることはできませんので、この点において彼を擁護し、ここに彼の第一哲学の魅力があると主張するつもりはありません。けれども、他方、デカルトのような基礎づけ主義的な営みがなければ、二〇世紀に特に顕著になった反基礎づけ主義的哲学運動も、その姿を鮮明にすることはありえなかったでしょう。ですから、その意味で、デカルトの第一哲学の営みを評価せずにいることは、ありえないことだと思っています。

私のデカルト批判につきましては、デカルトがその第一哲学の中で自然学の成果を重要な要素として使っていることを第4章で指摘し、また、前章で、デカルトが、蓋然的に信じていることを懐疑の重要な根拠としていることを指摘したことで、その要の部分は提示し終えています。ですから、本章後半では、もっぱら、私が感じているデカルトの観念論的魅力と、それによって喚起された西洋の主観主義的伝統について（それから少しだけ分析哲学について）、お話しをさせていただければと思います。

†デカルトの観念論

以前、「観念論」に対する言葉は「唯物論」だと言われたことがありました。観念論というのは、すべては心か心の中にある観念であるという考えのことです。また、「唯物論」というのを、すべては物体ないし物質であるとする見解だと仮に単純化して言うとしますと、「観念論」の反対が「唯物論」なら、デカルトのように、心と心の中の観念だけ

「観念論」でなく物体もあるとする立場は、そのどちらにも入りませんよね。ですから、「観念論」に対する言葉が「唯物論」であるとするのは誤りだということがわかります。

「観念論」に対するのは「唯物論」ではなく、物体が（心や観念とは別に）実在することを認めるという意味での「実在論」です。この意味では、デカルトは最終的に物体が心とは別に実在することをしっかりと認めますから「実在論者」です。もちろん、そうした意味で、彼は観念論者ではありません。

話を進める前に一言申しますと、よく政治家が、「そういう意見は観念論だ」などと、「観念論」という言葉をまったく間違った仕方で国会などで用いています。その場合、そういう怪しげな政治家が言わんとしているのは、「現実を知らない、あるいは現実に合わない、空疎な考えにすぎない」ということであって、そのような場合に「観念論」なんて言葉を使わないでほしいと私は思います。国会議員は、国民の教育に責任を持つべき人でもあるのですから、国民を惑わすような言葉を使うべきではありません。

観念論というのは、心と、心の中の観念がすべてだという考え方ですから、「デカルトの観念論」というのはいかがなものかと思われるかもしれませんね。なにしろ、デカルトはしっかりと物体の存在を認めているのですから。けれども、彼が第一哲学で提示したシステムは、少なくともある段階では、紛れもなく観念論なのです。

†すべてを廃棄した上での「我あり」

ことの発端は、デカルトがあの「方法的懐疑」によってすべてを疑わしいとして廃棄するところにあります。彼は、これまで感覚によって間違えたことがあるとか、夢と現実の区別が明確でないとか、数学でも間違えたことがあるとか、欺く神がいて私たちが正しいと思っているときにいつも本当は間違えているように私たちを造ったかもしれないとかいった理由を提示して、これまで信じてきたことはすべて疑わしいとしましたよね。その結果、デカルト自身は、次のような状況に立ち至ったのでした。

したがって、私は自分が見るものすべてが偽であると想定する。あてにならない記憶が表すものは、なに一つ、けっして存在しなかったのだと信じることにする。私はまったく感覚器官を持ってはいない。物体、形、延長、運動、場所は、幻影である。それでは、何が真なのか。おそらく、確かなものはないという、この一つのことだけであろう。

(AT-VII, p. 24.)

つまり、物体も含めて、存在するものを一切認めない立場をとったわけです。

そして、その状況の中で、

「私はある、私は存在する」というこの言明は、私がこれを発するたびに、あるいは心がそれを捉えるたびに、それが必然的に真であると、結論せざるをえない（AT-VII, p. 25）

と言うのです。それからあと、デカルトは、「神あり」、「物体あり」を証明していきますよね。そのことからしても当然なのですが、この「我あり」の確認は、物体世界の存在を全面的に否定したところにおいてなされるのですから、その時点ではとりあえず、存在するのは心としての私だけということになります。

そして、デカルトは、その心の中に観念があることを疑いません。「第三省察」のはじめのところで言うように、彼は「観念が私の中にあること〔……〕を否定してはいない」（AT-VII, p. 35）のです。そうしますと、この時点では、存在するのは私の心と心の中の観念のみである、ということになります。明らかに観念論です。

†デカルト的観念論の魅力

デカルト自身は自らのこの観念論的フェイズに「魅せられる」ということはありませんでした。彼はそこからさっさと神の存在証明に入り、「物体あり」まで行ってしまいます。

ですが、このデカルト的観念論には、結構魅力があるのです。デカルトを読んで、彼が最終的に提示する心と物体の二元論や数学的自然学の構想よりも、『省察』の早い段階で追体験することになる観念論に魅力を感じる人が、少なくありませんでした。なにしろ、デカルトの提示する「神あり」、「物体あり」の議論に納得がいかない場合でも、「すべてが夢幻のごときものだとしても一人私はこのように存在している」という感覚は、それだけで結構多くの人々にとって、共感できるものだったのです（デカルトの観念論については、冨田『観念論の教室』第6章でも論じました。ご参照いただければ幸いです）。

†すべてを心の側から——主観主義

さてそのデカルト的観念論と深く関わるものに、次のようなものがあります。デカルトが最終的に物体の存在を確認して物体世界を復権させても、その復権の仕方は、もともとそういう世界が実在していたのだというのとは違います。いったんすべてを廃棄して、「私」の「心」の中に現れる観念だけを足がかりにそれ以後の省察を進めるのですから、神の存在証明はもとより、物体の存在証明についても、自分の心が「自然の光」によって明らかだと考えるものを確認しつつ積み上げていくという形が、基本的には徹底してとられます。ですから、最終的に物体の存在が確認されても、それは「私」の「心」がそうだと認める限りでの「物体」なのです。その意味で、デカルトの形而上学は、あくまで、先にその存在が確認された「私」の「心」に優位性があります。いったんそれが確認されると、以後はすべて「私」の「心」の側から、検討され確認され先に進むということが繰り返し行われるのです。

デカルトは「私」を「心」と呼びますが、のちにこの「私」は「主観」（ラテン語でsubjectum［スブイェクトゥム］、英語で subject［サブジェクト］、フランス語で sujet［シュジェ］、ドイツ語で Subjekt［ズプイェクト］）と呼ばれるようになります。

subjectum（スブイェクトゥム）というラテン語の言葉は、「下に」を意味する sub-（スブ）という接頭辞と、「投げる」を意味する jacio（ヤキオー）という動詞からなる、subjicio（スービキオー）もしくは subjicio（スブイキオー）という合成動詞の、英語の文法で言えば過去分詞にあたる形が名詞化したものとお考えください。したがって、スブイェクトゥムは、元来、「下に投げられたもの」、「下に置かれたもの」、「基礎となるもの」を意味します。そして、そこから、いろいろな用法が派生します。その一つが、「基体」です。「基体」というのは、物にはさまざまな性質がありますよね。例えばこの花はこんな形をしているとか、こんな色をしているとか。そうした形や色は、それだけで存在しているわけではなく、なにかがあって、それがそうした性質を持っている、支えているという考え方が西洋では古くからありました。その場合の、そうした支えになっているもののことを、「基体」と言うのですが、これがラテン語では subjectum（スブイェクトゥム）と言われていました。

ところが、デカルトの場合、すべては「私」の「心」の側から確認し直され、「私」の「心」が承認し受け入れる限りにおいて認められるという方向をとっています。つまり、「私」の「心」が、すべてを支えているという特性を持っています。

このようなデカルトの考え方に賛同する一群の人々の間で、デカルト以後、その「心」を subjectum にあたる言葉で呼ぶことが始まります。この場合の subjectum およびその各国語の形を、我が国では一般に「主観」と訳します（場合によっては、「主体」という訳も使われます）。そのため、「私」の「心」の視点からすべてを捉え直そうとする立場は、「主観主義」（英語では subjectivism［サブジェクティヴィズム］、フランス語では subjectivisme［シュブジェクティヴィスム］、ドイツ語では Subjektivismus［ズプイェクティヴィスムス］）と呼ばれます。

デカルトが切り開いたこの主観主義の視点は、多くの人々が、これをそれぞれの仕方で継承していくことになります。

†もともとの「二重存在」構造と主観主義

ところで、第4章でお話ししましたように、もともと心の中の「観念」という言葉自体が、実は心の中と外の区別に基づく自然学的研究の中で、その用法を練り上げていったものでしたよね。そうすると、心と心の中の観念だけからすべてを見直そうとするといっても、本当のところは、その見直しに用いられている「観念」という概念自体が、本来、あの「二重存在」構造を前提していたものだったのです。つまり、外には物があるが、それと私たちが実際に感覚によって知覚しているものは同じものではないという、外的な物と心の中に現れるものとを区別する見方の中で、「観念」という言葉の近代的用法が練り上げられていったわけです。それは、特に感覚について、私たちが実際に感じているものは必ずしも物そのもののあり方ではないという自然学的見解に基づき、外に実在するものと私たちが感覚的に知覚しているものとを区別し、後者の感覚されているものを、他のすでに久しく「心の中に現れる」と思われてきた概念や痛みなどとともに、「観念」として心の中に位置づけるということです。すでに心の中にあると日常的に思われているものに加えて、私たちが五感によって感覚しているものもまた心の中にあるとされ、その原因として、私たちの身体も含めた外的世界が、私たちが感覚しているものとはさまざまな点で異なるものとして、想定されているのです。

もともとの「観念」が持つ論理空間がこのような自然学的な見解の反映であったことからすれば、デカルトのように、最終的に「物体あり」まで話が進むのは当然の成り行きだったと言えるのですが、西洋の主観主義の伝統の中では、「観念」（もしくはその言い換えとしての「表象」）の隠れた自然学的前提が無視され忘れられ、はじめから心とその中にある観念から話を始めるという路線がとられるようになります。その典型は、バークリ（George Berkeley, 1685-1753）やヒューム（David Hume, 1711-1776）に認められます。例えばバークリは『人間の知識の諸原理についての論考』（*A Treatise Concerning the Principles of Human Knowledge*〔1710〕）の本文で、いきなり、私たちの知識の対象を観念だと、なんの説明もなく主張しますし、ヒュームも、自身の『人間本性論』（*A Treatise of Human Nature*〔1739-1740〕）で、デカルトやロック（John Locke, 1632-1704）の言う「観念」を「知覚」（perception）と言い換え、なんの説明もなく「知覚」から話を始めます。このように、一八世紀になりますと、一七世紀前半に活躍したデカルトの「観念」という概念に依拠する主観主義的立場は、当然のことのようになっていきます。

そして、同じ強力な主観主義の立場は、最初から「物自体」というものの存在を前提しているにもかかわらず、カント（Immanuel Kant, 1724-1804）の『純粋理性批判』（*Kritik der reinen Vernunft*〔1781/1787〕）の基本的立場を構成しています。カントの場合、物自体は感官（感覚機能）を刺激する（触発する）機能を持つものとして常にその存在が認められてはいるのですが、私たちが知っているこの世界（自然）は、それから触発されて私たちの心の中に与えられる「表象」（先ほど言いましたように、「観念」の別名です）からある心の過程を経て構成されるものとして終始扱われます。つまり、私たちにとってのこの世界、この自然、この宇宙は、心の中の「表象」の織りなす「現象」として扱われるのです。

こうした西洋の動向を見ていただき、また、先ほど触れましたフッサールの現象学の主観主義的性格にも目を向けていただきますと、デカルトの開いた主観主義の立場がどれほどの射程を持っていたかが、ご理解いただけると思います。

†分析哲学のルーツ

ここで、デカルトの影響をもろに受けたもう一つの哲学運動についても、お話ししておかなければなりません。それは、久しく「分析哲学」(analytic philosophy)と呼ばれてきた哲学運動です。

この哲学運動は、ゴットロープ・フレーゲ(Friedrich Ludwig Gottlob Frege, 1848–1925)、バートランド・ラッセル(Bertrand Russell, 1872–1970)、ジョージ・エドワード・ムーア(George Edward Moore, 1873–1958)、ルートヴィッヒ・ヴィトゲンシュタイン(Ludwig Wittgenstein, 1889–1951)らから始まった、現象学や実存主義や解釈学などのいわゆる「大陸哲学」と並ぶ一大哲学運動で、今日でもこの派に属することを自認する哲学者は少なくありません。

分析哲学は、とりわけその重要な担い手であったラッセルやムーアらの影響から、そのルーツはロックやバークリ、ヒュームといった古典的イギリス経験論にあるとしばしば考えられています。確かに、分析哲学者が「感覚」や「感覚与件」に重きを置いたことから、そのルーツが古典的イギリス経験論にあると考えたり、あるいは古典的イギリス経験論の担い手たちが言語使用の厳密さに繰り返し留意したことから、言語批判的なそのルーツを同じ古典的イギリス経験論に求めたりするのには、それなりの理由があると言わなければなりません。けれども、分析哲学がその名のとおり、分析をこととし、大きな問題を小さな部分に分け、その一つ一つについて明確な批判的理解を得ながら問題の全体を再構成的に捉え直すということを熱心に試みたことからしますと、明らかにその精神は、デカルトに淵源するのです。デカルトがその方法において示した分析の重視、一つ一つの要素についての徹底した吟味、そして全体の網羅的捉え直しというやり方を、「言語論的転回」という基本的視座の中で精力的に適用しようとしたのが、「分析哲学」なのです。

もとより、「分析的」手法を重視する哲学者に対しては、問題を要素へと切り離すというこのやり方自体が、当の事象を損なってしまうという、「全体論」的立場からの批判が行われてきました。これが、分析哲学に対する重要な批判的論点であることは、指摘しておかなければなりません。

デカルトが自らの方法に自信を持ち、それを実践することによって次々と成果を上げてきたと『方法序説』で言うとき、その成果となったものは、基本的に自然科学分野のものでした。デカルトが考えるような分析的手法が比較的功を奏しやすい分野と、それをやると当の事象を破壊してしまいかねない分野が少なくともありそうだということは、デカルトの方法を理解しようとするときに、十分に念頭に置いておかなければなりません。

私自身が「それをやると当の事象を破壊してしまいかねない分野」として今特に念頭に置いているのは、彼自身の第一哲学（形而上学）です。

すでにお話ししておりますように、彼の形而上学は、けっしてそれだけで完結しているようなものではなくて、それが本来基礎づけるべきであった自然科学に属する見解が何度もそこに出てきて、重要な役割を果たします。そのほかにも、さまざまな見解が、彼の形而上学には認められます。「悪」は、あるべきものが欠けているという意味で、不完全さを意味するというデカルトの見解。これも彼の形而上学の中で重要な役割を果たしていますが、これは文化史的・精神史的に非常に興味深い考え方で、明晰判明に認識できると決まっているものではけっしてありません。一人一人の人間の思想は、さまざまな由来を持つものが組み合わさって、ネットワーク構造をなしています。デカルトの場合も同じです。デカルトが公式的に提出する方法がこのネットワーク構造に適用されますと、もはやそれは原型をとどめることのないようなものとなり、もしそれが全体として疑いようのない第一原理から再構成されるというのであれば、それはありもしないものを「でっちあげる」ような営みでしかないことになるでしょう。

この点において、私は、デカルトに対しても古典的な「分析哲学者」に対しても、必ずしも好意的ではありません。けれども、デカルトの影響力を西洋近代の主観主義の潮流に見るというのであれば、分析哲学運動もまたその思想的淵源をデカルトの中に持っているのだということを、強調せずにすませるわけにはいきません。

†ニーチェとハイデッガー

以上、デカルトの第一哲学のロジックがどのようなものであるかをご覧いただき、またその影響力の大きさの一端を見ていただいたわけですが、デカルトがそのように西洋哲学における革命家的存在であったために、それに対するリアクションにもさまざまなものがありました。そして、そのことがかえってその影響力の大きさを再確認させることにもなりました。

例えば、ニーチェ（Friedrich Wilhelm Nietzsche, 1844–1900）がある点でデカルトを評価しながら、その一方でデカルトを批判的に見ていたこと、あるいはハイデッガー（Martin Heidegger, 1889–1976）が『存在と時間』（*Sein und Zeit* [1927]）でデカルトを批判の主たるターゲットにしていたことは、どこかで聞かれたことがおありかもしれませんね。

一つ、ニーチェから引用してみますと、ニーチェは『楽しい知識』（*Die fröhliche Wissenschaft* [1882/1887]. この書のタイトルを私が「楽しい知識」と訳すことについては、冨田『ローティ――連帯と自己超克の思想』筑摩選書、二〇一六年、二七一ページをご参照いただければ幸いです）の第二七六節で、次のように述べています。

私はまだ生きている。私はまだ考えている。私はまだ生きなければならない。なぜなら、私はまだ考えなければならないからだ。私はある、ゆえに私は考える。私は考える、ゆえに私はある。(Sum, ergo cogito: cogito, ergo sum.)(Friedrich Nietzsche, *Die fröhliche Wissenschaft* [1882], in idem, *Sämtliche Werke*, Kritische Studienausgabe, ed. Giorgio Colli and Mazzino Montinari [KSA, iii; Berlin and New York: Walter de Gruyter, 1988], § 276, p. 521.)

ここでは、デカルトの名前は出てきませんが、Cogito ergo sum の cogito(私は考える)と sum(私はある)が逆になった「私はある、ゆえに私は考える」が出てきます。

また、ニーチェは一八八七年の遺稿の中で、次のように言っています。

「思考がある。ゆえに思考するものがある。」——デカルトの議論はこれに帰着する。しかし、これは実体概念についてのわれわれの信念(Glauben グラウベン)を、すでに「アプリオリに真なるもの」と定めることにほかならない。[……]デカルトのやり方では、われわれはなにか絶対に確かなものに至るのではなく、非常に強固な信念の事実に至るにすぎない。(Friedrich Nietzsche, *Nachgelassene Fragmente 1885-1887*, in idem, *Sämtliche Werke*, Kritische Studienausgabe, ed. Giorgio Colli and Mazzino Montinari [KSA, xii; Berlin and New York: Walter de Gruyter, 1988], p. 549.)

ニーチェについてもハイデッガーについても、我が国には優れた研究書・解説書が多数ありますので、また機会があれば、ご覧になっていただければと思います。いずれにせよ、そうした批判を目にされる度に、逆にデカルトが西洋思想に与えた影響の大きさを、繰り返し感じ取っていただけると思います。

†結びにかえて――フッサールのデカルト評

最後に、デカルトを高く評価することにおいては誰にもひけをとらないフッサールの言葉を引用して、本書を閉じたいと思います。

フッサールは、一九二九年にソルボンヌで行った講演を基に、一九三一年に『デカルト的省察』を公刊します。彼はそのはじめのところで、次のように述べています。

哲学において、〔デカルトの〕その省察が、まったく独特な意味において、すなわちまさに純粋な「我思う」(*ego cogito*)へと還帰することによって新たな時代を開いたことは、重要なことである。実際、デカルトはまったく新たな種類の哲学を創始するのであり、それによって哲学の仕方は一変し、哲学は素朴な客観主義から超越論的主観主義(transzendentaler Subjektivismus トランスツェンデンターラー・ズプイエクティヴィスムス）へと根本的な転換を図ることとなる。（Edmund Husserl, *Cartesianische Meditationen*, in idem, *Cartesianische Meditationen und Pariser Vorträge*, ed. Stephan Strasser, 2nd edn. [Husserliana, i; Den Haag: Martinus Nijhoff, 1973], Einleitung, §2, p. 46.）

その昔、西洋で、古代ギリシャの偉人を「巨人」に喩えることが行われていましたが、デカルトは、時代こそ異なるものの、西洋近代に生きて西洋近代哲学を牽引し、のちのちまで大きな影響力を行使した、「巨人」的存在だったのです。

ご精読、ありがとうございました。

あとがき

デカルトは、私がその昔、京都大学文学部哲学科を卒業するに際して、卒業論文のテーマとして選んだ哲学者でした。論文は「第一哲学序説──存在者と我について」という、いかにも大仰な、思えば気恥ずかしい表題のものでしたが、私にとって、はじめて「論文」なるものを書いた、今となっては懐かしい思い出の一文です。それは、デカルトの主観主義的第一哲学には他者の現れる場がない（マルティン・ブーバー流に言えばそこに現れる「我」は「我-それ」関係の「我」のみで、「我-汝」関係の「我」は現れることがない）ということを主張するものでした。

その頃私にとってとりわけ重要な問題だったのは、確実性を維持するための「我」を核としたデカルト的な視圏の確保と、そこにおける「他者」の可能性でした。一方では、デカルト的にすべてを「私」から捉え直すということでなければ私は私に対しても私以外の他の一切に対しても責任を持つことができないという自身の考えを堅持しながら、同時に、それで他者を他者として本当に捉えることができるのかという疑念を、当時私は払拭することができずにいました。

私は、最初の指導教官であった野田又夫教授と、神戸大学から出向してくださっていた井上庄七教授から、デカルト等々の読解についてのご指導を受けながら、それと並行して、当時京都大学文学部基督教学の非常勤講師をしておられた同志社大学の平石善司教授から、他者について考えるためのご教示をいただくことになりました。私はクリスチャンではありませんでした（し、今もそうではありません）が、われわれに「汝」として現れる『旧約聖書』の神のあり方が一つの示唆を与えてくれるかもしれないというアドバイスや、マルティン・ブーバーの『我と汝』やトイニッセンの『他者』がもしかしたら役に立つのではないかという示唆を平石先生からいただき、聖書やブーバーに立ち入ることになったのも、その頃のことでした。そのため当時はじめて買ったラテン語訳聖書は、今も大切にしています。

結局卒業論文は、デカルト的視点から何が確実に知られるかを論じた上で、そうした姿勢の中では「我」は「我-汝」関係の「我」にはなりえないという否定的な結論を出すものでした。けれども、それは私にとっては、その後の自分の思索の出発点になった論文で、口頭試問にあたってくださった（二人目の指導教官である）恩師辻村公一教授の、他者が現れるには先に場が開かれていなければならないのではないかという質問に対して、「恐縮ではありますが、場はあらかじめ開かれているものではなく、他者の現れと同時に開かれるものだと思います」と答えましたら、「冨田君、「恐縮ではありますが」は要らんですよ」と破顔一笑されたことが、今も懐かしく思い起こされます。

それから私は大学院に進んだのですが、学部生時代にデカルトとともに読んでいたカントとフッサールを研究しているうちに、とりわけフッサールを理解するには彼が師ブレンターノから読むよう勧められ、『論理学研究』でも批判的に取り上げているイギリス経験論がわからなければならないと思うようになり、修士課程ではロックの『人間知性論』の研究を始めました。また、博士後期課程では、ロック研究とともに、当時海外のロック研究論文の多くが分析哲学の観点から書かれていたため、分析哲学の研究をせざるをえず、フレーゲについて論文を書いたりロックについて論文を書いたり、それからときにフッサールについて書いたりすることもありました。

それから四〇年、いろいろなことがありました。野田又夫先生も辻村公一先生も、折に触れて何度も励ましてくださった西洋古代哲学史の藤沢令夫先生も、今はこの世にはおられず、時の過ぎゆくさまを思い起こすことの多い歳になってしまいました。けれども、今こうして改めてデカルトについての書をものしていますと、遠い二〇歳前後の頃のことが、懐かしく思い起こされます。

デカルトについては、卒業論文のあとも何度か論じる機会を得ました。ご参考までに挙げてみますと、次のようなものがあります。

Yasuhiko Tomida, *Idea and Thing: The Deep Structure of Locke's Theory of Knowledge*, in Anna-Teresa Tymieniecka (ed.), *Analecta Husserliana: The Yearbook of Phenomenological Research*, Vol. XLVI (Dordrecht, Boston, and London: Kluwer, 1995), pp. 3–143 at pp. 100–101.

冨田恭彦「「観念」の論理再考——デカルトにおける形而上学と自然学との間」『人間存在論』第一号、一九九五年、一一一～一二一ページ。（この論文は、冨田『アメリカ言語哲学入門』ちくま学芸文庫、二〇〇七年、第Ⅲ部「近代観念説と現代アメリカ哲学」第七章に、「デカルトにおける形而上学と自然学との間——「観念」の自然主義的論理空間」として収載されています。）

Yasuhiko Tomida, 'Yolton on Cartesian Images', in Tadashi Ogawa, Michael Lazarin, and Guido Rappe (eds.), *Interkulturelle Philosophie und Phänomenologie in Japan: Beiträge zum Gespräch über Grenzen hinweg* (München: Iudicium, 1998), pp. 105–111.

Yasuhiko Tomida, 'Descartes, Locke, and "Direct Realism"', in Stephen Gaukroger, John Schuster, and John Sutton (eds.), *Descartes' Natural Philosophy* (London: Routledge, 2000), pp. 569–575.

本書は、二〇一五年から出版を開始した、互いに関わりの深い一連の書の七冊目です（それらはすべて、ハードな四年間の副部局長、それに続くさらにハードな四年間の部局長の職を辞したあと、教育・研究職にある者としてどうしてもこれだけは書いておきたいと思うことを順次書き始めた結果です）。

これまで出版したものは、次のとおりです。

1『観念論の教室』ちくま新書、二〇一五年
2『ローティ――連帯と自己超克の思想』筑摩選書、二〇一六年
3『カント哲学の奇妙な歪み――『純粋理性批判』を読む』岩波現代全書、二〇一七年
4『カント入門講義――超越論的観念論のロジック』ちくま学芸文庫、二〇一七年
5『ロック入門講義――イギリス経験論の原点』ちくま学芸文庫、二〇一七年
6『カント批判――『純粋理性批判』の論理を問う』勁草書房、二〇一八年

1は、主としてバークリの原型的観念論の論理を扱っています。2は、リチャード・ローティの人となりと思想を解説しています。3と4と6は、カントの超越論的観念論を扱っています。5は、遡ってロックの経験論の基本的な考え方を扱っています。本書では、さらに遡って、西洋近代観念説・主観主義の原点となったデカルトの第一哲学のロジック

を明確にするよう努めました。

また同時期に海外で出版された関連書に、次のものがあります。

Yasuhiko Tomida, *Locke, Berkeley, Kant: From a Naturalistic Point of View* (Hildesheim, Zürich, and New York: Georg Olms, 2012; 2nd edn, revised and enlarged, 2015).

加えて、2の『ローティ——連帯と自己超克の思想』と内容的に深く関わる同時期の翻訳書に、次のものがあります。

リチャード・ローティ『ローティ論集——「紫の言葉たち」／今問われるアメリカの知性』勁草書房、二〇一八年

本書第1章「デカルトの生涯——一五九六年〜一六五〇年」の執筆にあたっては、次の文献から多くを教わりました。

1. Adrien Baillet, *La Vie de Monsieur Des-Cartes*, 2 vols. (Paris: Daniel Horthemels, 1691).

2. Adrien Baillet, *La Vie de Monsieur Des-Cartes*, réduite en abregé (Paris: Guillaume de Luynes, La Veuve de P. Boüillerot, & Claude Cellier, 1692).
3. Stephen Gaukroger, *Descartes: An Intellectual Biography* (Oxford: Oxford University Press, 1995).
4. Geneviève Rodis-Lewis, *Descartes: Biographie* (Paris: Calmann-Lévy, 1995).
5. Desmond M. Clarke, *Descartes: A Biography* (Cambridge: Cambridge University Press, 2006).

第1章は、これらの伝記と、デカルトの書簡等を多重的に参照するとともに、各国で蓄積されている諸々の資料による個々の事項の確認を経て、私自身が納得のできる限りにおけるデカルト略伝として、執筆したものです。ここにそのいちいちのお名前を挙げることはしませんが、資料をご提供くださった各国のみなさまに、心より御礼を申し上げます。

なお、2と4には次の邦訳があります。きっとお役に立つと思います。

アドリアン・バイエ『デカルト伝』井沢義雄・井上庄七訳、講談社、一九七九年
ジュヌヴィエーヴ・ロディス＝レヴィス『デカルト伝』飯塚勝久訳、未來社、一九九八年

また、本書では、デカルトから引用する際に、次の、いわゆる「アダン・タヌリ版」を原典として使用しています。

Œuvres de Descartes, ed. Charles Adam and Paul Tannery, 12 vols. (Paris: J. Vrin, 1897–1910).

次に、デカルトを直接読んでみられたい方々へのご参考までに、邦訳について少しだけお話しをさせていただきたいと思います。

我が国には、デカルトの著作の優れた邦訳がたくさんあります。

まず、本書と同じく、筑摩書房から出版されているものを挙げておきます。

ルネ・デカルト『省察』山田弘明訳、ちくま学芸文庫、二〇〇六年

ルネ・デカルト『哲学原理』山田弘明訳、ちくま学芸文庫、二〇〇九年

ルネ・デカルト『方法序説』山田弘明訳、ちくま学芸文庫、二〇一〇年

これらはみな、私の京都大学時代の畏敬すべき先輩である山田弘明氏の手になるものです。

また、これとともに、

デカルト『方法序説ほか』野田又夫・井上庄七・水野和久・神野慧一郎訳、中公クラシックスW9、二〇〇一年
デカルト『省察 情念論』井上庄七・森啓・野田又夫訳、中公クラシックスW21、二〇〇二年

も お薦めです。『方法序説ほか』には、『方法序説』とともに、『哲学の原理』と『世界論』が入っています（先述のように、右の訳者の一人野田又夫先生は、私の学部生時代の最初の指導教官をお務めくださった方で、井上庄七先生は、学部生時代に『省察』のラテン語原文の読解をご指導くださった方でした）。

また、

『デカルト著作集』全四巻、白水社、二〇〇一年

も、是非挙げなければなりません。これには、通常邦訳されることのない、（『方法序説』とともに公にされた）三試論の邦訳や、『省察』の反論と答弁などの邦訳が含まれています。

また、これに加えて、

『デカルト全書簡集』全八巻、知泉書館、二〇一二年〜二〇一六年

も、大変貴重な邦訳として、挙げさせていただきたいと思います。デカルトの書簡は、本書でも時折取り上げましたように、デカルトの考えを理解するのに欠かすことができません。全書簡を優れた自国語の翻訳で読むことができるのは、大変幸せなことです。これに関わられた訳者のみなさまだけでなく、右に挙げた邦訳を翻訳されたすべてのみなさまに、心より敬意を表したいと思います。

なお、以上の訳書は、我が国の数ある邦訳のごく一部です。ほかにもたくさんの優れた邦訳がありますので、書店や図書館で捜してみられることをお勧めします。

デカルトのことは、先に述べたような経緯もあって、大学での講義等でそれまでも久しく取り上げてきたことなのですが（二〇代の終わり頃に京都教育大学の学生諸君と最初に演習で読んだのも、『第一哲学についての省察』でした）、再度その研究にかなりの時間をかけることになったのは、一九九〇年代に、アメリカのラトガーズ大学のジョン・ヨルトン（John Yolton）先生と、ロックやバークリの解釈について書簡での議論を続けていたとき、ヨルトン先生から「君はデカルトの見解をどのように考えているのか」というご質問をい

ただいたからでした。先ほど私のデカルト関係の書き物を挙げさせていただきましたが、そのうちの一番目のものを除いて、あとの三つは、すべてヨルトン先生との議論の副産物で、いただいた宿題に答えようとした結果です。今は亡きヨルトン先生に、改めて感謝の意を表したいと思います。

また、かつて学生時代に私のデカルト研究のご指導をくださった、今は故人となられた野田又夫先生、辻村公一先生、井上庄七先生にも、心より御礼を申し上げます。

また、この機会に、是非とも御礼を申し上げたい先生が、ほかにもおいでになります。私が哲学に進むことになったとき、ギリシャ語やラテン語が読めることは当時の京都大学文学部哲学科哲学専攻では当然のことで、そのとき、大谷大学から出向してこられた水野有庸先生からラテン語の手ほどきを受けたのですが、私自身がラテン語やギリシャ語の文献を駆使しなければならない西洋哲学史や西洋精神史や科学史を担当する上で、水野先生にお教えいただいたことがどれほど役立ったかについては、言葉で言い表すことができません。

加えて、当時文学部に人文科学研究所から出向してくださっていた山下正男先生の、中世のラテン語で書かれた論理学書の読解の手ほどきがなければ、私のデカルト、ロック、カントの読解はありえませんでした。私と同じような分野に進みたいと言う学生諸君には、ラテン語やギリシャ語を是非修得するよう、また、西洋近代思想の理解のためにはその担い手たちが当然のこととしていた伝統的論理学の知識をできるだけ吸収するよう、繰り返し勧めてきましたが、それは私自身のそうした実体験に基づいてのことでした。

最後になりましたが、筑摩書房の天野裕子さんには、これまでの『アメリカ言語哲学入門』、『観念論の教室』、『ローティ』、『カント入門講義』、『ロック入門講義』同様、大変お世話になりました。天野さんは私がもともとデカルト研究者であったことをご存じで、『ロック入門講義』の出版のあと、「デカルトについて書きませんか」とお声をかけてくださいました。天野さんのそのお勧めがなければ、本書はありえませんでした。心より御礼を申し上げます。

二〇一九年正月

冨田恭彦

本書は、ちくま学芸文庫のために書き下ろしたものである。

コンヴィヴィアリティのための道具
イヴァン・イリイチ
渡辺京二／渡辺梨佐訳

破滅に向かう現代文明の大転換はまだ可能だ！ 人間本来の自由と創造性が最大限活かされる社会をどう作るか。イリイチが遺した不朽のマニフェスト。

重力と恩寵
シモーヌ・ヴェイユ
田辺保訳

「重力」に似たものから、どのようにして免れればよいのか……ただ「恩寵」によって。苛烈な自己無化への意志に貫れた、独自の思索の断想集。ティボン編。

工場日記
シモーヌ・ヴェイユ
田辺保訳

人間のありのままの姿を知り、愛し、そこで生きたい――女工となった哲学者が、極限の状況で自己犠牲と献身について考え抜き、克明に綴った、魂の記録。

青色本
L・ウィトゲンシュタイン
大森荘蔵訳

「語の意味とは何か」。端的な問いかけで始まるこのコンパクトな書は、初めて読むウィトゲンシュタインとして最適な一冊。（野矢茂樹）

法の概念〔第3版〕
H・L・A・ハート
長谷部恭男訳

法とは何か。ルールの秩序という観念でこの難問に立ち向かい、法哲学の新たな地平を拓いた名著。批判に応える「後記」を含め、平明な新訳でおくる。

解釈としての社会批判
マイケル・ウォルツァー
大川正彦／川本隆史訳

社会の不正を糾すのに、普遍的な道徳を振りかざすだけでは有効でない。暮らしに根ざしながら同時にラディカルな批判が必要だ。その可能性を探究する。

ポパーとウィトゲンシュタインとのあいだで交わされた世上名高い10分間の大激論の謎
デヴィッド・エドモンズ／ジョン・エーディナウ
二木麻里訳

このすれ違いは避けられない運命だった？ 二人の思想の歩み、そして大激論の真相に、ウィーン学団の人間模様やヨーロッパの歴史的背景から迫る。

大衆の反逆
オルテガ・イ・ガセット
神吉敬三訳

二〇世紀の初頭、《大衆》という現象の出現とその功罪を論じながら、自ら進んで困難に立ち向かう《真の貴族》という概念を対置した警世の書。

死にいたる病
S・キルケゴール
桝田啓三郎訳

死にいたる病とは絶望であり、絶望を深く自覚し神の前に自己をすてる。実存的な思索の深まりをデンマーク語原著から訳出し、詳細な注を付す。

存在と無Ⅰ
ジャン＝ポール・サルトル
松浪信三郎訳

Ⅰ巻は、「即自」と「対自」が峻別される緒論「存在の探求」から、「対自」としての意識の基本的在り方が論じられる第二部「対自存在」まで収録。

存在と無Ⅱ
ジャン＝ポール・サルトル
松浪信三郎訳

Ⅱ巻は、第三部「対他存在」を収録。私と他者との相剋関係を論じた「まなざし」論をはじめ、愛、憎悪、マゾヒズム、サディズムなど具体的な他者論を展開。

存在と無Ⅲ
ジャン＝ポール・サルトル
松浪信三郎訳

Ⅲ巻は、第四部「持つ」「為す」「ある」を収録。この三つの基本的カテゴリーとの関連で人間の行動を分析し、絶対的自由を提唱。（北村晋）

公共哲学
マイケル・サンデル
鬼澤忍訳

経済格差、安楽死の幇助、市場の役割など、私達が現代の問題を考えるのに必要な思想とは？ハーバード大講義で話題のサンデル教授の主著、初邦訳。

パルチザンの理論
カール・シュミット
新田邦夫訳

二〇世紀の戦争を特徴づける「絶対的な敵」殲滅の思想の端緒を、レーニン・毛沢東らの《パルチザン》戦争という形態のなかに見出した画期的論考。

政治思想論集
カール・シュミット
服部平治／宮本盛太郎訳

現代新たな角度で脚光をあびる政治哲学の巨人が、その思想の核を明かしたテクストを精選して収録。権力の源泉や限界といった基礎もわかる名論文集。

神秘学概論
ルドルフ・シュタイナー
高橋巖訳

宇宙論、人間論、進化の法則と意識の発達史を綴り、シュタイナー思想の根幹を展開する——四大主著の一冊、渾身の訳し下し。（笠井叡）

神智学
ルドルフ・シュタイナー
高橋巖訳

神秘主義的思考を明晰な思考に立脚した精神科学へと再編し、知性と精神性の健全な融合をめざしたシュタイナーの根本思想。四大主著の一冊。

いかにして超感覚的世界の認識を獲得するか
ルドルフ・シュタイナー
高橋巖訳

すべての人間には、特定の修行を通して高次の認識を獲得できる能力が潜在している。その顕在化のための道すじを詳述する不朽の名著。

悲劇の死
ジョージ・スタイナー
喜志哲雄／蜂谷昭雄訳

現実の「悲劇」性が世界をおおい尽くしたとき、劇形式としての悲劇は死を迎えた。二〇世紀の悲惨を目のあたりにして描く、壮大な文明批評。

哲学ファンタジー
レイモンド・スマリヤン
高橋昌一郎訳

論理学の鬼才が、軽妙な語り口ながら、切れ味抜群の思考法で哲学から倫理学まで広く論じた対話篇。哲学することの魅力を堪能しつつ、思考を鍛える！

ハーバート・スペンサーコレクション
ハーバート・スペンサー
森村進編訳

自由はどこまで守られるべきか。リバタリアニズムの源流となった思想家の理論の核が凝縮された論考を精選し、平明な訳で送る。文庫オリジナル編訳。

ナショナリズムとは何か
アントニー・D・スミス
庄司信訳

ナショナリズムは創られたものか、それとも自然なものか。この矛盾に満ちた心性の正体を、世界的権威が徹底的に解説する。最良の入門書、本邦初訳。

反解釈
スーザン・ソンタグ
高橋康也他訳

《解釈》を偏重する在来の批評に対し、《形式》を感受する官能美学の必要性をとき、理性や合理主義に対する感性の復権を唱えたマニフェスト。

ニーチェは、今日？
デリダ／ドゥルーズ／リオタール／クロソウスキー
林好雄ほか訳

クロソウスキーの〈陰謀〉、リオタールの〈メタモルフォーズ〉、ドゥルーズの〈脱領土化〉、デリダの〈脱構築的読解〉の白熱した討論。

声と現象
ジャック・デリダ
林好雄訳

フッサール『論理学研究』の綿密な読解を通して、「脱構築」「痕跡」「差延」「代補」「エクリチュール」など、デリダ思想の中心的〝操作子〟を生み出す。

歓待について
ジャック・デリダ
アンヌ・デュフールマンテル序論
廣瀬浩司訳

異邦人＝他者を迎え入れることはどこまで可能か？ギリシャ悲劇、クロソウスキーなどを経由し、この喫緊の問いにひそむ歓待の（不）可能性に挑む。

省察
ルネ・デカルト
山田弘明訳

徹底した懐疑の積み重ねから、確実な知識を探り世界を証明づける。哲学入門者が最初に読むべき、近代哲学の源泉たる一冊。詳細な解説付新訳。

哲学原理
ルネ・デカルト
山田弘明／吉田健太郎／久保田進一／岩佐宣明訳・注解

『省察』刊行後、その知のすべてが記された本書は、デカルト形而上学の最終形態といえる。第一部の新訳と解題・詳細な解説を付す決定版。

方法序説
ルネ・デカルト
山田弘明訳

「私は考える、ゆえに私はある」。近代以降すべての哲学は、この言葉で始まった。世界中で最も読まれている哲学書の完訳。平明な徹底解説付。

宗教生活の基本形態（上）
エミール・デュルケーム
山﨑亮訳

宗教社会学の古典的名著を清新な新訳で。オーストラリアのトーテミスムにおける儀礼の研究から、宗教の本質的要素＝宗教生活の基本形態を析出する。

宗教生活の基本形態（下）
エミール・デュルケーム
山﨑亮訳

「最も原始的で単純な宗教」の分析から、宗教を、社会を「作り直す」行為の体系として位置づけ、20世紀人文学の原点となった名著。詳細な訳者解説を付す。

社会分業論
エミール・デュルケーム
田原音和訳

人類はなぜ社会を必要としたか。社会はいかにして発展するか。近代社会学の嚆矢をなすデュルケーム畢生の大著を定評ある名訳で送る。（菊谷和宏）

公衆とその諸問題
ジョン・デューイ
阿部齊訳

大衆社会の到来とともに公共性の成立基盤は衰退した。民主主義は再建可能か？　プラグマティズムの代表的思想家がこの難問を考究する。（宇野重規）

旧体制と大革命
A・ド・トクヴィル
小山勉訳

中央集権の確立、パリ一極集中、そして平等を自由に優先させる精神構造──フランス革命の成果は、実は旧体制の時代にすでに用意されていた。

ニーチェ
G・ドゥルーズ
湯浅博雄訳

〈力〉とは差異にこそその本質を有している──ニーチェのテキストを再解釈し、尖鋭なポスト構造主義的イメージを提出した、入門的な小論考。

カントの批判哲学
G・ドゥルーズ
國分功一郎訳

近代哲学を再構築してきたドゥルーズが、三批判書を追いつつカントの読み直しを図る。ドゥルーズ哲学が形成される契機となった一冊。新訳。

デリダ
ジェフ・コリンズ
鈴木圭介　訳

「脱構築」「差延」の概念で知られるデリダ。現代思想に偉大な軌跡を残したその思想をわかりやすくビジュアルに紹介。丁寧な年表、書誌を付す。

ベンヤミン
ケイギル／コールズ／アピニャネジ
久保哲司　訳

〈批評〉を哲学に変えた思想家ベンヤミン。親和力、多孔質、アウラ、廃墟などのテーマを通してその思想の迷宮をわかりやすく解説。詳細な年譜・文献付。

フーコー
リディア・アリックス・フィリンガム文
モシュ・シュッサー絵
栗原仁／慎改康之編訳

今も広い文脈で読まれている20世紀思想のカリスマ、フーコー。その幅広い仕事と思想にこれ以上なく平明に迫るビジュアルブック。充実の付録資料付。

ビギナーズ　哲学
デイヴ・ロビンソン文
ジュディ・グローヴズ画
鬼澤忍　訳

初期ギリシャからポストモダンまで。社会思想や科学哲学も射程に入れ、哲学史を見通すビジュアルガイド。哲学が扱ってきた問題が浮き彫りになる！

ビギナーズ　倫理学
デイヴ・ロビンソン文
クリス・ギャラット画
鬼澤忍　訳

正義とは何か？　なぜ善良な人間であるべきか？　倫理学の重要論点を見事に整理した、道徳的カオスの中を生き抜くためのビジュアル・ブック。

ビギナーズ『資本論』
マイケル・ウェイン
チェ・スンギョン画
鈴木直監訳　長谷澪訳

『資本論』は今も新しい古典だ！　むずかしい議論や概念を、具体的な事実や例を通してわかりやすく読み解き、今読まれるべき側面を活写する。（鈴木直）

自我論集
ジークムント・フロイト
竹田青嗣編
中山元　訳

フロイト心理学の中心、「自我」理論の展開をたどる新編・新訳のアンソロジー。「快感原則の彼岸」「自我とエス」など八本の主要論文を収録。

明かしえぬ共同体
M・ブランショ
西谷修　訳

G・バタイユが孤独な内的体験のうちに失うという形で見出した〈共同体〉。そして、M・デュラスが描いた奇妙な男女の不可能な愛の〈共同体〉。

フーコー・コレクション
（全6巻＋ガイドブック）
ミシェル・フーコー
小林康夫／石田英敬／松浦寿輝編

20世紀最大の思想家フーコーの活動を網羅した『ミシェル・フーコー思考集成』。その多岐にわたる思考のエッセンスをテーマ別に集約する。

精神現象学（上）

G・W・F・ヘーゲル
熊野純彦訳

人間精神が、感覚的経験という低次の段階から「絶対知」へと至るまでの壮大な遍歴を描いた不朽の名著。平明かつ流麗な文体による決定版新訳。

精神現象学（下）

G・W・F・ヘーゲル
熊野純彦訳

人類知の全貌を綴った哲学史上の一大傑作。四つの原典との頁対応を付し、著名な格言を採録した索引を巻末に収録。従来の解釈の遥か先へ読者を導く。

象徴交換と死

J・ボードリヤール
今村仁司／塚原史訳

すべてがシミュレーションと化した高度資本主義像を鮮やかに提示し、〈死の象徴交換〉による、その内部からの〈反乱〉を説く、ポストモダンの代表作。

永遠の歴史

J・L・ボルヘス
土岐恒二訳

巨人ボルヘスの時間論を中心とした哲学的エッセイ集。宇宙を支配する円環的時間を古今の厖大な書物に分け入って論じ、その思想の根源を示す。

経済の文明史

カール・ポランニー
玉野井芳郎ほか訳

市場経済社会は人類史上極めて特殊な制度的所産である――非市場社会の考察を通じて経済人類学に大転換をもたらした古典的名著。（佐藤光）

経済と文明

カール・ポランニー
栗本慎一郎／端信行訳

文明にとって経済とは何か。18世紀西アフリカ・ダホメを舞台に、非市場社会の制度的運営とその原理を明らかにした人類学の記念碑的名著。

暗黙知の次元

マイケル・ポランニー
高橋勇夫訳

非言語的で包括的なもうひとつの知。創造的な科学活動にとって重要な〈暗黙知〉の構造を明らかにしつつ、人間と科学の本質に迫る。新訳。

現代という時代の気質

エリック・ホッファー
柄谷行人訳

群れず、熱狂に翻弄されることなく、しかし自分自身の内にこもることなしに、人々と歩み、権力と向きあっていく姿勢を、省察の人・ホッファーに学ぶ。

知恵の樹

H・マトゥラーナ／F・バレーラ
管啓次郎訳

生命を制御対象ではなく自律主体とし、自己創出を良き環と捉え直した新しい生物学。現代思想に影響を与えたオートポイエーシス理論の入門書。

社会学的想像力
C・ライト・ミルズ
伊奈正人／中村好孝訳
なぜ社会学を学ぶのか。抽象的な理論や微細な調査に明け暮れる現状を批判し、個人と社会を架橋する学という原点から問い直す重要古典、待望の新訳。

メルロ=ポンティ・コレクション
M・メルロ=ポンティ
中山元編訳
意識の本性を探究し、生活世界の現象学的記述を実存主義的に企てたメルロ=ポンティ。その思想の粋を厳選して編んだ入門のためのアンソロジー。

知覚の哲学
モーリス・メルロ=ポンティ
菅野盾樹訳
時代の動きと同時に、哲学自体も大きく転身した。それまでの存在論の転回を促したメルロ=ポンティ哲学と現代哲学の核心を自ら語る。

悪魔と裏切者
山崎正一
串田孫一
ルソーとヒュームのどうしようもないケンカの記録。いったいこの人たちはなぜ……。二人の大思想家の常軌を逸した言動を読む。（重田園江）

われわれの戦争責任について
カール・ヤスパース
橋本文夫訳
時の政権に抗いながらも「侵略国の国民」となってしまった人間は、いったいにどう戦争の罪と向き合えばよいのか。戦争責任論不朽の名著。（加藤典洋）

哲学入門
バートランド・ラッセル
高村夏輝訳
誰にも疑えない確かな知識など、この世にあるのだろうか。近代哲学が問い続けてきた諸問題を、これ以上なく明確に説く哲学入門書の最高傑作。

論理的原子論の哲学
バートランド・ラッセル
高村夏輝訳
世界は原子的事実で構成され論理的分析で解明しうる――急速な科学進歩の中で展開する分析哲学。現代哲学史上あまりに名高い講演録、本邦初訳。

現代哲学
バートランド・ラッセル
高村夏輝訳
世界の究極的あり方とは？ そこで人間はどう描けるのか？ 現代哲学の始祖が、哲学と最新科学の知見を総動員。統一的な世界像を提示する。本邦初訳。

存在の大いなる連鎖
アーサー・O・ラヴジョイ
内藤健二訳
西洋人が無意識裡に抱き続けてきた「存在の大いなる連鎖」という観念。その痕跡をあらゆる学問分野に探り「観念史」研究を確立した名著。（高山宏）

ちくま学芸文庫

デカルト入門《にゅうもん》講義《こうぎ》

二〇一九年二月十日　第一刷発行

著　者　冨田恭彦（とみだ・やすひこ）

発行者　喜入冬子

発行所　株式会社　筑摩書房

東京都台東区蔵前二―五―三　〒一一一―八七五五

電話番号　〇三―五六八七―二六〇一（代表）

装幀者　安野光雅

印刷所　三松堂印刷株式会社

製本所　三松堂印刷株式会社

ISBN978-4-480-09906-8 C0110